Heribert Dieter: Die Asienkrise

Zum Autor

Heribert Dieter, geb. 1961, Dr. rer. pol., Studium der Politikwissenschaft und der Volkswirtschaftslehre an der Freien Universität Berlin, 1993 Promotion. 1991, 1995 und 1997 Forschungsaufenthalte im asiatisch-pazifischen Raum, u.a. an der australischen Nationaluniversität, Canberra und der University of Sydney. 1993-1997 Referent in der Zentralstelle für Wirtschafts- und Sozialpolitik der Deutschen Stiftung für internationale Entwicklung, Berlin. Seit Januar 1998 wissenschaftlicher Mitarbeiter am Institut für Entwicklung und Frieden der Gerhard-Mercator-Universität Duisburg.

Heribert Dieter

Die Asienkrise

Ursachen, Konsequenzen und die Rolle des Internationalen Währungsfonds

Mit lieben Grüßen
Heribert

Metropolis Verlag
Marburg 1998

Abbildung auf dem Buchumschlag: © SuperStock

Die Deutsche Bibliothek – CIP-Einheitsaufnahme

Heribert Dieter:
Die Asienkrise: Ursachen, Konsequenzen und die Rolle des Internationalen Währungsfonds. – Marburg : Metropolis-Verl., 1998
ISBN 3-89518-201-X

Metropolis-Verlag für Ökonomie, Gesellschaft und Politik GmbH
Postfach 1748, D-35007 Marburg

Druck: Rosch Buch, Scheßlitz

ISBN 3-89518-201-X

Inhaltsverzeichnis

Tabellenverzeichnis

Verzeichnis der Übersichten

Abkürzungsverzeichnis

ADB	Asian Development Bank
AMF	Asian Monetary Fund
APEC	Asia Pacific Economic Cooperation
ASEAN	Association of Southeast Asian Nations
BIP	Bruttoinlandsprodukt
BIS	Bank for International Settlements
BIZ	Bank für internationalen Zahlungsausgleich
EAEC	East Asian Economic Caucus
ECOSOC	Economic and Social Council
EU	Europäische Union
GATT	General Agreement on Tariffs and Trade
IBRD	International Bank for Reconstruction and Development (Weltbank)
IMF	International Monetary Fund
IWF	Internationaler Währungsfonds
Indra	Indonesian Debt Restructuring Agency
Libor	London interbank offered rate
Mercosur	Mercado Comun del Cono Sur
NATO	North Atlantic Treaty Organization
OECD	Organization for Economic Cooperation and Development
UN	United Nations
UNCTAD	United Nations Conference on Trade and Development
WFO	World Finance Organization
WTO	World Trade Organization

Vorwort

Was zunächst wie eine kleinere Wirtschaftskrise aussah, hat sich in kurzer Zeit zu einem die Stabilität der Weltwirtschaft bedrohenden Problem entwickelt: die Asienkrise. Noch vor 18 Monaten waren die Szenen, die wir heute sehen, undenkbar: Ostasien war die Vorzeigeregion der Welt.

Wir können heute noch keine abschließende Bewertung der Asienkrise vornehmen, da die Überwindung der Krise und die Rückkehr zu wirtschaftlich und politisch stabileren Verhältnissen, auch wegen der zunehmenden Turbulenzen in Japan, weiter entfernt ist denn je. In diesem Sinne will diese Publikation in erster Linie zur weiteren Diskussion über die Asienkrise beitragen.

Dieses Buch ist das Ergebnis eines Forschungsprojektes, das ich am „Institut für Entwicklung und Frieden" (INEF) der Universität-Gesamthochschule Duisburg durchführe. Die Anregung zu diesem Projekt verdanke ich dem Direktor des Instituts, Franz Nuscheler, und dem wissenschaftlichen Geschäftsführer, Dirk Messner. Meinen Kolleginnen und Kollegen am INEF, mit denen ich die Entwicklung der Asienkrise diskutierte, möchte ich ebenfalls herzlich danken.

Die Diskussionen über die Asienkrise haben mir geholfen, mich diesem Thema zu nähern. Vor allem die Debatten mit Elmar Altvater, Thomas Fues, Hansjörg Herr, Richard Higgott, Cord Jakobeit, Birgit Mahnkopf, Holger Mürle, Elke Opielka, Jan Priewe, Wolfgang Reinicke, Juliane Wiemann und Holger Steffan haben mir wichtige Anregungen gegeben.

Während der ersten Monate der Asienkrise hielt ich mich zu einem Forschungsaufenthalt in Australien auf. Die Gespräche mit Botschafter Klaus Zeller, Generalkonsul Otto Roever, Frank Stilwell, John Ravenhill und Brandon Gleeson haben mir nützliche Hinweise für das Verständnis der Region geliefert. Danken möchte ich auch meinen Gesprächspartner in Frankfurt, Bonn und Washington, von denen ich interessante Hintergrundinformationen erhalten habe.

Heribert Dieter — Berlin, im September 1998

„Markets are driven by liquidity and silly young men. I am not sure which is more dangerous and which is more fickle“
(Richard Thornton, money manager, 1986)[1]

1. Einleitung

Die asiatische Wirtschafts- und Finanzkrise[2] ist gemeinsam mit dem Fall der Berliner Mauer und dem Zusammenbruch der UdSSR das wichtigste Ereignis in der internationalen Politik der letzten zehn Jahre. Sie ist nicht nur Ausdruck von wirtschaftlichen Schwierigkeiten kleiner, relativ unbedeutender südost- und ostasiatischer Volkswirtschaften, sondern eine Krise unseres globalisierten Wirtschaftssystems. Die Asienkrise ist demnach kein Betriebsunfall, sondern ist ganz wesentlich durch Systemfehler und fehlende Stabilisierungsmechanismen in der entfesselten Weltwirtschaft möglich geworden.

Die Asienkrise traf die Region überraschend: Nach Jahrzehnten des raschen Wachstums endete der Traum von der sorgenfreien Zukunft sehr jäh. Innerhalb von wenigen Monaten wurden mehrere Länder um Jahre zurückgeworfen und müssen nun nicht nur um ihre ökonomische, sondern auch um ihre politische Stabilität bangen. Eine jahrelang als Vorbild gepriesene Region ist in eine tiefe ökonomische und politische Krise geraten. Für die Länder Südost- und Ostasiens sind die Ereignisse der letzten Monate die traumatischste Erfahrung seit der Dekolonisierung und den beiden größeren Kriegen seit 1945, dem Korea- und dem Vietnamkrieg.

Zum Nachdenken muß anregen, daß wir in den letzten Jahren wegen größerer Finanzkrisen bereits mehrfach Anlaß hatten, die Architektur des Weltfinanzsystems zu überdenken. Die drei wichtigsten Währungskrisen der 1990er Jahre waren das Debakel des Europäischen Währungssystems 1992, die Mexiko-Krise 1994/95 und nun die Asienkrise. Obwohl es sich bei diesen Krisen um sehr unterschiedliche Phänomene handelt, ist allen drei gemein, daß heftige, unerwartete

[1] Zitiert nach Wood 1998, S. 1.

[2] Im folgenden als Asienkrise bezeichnet.

Wechselkursschwankungen zu erheblichen Problemen in der realen Ökonomie führen.

Mit der Asienkrise sind wir aber erstmals mit der Möglichkeit konfrontiert worden, daß nicht nur ein OECD-Land wie Südkorea von einer schweren Kredit- und Währungskrise getroffen wird, sondern daß auch die japanische Ökonomie ins Zentrum der ökonomischen Instabilitäten geraten könnte. Wenngleich es zunächst den Anschein hatte, daß Japan selbst nicht wesentlich zur Verstärkung der Instabilität in der Krise beitragen wird, so ist inzwischen klar, daß sich in Japan der wirtschaftliche Niedergang weiter verschärfen wird. Japans Geldpolitik, vor allem die sehr niedrigen Zinsen seit 1995, hat einen Beitrag zur Erhöhung der Volatilität der Finanzmärkte in Ostasien und damit zur Asienkrise geleistet.

Japans Unfähigkeit, eine wirtschaftlich schwierige, neue Situation zu bewältigen, zeigt sich heute auf zwei Ebenen: Weder ist Japan in der Lage, seine eigenen Probleme im Finanzsektor zu lösen, noch hat Japan wesentlich zur Stabilisierung der Krisenökonomien in der Region beigetragen. Japan ist der eigentliche große Verlierer der Asienkrise.

Vordergründig betrachtet, gewann vor allem der Internationale Währungsfonds an Bedeutung. Anders als bei der Bewältigung der Schwierigkeiten Mexikos spielte die Regierung der USA keine direkte Rolle.[3] Die internationale Staatengemeinschaft verließ sich in bezug auf das Krisenmanagement nahezu ausschließlich auf den IWF. Es ist aber zu fragen, ob der IWF zur Bewältigung von Problemen solchen Ausmaßes überhaupt in der Lage ist und ob der Fonds für die spezifische Problemlage in Asien auch das geeignete Maßnahmenpaket verordnete. Nachdenklich macht, daß Länder wie Malaysia, die auf die Unterstützung des IWF verzichteten, bislang eine erfolgreichere Bilanz aufweisen als diejenigen Ökonomien, denen der Fonds seine Unterstützung angedeihen ließ. Insbesondere im Falle Indonesiens scheint der IWF eine Strategie zu verfolgen, die mit erheblichen ökonomischen und politischen Risiken verbunden ist.

Die Asienkrise ist aber mehr als eine klassische Wirtschaftskrise, wie wir sie seit der Entwicklung des modernen Kapitalismus schon häufig

[3] Die USA übten allerdings indirekt, vor allem über die in den letzten Jahren neugeschaffene Position des ‚Deputy Managing Director' (Stanley Fischer), deutlichen Einfluß auf die Gestaltung der IWF-Politik aus.

beobachten konnten. Die Asienkrise ist die erste Krise der neuen, globalisierten Wirtschaft. Die Probleme der asiatischen Volkswirtschaften beweisen nicht den endgültigen Sieg der westlichen Marktwirtschaften und stellen auch nicht das Ende eines asiatischen, also nicht-westlichen Modells von Gesellschaft und Wirtschaft dar. Die Asienkrise ist ganz wesentlich eine Krise des neoliberalen Projekts einer deregulierten, globalisierten Wirtschaft: Die Veränderungen der weltwirtschaftlichen Rahmenbedingungen, insbesondere aber die Deregulierung von Finanzsektoren und der Verzicht auf Kapitalverkehrskontrollen, haben die Asienkrise erst möglich gemacht.

Dabei ist es nicht so, daß einer oder einige wenige Gründe für die Entstehung der Asienkrise verantwortlich gemacht werden könnten. Verantwortlich sind eine Reihe von Faktoren. Dazu gehören, um nur die wichtigsten zu nennen:

- die wirtschaftlichen Erfolge der asiatischen Staaten *vor* Ausbruch der Krise
- der Abbau von Kapitalverkehrskontrollen im Zuge der Deregulierung der asiatischen Tigerstaaten
- die Entwicklung von offenen Finanzsystemen, die aber auf den internationalen Wettbewerb nur unzureichend vorbereitet und deshalb auch vergleichsweise wenig leistungsfähig waren
- die Fehleinschätzungen auf Seiten der Wirtschaftspolitiker in den Krisenländern, die die Risiken internationaler Finanzmärkte unterschätzten und sich selbst zu sehr von ihren Erfolgen im Warenhandel blenden ließen
- die neue Marktmacht von internationalen Spekulanten, die zunächst in Thailand die Freigabe des Wechselkurses erreichten
- die Zunahme der Marktmacht institutioneller Investoren
- die ausgeweitete Machtstellung des Internationalen Währungsfonds, dessen primäre Sorge dem Schutz der Gläubiger gilt
- die Abwesenheit einer regionalen Hegemonialmacht, die den wirtschaftlichen Zusammenbruch hätte verhindern können
- das Fehlen einer regionalen Institution, die eine gemeinsame Krisen-

strategie hätte entwickeln können.[4]

Monokausale Erklärungen der Asienkrise greifen also zu kurz. Sie werden aber immer wieder angeführt, in erster Linie vom Internationalen Währungsfonds. Der IWF hat aber, noch stärker als er es in den 80er Jahren getan hat, in der Asienkrise Interessenpolitik betrieben: Im Mittelpunkt standen die Präferenzen der Wall Street. Selbst besonnene konservative Ökonomen wie Jagdish Bhagwati haben diese Interessenpolitik heftig kritisiert und die Entstehung eines „Wall Street-Treasury complex", also eines Verbundes von Finanzkapital und Institutionen in Washington unter Einschluß des amerikanischen Finanzministeriums, konstatiert (vgl. Bhagwati 1998).[5]

Die Untersuchung der Asienkrise ist deshalb nicht nur für diejenigen von Interesse, die sich mit Ostasien und dem pazifischen Raum beschäftigen. Sie verschafft uns Erkenntnisse über die Wirkungsweisen des Kapitalismus in Zeiten der Globalisierung. Wir haben in der Asienkrise neue Funktionsweisen des internationalen Finanzsystems kennengelernt, die so unterschiedliche Menschen wie den amerikanischen Notenbankpräsidenten Alan Greenspan und den früheren Kanzlerberater und heutigen BMW-Vorstand Horst Teltschik in Sorge versetzen. Hätten wir es nur mit einer Krise weniger entwickelter Länder, wie in Lateinamerika in den 80er Jahren, zu tun, wäre die Beunruhigung in den Zentren der globalen Ökonomie auch weniger ausgeprägt.

Möglicherweise hat die Marktteilnehmer am meisten erschüttert, daß sie die Krise nicht prognostiziert haben. Nahezu niemand hatte die wirtschaftlichen Schwierigkeiten vorhergesehen. Als die Krise sich immer mehr verstärkte, galten die Einsichten von gestern nicht mehr: Das gesamte Entwicklungsmodell in Ostasien, jahrelang als mustergültig gepriesen, war plötzlich in Ungnade gefallen. Die Vorteile von gestern wurden die Mühlsteine von heute:

> *„The attachment to the family becomes nepotism. The importance of personal relationships rather than formal legality becomes cronyism. Consensus becomes wheel-greasing and corrupt politics. Conservatism*

[4] Die asiatische Entwicklungsbank ADB hat zwar beachtliche Mittel für die Krisenländer bereitgestellt, hat aber zu keinem Zeitpunkt eine eigene Strategie zur Überwindung der Krise formuliert.

[5] Auch Guttmann betont die hinter den IWF-Politiken stehenden Interessen und spricht von einem *„IMF-led creditor cartel"* (Guttmann 1998, S. 11).

> *and respect for authority become rigidity and an inability to innovate. Much-vaunted educational achievements become rote-learning and a refusal to question those in authority*" (*The Economist*, 25. Juli 1998, S. 23).[6]

Ostasien hat sich nicht über Nacht verändert, die Wahrnehmung und die Einschätzungen durch Akteure auf internationalen Finanzmärkten war einem Wandel unterworfen (vgl. dazu auch Stiglitz 1998a, S. 1).

Im Mittelpunkt dieser Untersuchung werden in erster Linie die drei am stärksten betroffenen Länder Thailand, Indonesien und Südkorea stehen. Dies heißt nicht, daß die Krise nicht auch in Malaysia, den Philippinen, Singapur, China und Taiwan erhebliche Auswirkungen hat und in den kommenden Jahren noch haben wird. Zentral für das Verständnis der Krise sind aber die erstgenannten Länder, da dort die Krise am schwersten ist und der IWF nur in diesen drei Ländern intervenierte.[7]

Zunächst wird die wirtschaftliche Entwicklung bis zum Ausbruch der Krise umrissen werden. Dabei werden nicht nur die wichtigsten makroökonomischen Daten betrachtet, sondern es sollen auch die Einschätzungen des IWF zu den Krisenländern *vor* Ausbruch der Krise dargestellt werden.

Im dritten Kapitel werden die Risiken von Leistungsbilanzdefiziten und Kapitalzuflüssen aus dem Ausland diskutiert werden. Finanzkrisen wie 1997 in Südost- und Ostasien sind ja keineswegs ein Phänomen, das erst in unseren Tagen bekannt geworden wäre. Wirtschafts- und Finanzkrisen sind ein Element kapitalistischer Entwicklung. Ein Vergleich der Asienkrise mit einer größeren Zahl früherer Finanzkrisen soll allerdings nicht erfolgen. Vielmehr werden zwei Finanzkrisen der jüngeren Vergangenheit vorgestellt, die zumindest partiell Gemeinsamkeiten mit der Asienkrise aufweisen. Mehr noch als die Mexiko-Krise von 1994 weisen die Entwicklungen in Australien und Neuseeland in den 80er Jahren auf die Verwundbarkeit von kleineren Ökonomien *nach* der Aufgabe von Kapitalverkehrskontrollen und der Deregulie-

[6] Der Wandel in bezug auf asiatische Werte ist allerdings nicht neu. Nicht nur Max Weber hat die wirtschaftliche Rückständigkeit und Armut in Ostasien zu Beginn des Jahrhunderts auf das ‚konfuzianische Erbe' zurückgeführt (vgl. dazu auch Heberer 1997, S. 11).

[7] In den Philippinen wurde ein laufendes IWF-Programm modifiziert.

rung von Finanzmärkten hin. Kleinere, offene Volkswirtschaften können, so die These, durch den unkontrollierten Import von Kapital in eine instabile Situation geraten. Sowohl der Kapitalimport als auch die daraus resultierende Volatilität entziehen sich den Steuerungsmöglichkeiten der nationalen Wirtschaftspolitik. Sehr viel stärker als der Freihandel dies je getan hat, sorgen globalisierte, deregulierte Finanzmärkte für eine Einschränkung der Optionen nationaler Wirtschaftspolitik. Mit anderen Worten: auf kleinere, deregulierte Ökonomien wirkt ein „Sachzwang Weltfinanzmarkt". Dabei spielt, insbesondere im Falle Thailands, nicht nur der unkontrollierte Im- und später Export von Kapital eine Rolle, sondern auch die Spekulation gegen eine Währung. Dabei hat es den Anschein, daß die Spekulation gegen die thailändische Zentralbank nicht nur ein eher konventionell vorgetragener Angriff auf eine überbewertete Währung war, sondern daß es sich um eine, zumindest von der Dimension her, neue Form der Spekulation gehandelt hat.

Nach der Untersuchung der Konsequenzen globalisierter Finanzmärkte wird ein Überblick gegeben über die Entwicklung der Kredit- und Währungskrisen in den südostasiatischen Ländern. Neben internen Faktoren sollen zwei externe Faktoren betrachtet werden, die den Ausbruch der Krise begünstigten: Der durch eine historisch einmalige Niedrigzinspolitik der japanischen Zentralbank hervorgerufene Export von Kapital aus Japan sowie die Abwertung der chinesischen Währung im Jahr 1994, die den Wettbewerbsdruck auf Exporteure in den späteren Krisenländern steigerte.

Wir haben es in allen stärker betroffenen Ländern sowohl mit einer Schuldenkrise als auch mit einer Währungskrise zu tun. Aufgrund der Kombination dieser Faktoren ist der Problemdruck so hoch. Die starke Abwertung einer Währung ist erst in Verbindung mit in fremder Valuta denominierten Außenkrediten problematisch. Ebenso ist das Ende einer spekulativen Phase in einer Ökonomie nicht dramatisch, wenn damit kein Währungsverfall verbunden ist. Diese Punkte werden am Ende des vierten Kapitels betrachtet werden.

Die Rolle des IWF steht im Mittelpunkt des fünften Kapitels. Der IWF hat, zusammen mit anderen Gebern, insgesamt US-$ 120 Mrd. an Krediten für Thailand, Indonesien und Südkorea zugesagt. Es ist zu fragen, ob der IWF in der Asienkrise Schlimmeres verhindert hat oder ob die Politiken des Fonds die Krise letztlich nicht sogar beschleunigt und vertieft haben. Die Beantwortung dieser Frage ist deshalb wichtig, weil der IWF immer mehr Mittel beansprucht, ohne jedoch, so die These, in der Asienkrise überzeugende Resultate geliefert zu haben.

Der IWF begründet seine Maßnahmenpakete mit teilweise widersprüchlichen Annahmen: Zwar konstatiert der IWF eine Überreaktion der internationalen Finanzmärkte, zugleich ist aber die Wiederherstellung des Vertrauens gerade dieser irrational und pro-zyklisch agierenden Märkte das Hauptziel der IWF-Politik. Die insbesondere im Falle Indonesiens so wichtige Stabilisierung des Wechselkurses wird nicht an den Anfang, sondern ans Ende der Krisenstrategie gestellt. Dabei ist offensichtlich, daß vor allem die indonesischen Schuldner auf einen günstigeren Wechselkurs angewiesen sind, um überhaupt eine Chance zu haben, den Schuldendienst zu leisten und damit mittelfristig wieder Zugang zu internationalen Kapitalmärkten zu haben.

Anschließend werden mögliche Maßnahmen zur Verhinderung künftiger Krisen vorgestellt werden. Dabei geht es zunächst um die nationale Ebene. Dort ist eine Kombination verschiedener Maßnahmen denkbar: von der Verbesserung der nationalen Bankenaufsicht bis hin zu einer „industriellen Bodenreform" in entwickelteren Ländern wie Südkorea. Besonderes Augenmerk gilt einer Maßnahme, die in Chile zur Stabilisierung der finanziellen Außenbeziehungen eingesetzt wurde und die auch in anderen Ländern Anwendung finden könnte. In Chile wurde 1991 eine Bardepotpflicht für ausländische Direktkredite eingeführt, die Schutz gegen kurzfristigen Abzug von Kapital bieten soll.

Jenseits der Grenzen nationaler Wirtschaftspolitik sind zahlreiche Mechanismen zur Stabilisierung des Weltfinanzsystems denkbar. Besonders die Politik des IWF ist reformbedürftig: Weder befriedigen die Ergebnisse der IWF-Politik noch genügt der IWF selbst den Forderungen nach Transparenz und Kontrolle, die der Fonds als wichtige Bausteine seiner Reformprogramme betrachtet. Darüber hinaus sind wir gezwungen über die Notwendigkeit einer globalen Institution zur Stabilisierung der Weltwirtschaft nachzudenken. Das heutige Trio Weltbank, IWF und WTO agiert auf unterschiedlichen Feldern, wenn auch mit Überschneidungen. Im Zeitalter der Globalisierung und damit verbunden der Volatilitäten von Kapital erscheint es aber anachronistisch, bei der Regulierung der globalen Ökonomie auf drei Organisationen zu vertrauen, deren Reichweite begrenzt ist, die keiner ernsthaften demokratischen Kontrolle unterliegen und die nur mäßige Erfolge bei der Krisenprävention aufzuweisen haben.

Schließlich werden in Kapitel 8 Konsequenzen der Asienkrise für die Region und die Weltwirtschaft erörtert werden. Außenpolitisch sind dabei vor allem zwei Aspekte von besonderer Bedeutung: Zum einen die Frage, ob die Asienkrise eher zu einer „Asianisierung" Südost- und Ostasiens als zu einer stärkeren Übernahme westlicher Normen führen wird. Zum anderen könnte die Asienkrise die Region nicht nur ökonomisch nachhaltig verändert haben: Während Japan im Herbst 1997 die historische Gelegenheit, sich als Führungsmacht Südost- und Ostasiens zu profilieren, versäumt hat, kann China als Gewinner der Asienkrise gelten. Mittelfristig hat China damit die Chance, einen von Peking geführten dritten Pol der Weltwirtschaft zu etablieren. Ein Instrument dafür könnte die Stärkung des seit Jahren diskutierten „East Asian Economic Caucus" sein.

2. Die Situation vor Ausbruch der Krise

2.1 Die wirtschaftliche Entwicklung der vergangenen Jahrzehnte

Nach dem Ausbruch der Asienkrise schlug das vormals umfassende und überschwengliche Lob rasch um in deutliche Vorbehalte gegen die Wirtschaftspolitik der Krisenländer. In dieser allgemeinen Kritik am Zustand der südost- und ostasiatischen Ökonomien wurden die Erfolge der Vergangenheit ein wenig zu rasch ausgeblendet. Wenngleich bereits vor dem Ausbruch der Krise durchaus erhebliche Defizite des Entwicklungswegs in Südost- und Ostasien, vor allem auf dem Gebiet der Ökologie sowie in Hinblick auf die Unterdrückung von politischer Opposition, zu verzeichnen waren, so schien die Entwicklung in wirtschaftlicher Hinsicht über jeden Zweifel erhaben zu sein.

Tabelle 1: Wachstum des BIP 1965-1995

Jährliches Wachstum des BIP pro Kopf in Prozent 1965-1995	
Korea	7,2
Indonesien	4,7
Malaysia	4,8
Philippinen	1,2
Thailand	4,8

Quelle: Radelet/Sachs 1997, S. 52.

Die Daten in Tabelle 1 machen die positive wirtschaftliche Entwicklung der letzten 30 Jahre sehr deutlich.[8] Keine andere Region der Welt

[8] Bei der Diskussion um die inneren Ursachen der Krise haben zu hohe Investitionen sicher eine Rolle gespielt. In diesem Zusammenhang weisen Radelet/Sachs die von Paul Krugman 1994 geäußerte These, das rasche Wachstum in Ostasien

ist über einen längeren Zeitraum hinweg so rasch gewachsen und hat eine so rasche und deutliche Abnahme von Armut zu verzeichnen wie Südost- und Ostasien (vgl. Stiglitz 1998a, S. 2). Die wirtschaftlichen Erfolge seit Mitte der 60er Jahre sind beeindruckend. Lediglich die Philippinen verzeichnen ein eher bescheidenes jährliches Wachstum von 1,2 Prozent pro Jahr. Aber nicht nur Südkoreas Wirtschaftswachstum ist beeindruckend. Auch ein Land wie Indonesien, mit fast 200 Millionen Einwohnern das viertgrößte Land der Welt, hat erhebliche Schritte nach vorn gemacht. Das Bruttoinlandsprodukt stieg von 1970 bis 1992 von US-Dollar 9,6 Mrd. auf $ 126,4 Mrd., während vergleichbare Länder wie Pakistan oder Indien im gleichen Zeitraum sich wesentlich langsamer entwickelten: in Pakistan von $ 9,1 Mrd. auf $ 41,9 Mrd., in Indien von $ 52,9 Mrd. auf $ 214,6 Mrd. (vgl. World Development Report 1994, S. 166). Die Bevölkerung in Indonesien mußte, zumindest bis zum Beginn der Asienkrise, nicht mehr hungern. Zwischen 1965 und 1989 stieg das tägliche Kalorienangebot von 1.791 auf 2.750, Ende der 80er Jahre durchaus vergleichbar mit wohlhabenden asiatischen Ländern wie Hongkong (2.853) oder Japan (2.956). Die Zahl der Ärzte, um einen anderen Indikator zu nennen, wuchs ebenfalls deutlich: 1965 versorgte ein Arzt in Indonesien noch 31.700 Menschen, 1990 war dieses Verhältnis auf 7.030 Menschen pro Arzt gesunken (vgl. Weltentwicklungsberichte 1992, 1994). Dabei wurde der Wohlstand auch relativ gerecht verteilt: 1993 verfügten die ärmsten 20 Prozent der indonesischen Bevölkerung über 8,7 Prozent des Volkseinkommens, deutlich mehr als in einigen entwickelten Ländern wie Großbritannien, wo dieser Anteil sich 1988 auf 4,6 Prozent belief, oder den USA, wo das ärmste Fünftel der Gesellschaft 1985 auch nur über 4,7 Prozent des Volkseinkommens verfügte. Die wohlhabenderen Indonesier, das Zehntel der Bevölkerung mit den höchsten Einkommen, konnten 1993 über 25,6 Prozent des Volkseinkommens verfügen, erneut ein Wert, der sich kaum von Großbritannien (27,8 %) oder den USA (25,0%) unterscheidet (World Development Report 1996, S. 196f). Diese wenigen Daten sollen nicht dazu dienen, die politischen, sozialen

sei nur auf die Steigerung von Investitionen und nicht auf die Steigerung der Produktivität zurückzuführen, als übertrieben zurück. Es habe eine massive Ausweitung der Investitionen, aber auch eine deutliche Steigerung der Produktivität gegeben (vgl. Radelet/Sachs 1997, S. 48).

und ökologischen Probleme eines Landes wie Indonesien zu leugnen. Es ist andererseits aber völlig unangemessen, den indonesischen Entwicklungsweg unter Nichtbeachtung der zahlreichen positiven Aspekte zu bewerten, vor allem deshalb, weil die politische Akzeptanz der Regierung Suharto in Indonesien eng verknüpft war mit den ökonomischen und sozialen Verbesserungen für breite Bevölkerungsschichten.

Besonders für die Frage nach der Akzeptanz von Strukturreformen ist dieser Aspekt von großer innenpolitischer Bedeutung: Wenn die Neuformulierung von Wirtschaftspolitiken nicht auf Verständnis, sondern auf erheblichen Widerstand stößt, hat das Konsequenzen nicht nur für die Nachhaltigkeit der Reformen, sondern auch für die Stabilität der politischen Systeme. Die Forderung nach einer radikalen Restrukturierung der Wirtschaftspolitik in den Krisenländern stößt bei den Betroffenen verständlicherweise nicht durchweg auf Zustimmung. Dafür sind keineswegs ausschließlich Vetternwirtschaft, Korruption und Angst vor Veränderung verantwortlich. Bei der Formulierung von Vorschlägen für eine umfassende Veränderung der Wirtschaftspolitik muß man in Betracht ziehen, daß genau diejenigen Regime umgestaltet werden sollen, die in der Vergangenheit für Stabilität und Prosperität in der Region sorgten.

In Tabelle 2 sind die wichtigsten makroökonomischen Daten der untersuchten Länder aufgeführt. Bei der Betrachtung des BIP fällt einerseits die sehr unterschiedliche Entwicklung in den 1980er Jahren auf, andererseits das sich auf vergleichbar hohem Niveau bewegende Wachstum des letzten Vorkrisenjahres 1996. Zwar hatte sich die wirtschaftliche Entwicklung sowohl in Thailand als auch in Südkorea ein wenig verlangsamt; absolut betrachtet sind BIP-Zuwächse von 7,1 bzw. 6,4 Prozent aber sehr beachtlich.

Auch bei der Analyse der Preisentwicklung bleiben die Erfolge der fünf Länder eindrucksvoll. Die in den 70er und 80er Jahren aufgetretenen hohen Inflationsraten in Indonesien, den Philippinen und Südkorea konnten deutlich reduziert werden. Die Inflationsraten waren 1996 und 1997 zwar höher als in westlichen Industrieländern, keinesfalls aber besorgniserregend hoch.

Die Entwicklung der öffentlichen Haushalte ist 1996 und 1997 noch erheblich beeindruckender. Indonesien, Malaysia und Thailand wiesen 1996 z.T. deutliche Überschüsse in den öffentlichen Haushalten auf. Selbst 1997 konnten Indonesien und Malaysia Überschüsse realisieren,

Tabelle 2: Daten zur makroökonomischen Entwicklung

	Indonesien	Malaysia	Philippinen	Südkorea	Thailand
Reales Wachstum des BIP p.a. in % 1975-82	6,2	7,1	5,6	7,0	7,0
Reales Wachstum des BIP p.a. in % 1983-89	5,5	5,4	1,1	9,6	8,1
Reales Wachstum des BIP p.a. in % 1990-95	8,0	8,8	2,3	7,8	9,0
Reales Wachstum des BIP p.a. in % 1996	8,0	8,6	5,7	7,1	6,4
Reales Wachstum des BIP p.a. in % 1997[a]	5,0	7,0	4,3	6,0	0,6
Inflationsrate p.a. in % 1975-82	15,0	5,3	11,0	17,6	9,0
Inflationsrate p.a. in % 1983-89	8,1	2,0	15,4	3,8	3,1
Inflationsrate p.a. in % 1990-95	8,7	3,5	10,8	6,6	5,0
Inflationsrate p.a. in % 1996	7,9	3,5	8,4	4,9	5,9
Inflationsrate p.a. in % 1997[a]	8,3	3,7	5,2	4,3	6,0
Defizite der öffentlichen Haushalte in % des BIP 1996	+1,4	+4,2	–0,4	/	+1,6
Defizite der öffentlichen Haushalte in % des BIP 1997[a]	+2,0	+1,6	–0,9	/	–0,4
Leistungsbilanzdefizit in % des BIP 1990-95	–2,5	–6,2	–4,1	–1,4	–6,7
Leistungsbilanzdefizit in % des BIP 1996	–3,3	–4,9	–4,7	–4,9	–7,9
Leistungsbilanzdefizit in % des BIP 1997[b]	–1,2/–2,9	–9,9/–5,1	–2,9/–5,2	–2,0/–1,9	–2,0/–2,0
Sparquote in % des BIP 1996	28,8	36,7	19,7	33,3	33,1
Sparquote in % des BIP 1997[a]	27,3	37,0	21,0	32,9	33,8

a) Schätzungen des IWF; b) Schätzungen des IWF/Nach BIZ-Daten.

Quellen: IMF, World Economic Outlook, Interim Assessment, December 1997, S. 49-51; J.P.Morgan, World Financial Markets, First Quarter 1998; IMF 1998a; BIS 1998a, S. 34.

während der Fehlbetrag in Thailand mit 0,4% des BIP sehr gering ist. Am Rande sei bemerkt, daß, abgesehen von Luxemburg und Irland, 1997 kein Land der Europäischen Union eine derart solide Fiskalpolitik vorweisen konnte.

Weniger positiv war die Entwicklung der Leistungsbilanzen in den fünf Ländern. Insbesondere Thailand wies in den 90er Jahren durchweg sehr hohe Fehlbeträge in der Bilanz der laufenden Posten auf. Erst die Krise sorgte 1997 für eine deutliche Abnahme des Fehlbetrags auf noch immer hohe 4,2% des BIP. Malaysias Leistungsbilanz scheint nach IWF-Schätzungen durch die Krise zunächst tiefer ins Minus gerutscht zu sein, weist aber auch für die Zeit von 1990 bis 1996 hohe Fehlbeträge auf. Andererseits zeigen aber weder Indonesien noch Südkorea dramatische Defizite. Zudem ist gerade die Leistungsbilanz ein zwar häufig verwendeter, zugleich aber besonders schwierig zu interpretierender Indikator. Insbesondere bei offenen, deregulierten Finanzmärkten ist keineswegs geklärt, welche Kausalitäten gelten: Bewegungen in der Kapitalbilanz können verantwortlich sein für Defizite in der Leistungsbilanz (vgl. dazu Kapitel 3).

Es besteht keine Veranlassung, die Leistungsbilanzdefizite als entscheidend für den Ausbruch der Krise anzusehen. Mit der Ausnahme von Thailand bewegten sich die Fehlbeträge in einem akzeptablen Rahmen. Dies wird auch im Vergleich mit zwei OECD-Ländern der Region deutlich. Sowohl Neuseeland als auch Australien wiesen in den 90er Jahren hohe Leistungsbilanzdefizite auf, ohne daß dies zu Turbulenzen geführt hätte. Neuseelands Fehlbeträge beliefen sich auf 2,7% (90-95), 5,5% (1996) und 5,8% (1997), die Zahlen für Australien lauten 4,2% (90-95), 3,7% (96) und 3,6% (1997) (vgl. IMF, World Economic Outlook. Washington: May 1997, S. 168).

Litan fragt in diesem Zusammenhang zu Recht, warum Länder mit Leistungsbilanzüberschüssen, vor allem Singapur und Taiwan, ebenso von der Asienkrise betroffen sind, wenn auch in weit geringerem Maße (vgl. Litan 1998, S. 2). Die konventionelle Erklärung der Krise, die die vom Ausland finanzierten Leistungsbilanzdefizite ins Zentrum stellt, kann deshalb nicht vollständig überzeugen.

Bezieht man die Betrachtung der in allen fünf Ländern hohen bis sehr hohen Sparquoten mit ein, wird klar, daß von der makroökonomischen Seite her eine tiefe Krise nicht gerechtfertigt erscheint (vgl. dazu auch Stiglitz 1998a, S. 5). Sicherlich waren Korrekturen der Politiken in den einzelnen Ländern angebracht, nicht jedoch der Zusammenbruch der Währungen und die damit verbundene Schuldenkrise.[9]

2.2 Einschätzungen des IWF zur wirtschaftlichen Entwicklung in den Krisenländern vor Juli 1997

Interessant ist es, IWF-Publikationen im Vorfeld der Krise zu studieren. Noch im Oktober 1997 zählte der Fonds im „*World Economic Outlook*“ zwar Thailand, die Philippinen, Indonesien und Malaysia zum Kreis der Krisenländer, nicht jedoch Südkorea (vgl. IMF 1997a). Dies überrascht weniger, wenn man den Jahresbericht 1997 des IWF, der die Entwicklungen im am 30. April 1997 geendeten Geschäftsjahr beschreibt, zu Rate zieht. Dort heißt es zum Ergebnis der im November 1996 durchgeführten Artikel IV-Konsultationen mit Südkorea:

> *„Bei ihrer Erörterung begrüßten die Direktoren Koreas weiterhin beeindruckende gesamtwirtschaftliche Entwicklung; das Wachstum habe sich von den nicht durchzuhaltenden hohen Raten der vorangegangenen zwei Jahre abgeschwächt, die Inflation sei trotz einer geringfügigen Beschleunigung in den Monaten vor der Konsultation verhalten geblieben, und die Vergrößerung des Leistungsbilanzdefizits resul-*

[9] Die Einschätzung, daß die makroökonomischen Daten gut waren und keinen hinreichenden Anlaß für die Turbulenzen lieferten, wird aber von orthodoxen Beobachtern nicht geteilt. Diehl und Schweickert behaupten, daß den asiatischen Währungskrisen hohe Leistungsbilanzdefizite vorausgegangen seien. Dies habe zur Krise geführt (vgl. Diehl/Schweickert 1998, S. 20ff). Weiter wird festgestellt, daß die Voraussetzungen für eine geordnete Abwertung, wegen solider Geld- und Fiskalpolitik, vorhanden gewesen seien. Allerdings seien die inländischen Finanzsektoren der Aufgabe nicht gewachsen gewesen (vgl. Diehl/Schweickert 1998, S. 29f). Im Kern zielt diese Argumentation darauf ab, das Versagen der Märkte zu negieren oder zumindest als zweitrangig darzustellen. Eine überzeugende Erklärung, warum die positiven Daten keinen Einfluß hatten, die als negativ betrachtete Leistungsbilanz aber sehr wohl, bleiben die Autoren schuldig. Auch die Einschätzung, die Krise hätte, wegen der soliden Geld- und Fiskalpolitik, durch Zinserhöhungen oder rechtzeitige Abwertung verhindert werden können (Diehl/Schweickert 1998, S. 35), bleibt unbefriedigend: Zinserhöhungen können, vor Ausbruch der Krise, den Zufluß von Kapital und damit die Volatilität letztlich noch erhöhen, eine frühzeitige Abwertung hätte sowohl zu einer Zunahme des Inflationsdrucks als auch zu einer stärkeren Belastung der im Ausland verschuldeten inländischen Kreditnehmer geführt.

tiere im wesentlichen aus einer temporären Verschlechterung der Terms of Trade" (IWF 1997, S. 66).[10]

Der IWF wies in seinem Bericht zwar auf die Notwendigkeit weiterer Kapitalmarktliberalisierungen hin, versäumte es aber, vor größeren Risiken zu warnen. Die Leistungsbilanzdefizite wurden als temporäre Erscheinung klassifiziert und die deshalb notwendigen Kapitalzuflüsse aus dem Ausland wurden nicht kritisiert, sondern als Zeichen des Vertrauens internationaler Anleger in die koreanische Wirtschaft interpretiert:

„*Gleichwohl hatten Kapitalimporte, die als Folge der zunehmenden Lockerung der Kontrollen für ausländische Beteiligungen und aufgrund des liberaleren Zugangs zu Kapitalfinanzierungen angestiegen waren, dieses Defizit problemlos finanziert*" (IWF 1997, S. 65).

Ein Hinweis auf die mit diesen Kapitalimporten verbundene höhere Volatilität erfolgte nicht. Auch in bezug auf die Fiskalpolitik findet sich keine Kritik, im Gegenteil: Die konservative Haushaltspolitik wird gelobt:

„*Die Direktoren lobten die Behörden für ihre beneidenswerten Haushaltsergebnisse und wiesen darauf hin, daß die Fiskalpolitik zur Stärkung der mittelfristigen wirtschaftlichen Entwicklung durch Beibehaltung einer soliden Haushaltsposition beitragen könne*" (IWF 1997, S. 66).

Ärgerlich ist an diesen Bemerkungen allenfalls der herablassende Tonfall. Der IWF selbst scheint das Verhältnis zu den Regierungen der besuchten Länder weniger als Verhältnis von Kunde und Anbieter, sondern eher als hierarchische Beziehung zu verstehen. Dies könnte als sprachliche Entgleisung verstanden werden, wenn es nicht symptomatisch für das vordemokratische Selbstverständnis des Fonds wäre.

Etwas weniger euphorisch als im Falle Koreas wurden die Entwicklungen in Indonesien und Thailand bewertet. Mit Indonesien fanden Konsultationen nach Artikel IV im Juli 1996 statt, bei denen Indonesien zwar eine beeindruckende wirtschaftliche Entwicklung bescheinigt

[10] Artikel IV-Konsultationen gehören zu den laufenden Aufgaben des IWF. Gemäß den Bestimmungen des Artikels IV des IWF-Abkommens werden mit allen Mitgliedsländern bilaterale Gespräche über die wirtschaftliche Entwicklung eines Landes geführt. Die Konsultationen finden in der Regel einmal pro Jahr statt.

wird (IWF 1997, S. 86), zugleich aber auf den Korrekturbedarf im Finanzsektor hingewiesen wird (S. 88). Thailand, das ebenfalls im Juli 1996 konsultiert wurde, wurde immerhin auf Überhitzungserscheinungen in der Ökonomie und Korrekturbedarf bei den Wechselkursen hingewiesen. Aber auch dort war der Tenor überaus positiv, wie das folgende Zitat belegt:

> „*Die Direktoren lobten in den höchsten Tönen Thailands beeindrukkende wirtschaftliche Entwicklung und die von den Behörden beständig durchgehaltene solide Makropolitik. Sie erwähnten, daß die Finanz- und die Geldpolitik als Reaktion auf die Vergrößerung des Leistungsbilanzdefizits und den Inflationsanstieg 1995 gestrafft worden seien und daß dies bereits erste Ergebnisse zeitige ...*“ (IWF 1997, S. 105).

Erlaubt sei der Hinweis, daß der IWF im Falle anderer Länder, beispielsweise Neuseelands, durchaus kritische Anmerkungen zur Entwicklung von Leistungsbilanzdefiziten gemacht hat (vgl. IWF 1997, S. 67). Die positive Einschätzung der Entwicklung in den asiatischen Ländern ist also nicht der grundsätzlich vorsichtigen Kommentierung geschuldet. Der IWF hat die drohende Krise nicht gesehen.

3. Die Risiken von Leistungsbilanzdefiziten und Kapitalzuflüssen aus dem Ausland

Die Leistungsbilanz, auch Bilanz der laufenden Posten genannt, stellt einen wichtigen Indikator für die außenwirtschaftliche Position einer Volkswirtschaft dar.[11] Allerdings haben sich die Ursachen für Leistungsbilanzsalden möglicherweise stark gewandelt: Bis zur Beseitigung von Kapitalverkehrskontrollen und der Deregulierung von Finanzmärkten *verursachten* Leistungsbilanzsalden Kapitalim- bzw. -exporte zum Ausgleich der Zahlungsbilanz. Diese Kausalitäten könnten sich umgekehrt haben.

3.1 Leistungsbilanzdefizite bei offenen Kapitalmärkten

Die Bewertung von Leistungsbilanzsalden ist, so überraschend dies klingen mag, in der Wissenschaft sehr umstritten. Es besteht weder Einigkeit darüber, ob Leistungsbilanzdefizite grundsätzlich schädlich bzw. gefährlich sind, noch besteht Konsens in bezug auf die Frage, welche spezifischen Risiken mit Leistungsbilanzdefiziten verbunden sind. Weil Leistungsbilanzdefizite immer wieder als Ursachen der Asienkrise genannt werden, erscheint es lohnend, sich mit dieser Frage intensiver zu beschäftigen.

Große, über längere Zeiträume bestehende Leistungsbilanzsalden können mit kurzfristigen, konjunkturellen Schwankungen in einer Ökonomie nicht ausreichend erklärt werden. Wenn solche Überschüsse und Defizite über längere Zeiträume auftreten, muß man sich fragen, warum die Akteure in Überschußländern die Bereitschaft zeigen, ihr

[11] Die Leistungsbilanz setzt sich zusammen aus der Handelsbilanz, also dem Saldo aus Im- und Export von Gütern, und der Dienstleistungsbilanz, in der neben den klassischen außenwirtschaftsrelevanten Dienstleistungen (Tourismus, Finanzdienstleistungen) auch der Zinsdienst erfaßt wird. Leistungsbilanz und Kapitalverkehrsbilanz gleichen sich gegenseitig aus. Ein Überschuß in der Leistungsbilanz entspricht einem Defizit in der Kapitalverkehrsbilanz, d.h. einem Export von Kapital, und umgekehrt.

Kapital zu exportieren und damit Forderungen gegenüber den Importeuren des Kapitals, den Schuldnern, zu akkumulieren. Auf der Schuldnerseite stellt sich die Frage, welche Motive dazu führen, daß Verbindlichkeiten gegenüber ausländischen Gläubigern aufgebaut werden. Letzten Endes bedeuten langfristige Leistungsbilanzdefizite, daß eine Hypothek aufgenommen wird, die von künftigen Generationen zu begleichen sein wird (vgl. Hesse 1990, S. 43).[12]

Dabei ist ein Defizit in der Leistungsbilanz bei sich entwickelnden Volkswirtschaften die Konsequenz einer Lücke zwischen inländischen Investitionsmöglichkeiten und inländischer Ersparnis. Junge, dynamische Volkswirtschaften sind häufig auf Kapitalimporte angewiesen, um Investitionen im Inland zu finanzieren (vgl. Hesse 1990, S. 45).

In den vergangenen Jahren hatten wir eine rasche Globalisierung der Finanzmärkte zu verzeichnen. Auf die Interpretation von Leistungsbilanzsalden hat dies Auswirkungen. Betrachten wir zunächst drei Deutungen der Leistungsbilanz:

1. Man kann die Leistungsbilanz als Ergebnis des Warenhandels (Handelsbilanz) zuzüglich der Dienstleistungsbilanz (einschließlich des Zinsdienstes) und der Summe der Übertragungen definieren. Dies ist eine eher konservative Interpretation der Zahlungs- und Leistungsbilanz. Die Kapitalverkehrsbilanz, also die rechte Seite der Zahlungsbilanz, ist demnach das Ergebnis der Leistungsbilanz: Eine Ökonomie erzielt Überschüsse oder Defizite im Warenhandel sowie bei Dienstleistungen und muß deshalb Kapital exportieren (Leistungsbilanzüberschuß) oder importieren (Leistungsbilanzdefizit).

2. Ebenso kann man die Leistungsbilanz als die Differenz zwischen inländischer Ersparnis und inländischen Investitionen betrachten: Wird mehr investiert als gespart, muß eine Volkswirtschaft Kapital importieren, und es entsteht ein Überschuß in der Kapitalverkehrsbilanz und ein Leistungsbilanzdefizit. Bei dieser Definition sind also

[12] Die Forderung nach jährlich ausgeglichener Leistungsbilanz erscheint wenig sinnvoll: das Ziel außenwirtschaftlichen Gleichgewichts ist nicht mit einem permanenten Nullsaldo in der Leistungsbilanz gleichzusetzen. Vielmehr haben Leistungsbilanzsalden Indikatorfunktion: Sowohl hohe, dauerhafte Überschüsse als auch hohe, dauerhafte Defizite erfordern wirtschaftspolitische Gegenmaßnahmen (vgl. Hesse 1990, S. 44f).

nicht Entwicklungen des Warenhandels, sondern Investitionsentscheidungen die ausschlaggebenden Faktoren.

3. Schließlich ist die Leistungsbilanz auch ein Ausdruck der sich verändernden Forderungen einer Volkswirtschaft gegenüber anderen Volkswirtschaften. Ein Überschuß bedeutet, daß die Akteure einer Ökonomie ihre Forderungen gegenüber ausländischen Akteuren gesteigert haben.

Wir müssen uns in diesem Zusammenhang fragen, welche Auswirkungen die Liberalisierung von Kapitalmärkten in Verbindung mit dem verstärkten Auftreten von neuen Akteuren, vor allem Fonds, für die Leistungsbilanzentwicklung haben. Die klassischen Muster, d.h. Defizite bzw. Überschüsse in der Bilanz der laufenden Posten, der Leistungsbilanz, ziehen entsprechende Überschüsse bzw. Defizite in der Kapitalverkehrsbilanz nach sich, sind möglicherweise einem neuen Trend gewichen. Gerade in Ländern mit hohen Sparquoten gibt es im Grunde keine Notwendigkeit, über den Import von Kapital eine Lücke zwischen inländischer Ersparnis und inländischen Investitionsmöglichkeiten zu schließen. Joseph Stiglitz betont, daß in der heutigen Weltwirtschaft Länder dann am leichtesten Kapital attrahieren können, wenn sie es am wenigsten benötigen (vgl. Stiglitz 1998a, S. 12).

Massive Kapitalimporte können Leistungsbilanzdefizite *verursachen*: Der Zufluß von Kapital, das, aus welchen Gründen auch immer, Anlagemöglichkeiten in einer bestimmten Volkswirtschaft sucht, führt dann zu einem Überschuß in der Kapitalverkehrsbilanz, der ein Leistungsbilanzdefizit nach sich zieht. Umgekehrt ist dann der Abzug von Kapital ursächlich verantwortlich für Leistungsbilanzüberschüsse. Auf den Zusammenhang zwischen Überschüssen in der Kapitalbilanz und Defiziten in der Leistungsbilanz weist auch Köhler hin:

> „*Vor allem die Industrieländer, Staaten und Unternehmen, leisten eine solche Hilfe in verschiedener technischer Form, so z.B. durch Übertragungen, Kredite und Beteiligungen. Das bedeutet, die Kapitalbilanzen der Entwicklungs- und Schwellenländer weisen Überschüsse auf. Da eine Zahlungsbilanz immer ausgeglichen ist, muß die Leistungsbilanz ein Defizit aufweisen. Wer den Ausgleich der Leistungsbilanzen dieser Länder fordert, fordert damit gleichzeitig die Einstellung der monetären Hilfen*“ (Köhler 1998, S. 198).

Wenngleich Köhler nicht von marktinduzierten Kapitalbewegungen, sondern von Übertragungen und staatlichen Krediten spricht, ist das Ergebnis vergleichbar. Eine solche Interpretation würde bedeuten, daß der von Kapitalmärkten so gern als Indikator für den Zustand einer Volkswirtschaft herangezogene Indikator Leistungsbilanz von den Kapitalmärkten letzten Endes selbst gesteuert wird. Die Entwicklung der Leistungsbilanz könnte demnach nur noch als Indikator für die Entscheidungen der Akteure auf internationalen Finanzmärkten, aber nicht mehr für die Leistungsfähigkeit einer Volkswirtschaft herangezogen werden.[13]

In der Realität heutiger Finanzmärkte dürfte eine Kombination beider Faktoren anzutreffen sein. Weder bestimmt allein der Warenhandel noch bestimmen allein die Kapitalmärkte die Entwicklung der Leistungsbilanz. Die Entwicklung der Leistungsbilanz entzieht sich aber, zumindest partiell, der Beeinflußbarkeit durch nationale Wirtschaftspolitik, die auf Investitionsentscheidungen ausländischer Akteure keinen direkten Einfluß nehmen kann. Allerdings wirken Entscheidungen der nationalen Wirtschaftspolitik sich indirekt aus, da Investitionsentscheidungen von Renditeüberlegungen geprägt werden. Dennoch endet der Einfluß nationaler Wirtschaftspolitik im Falle eines Booms der inländischen Ökonomie: Bei den dann angemessenen Erhöhungen des Zinsniveaus verstärkt sich der Kapitalzufluß.

Wenn diese Einschätzungen zutreffen sollten, dann ist es fragwürdig geworden, die Leistungsbilanz als Indikator für die wirtschaftliche Entwicklung einer Volkswirtschaft zu nutzen. Leistungsbilanzsalden wären dann in erster Linie als Indikator für die Veränderung der Vermögensposition einer Volkswirtschaft gegenüber anderen Volkswirtschaften zu nutzen.

Grundsätzlich besteht kein Zweifel daran, daß über einen längeren Zeitraum auftretende Leistungsbilanzdefizite eine Ökonomie verwundbar machen können (vgl. Hesse 1990, S. 46). Selbst wenn das importierte Kapital sinnvoll investiert wurde, können große, langanhaltende Leistungsbilanzdefizite von Finanzmärkten plötzlich als kritisch betrach-

[13] Huffschmid betont den Zusammenhang zwischen ausreichenden inländischen Sparquoten, dennoch stattfindendem Kapitalimport und den sich daraus ergebenden anfänglichen Überinvestitionen, die letzten Endes zur Krise beitragen (vgl. Huffschmid 1998, S. 964).

tet werden. Sehr viel schwieriger ist jedoch die Entwicklung von brauchbaren Indikatoren für die Unterscheidung zwischen kritischen und unkritischen Leistungsbilanzsalden bzw. der Außenverschuldung, in der die Leistungsbilanzsalden der Vergangenheit abgebildet werden (vgl. *The Economist*, 11.7.1998, S. 84).

Eine zwingende Erklärung, warum bestimmte Schuldenstände kritisch sind, läßt sich nicht finden. Ähnlich wie bei der Debatte um die Konvergenzkriterien des Vertrages von Maastricht wird aber ein Bündel von Indikatoren, die für sich betrachtet relativ sinnlos erscheinen, zur Bewertung von Außenverschuldung herangezogen.

Ein häufig verwendeter Indikator ist das Verhältnis der gesamten Außenverschuldung zur gesamten Wirtschaftsleistung, also dem Bruttoinlandsprodukt. Krayenbuehl, der sich mit der Bewertung von Außenverschuldung aus Gläubigerperspektive beschäftigte, geht davon aus, daß ein Verhältnis von Bruttoverschuldung zum BIP von unter 15 Prozent unproblematisch ist, während eine Außenverschuldung, die mehr als 30 Prozent des BIP ausmacht, von Krayenbuehl als kritische Situation betrachtet wird (vgl. Krayenbuehl 1988, S. 58). Auch wenn dieser Indikator nur ein erster Schritt für die Bewertung von Außenverschuldung sein kann, weisen Cooper und Sachs darauf hin, daß diese Indikatoren schon allein deshalb von Bedeutung sind, weil sie von Banken zum Vergleich der Verschuldungssituation einzelner Länder herangezogen werden (vgl. Cooper/Sachs 1986, S. 274).

Die Weltbank hat nach der Schuldenkrise der 80er Jahre eine Reihe von Indikatoren aufgestellt, mit denen das Verschuldungsniveau eines Landes überprüft werden kann. Nach diesen Festlegungen liegt eine ernsthafte Verschuldung ('severe indebtedness') dann vor, wenn mindestens drei der folgenden vier Kriterien überschritten werden:

1. Verschuldung/BIP höher als 50 Prozent
2. Verschuldung/Exporte höher als 275 Prozent
3. Schuldendienst (Zins und Tilgung) mehr als 30 Prozent der Exporteinnahmen
4. Zinsdienst mehr als 20 Prozent der Exporteinnahmen (vgl. DIW 1990, S. 672).

Bei der Gegenüberstellung der Positionen von Krayenbuehl und Weltbank fällt auf, daß aus Sicht des Bankiers[14] bereits ein sehr viel niedrigeres Verschuldungsniveau problematisch erscheint, während die Weltbank erst bei einer um 20 Prozent des BIP höheren Verschuldung eine kritische Grenze sieht.

Aglevi und Boughton weisen darauf hin, daß in Folge der Abwesenheit von festen Regeln zur Bewertung von Außenverschuldung stets ein Moment der Zufälligkeit bei der Bewertung eines einzelnen Landes mitspielt. Die Bewertung findet bei jedem einzelnen Gläubiger statt und kann kaum prognostiziert und antizipiert werden (vgl. Aglevi/Boughton 1990, S. 4). Die eigentliche Gefahr von chronischen Leistungsbilanzdefiziten ist deshalb auch, daß Gläubiger plötzlich die Rückzahlung der von ihnen gewährten Kredite einfordern können (vgl. Hesse 1990, S. 46; Krayenbuehl 1988, S. 135).

In der heutigen Weltwirtschaft werden die Überlegungen von Hesse, Gegenmaßnahmen auch bei Leistungsbilanzüberschüssen zu fordern, allerdings nicht berücksichtigt. Überschüsse werden sowohl von nationalen Regierungen als auch von deren Gesellschaften selten als problematisch betrachtet. Ein besonders drastisches Beispiel ist Deutschland, wo Handels- und Leistungsbilanzüberschüsse als Indikator für die wirtschaftliche Leistungsfähigkeit des Landes betrachtet werden. Dabei wird nicht berücksichtigt, daß große Überschüsse, wie sie von Deutschland vor allem Ende der 80er Jahre erwirtschaftet wurden, zugleich bedeuten, daß andere Ökonomien Defizite realisieren, da sich die Leistungsbilanzen aller Länder der Welt zumindest in der Theorie ausgleichen.

Wichtiger ist allerdings, daß Finanzmärkte Überschüsse in keiner Weise sanktionieren, Defizite allerdings sehr wohl. Die Verwundbarkeit von Defizitländern ist Ausdruck der Machtasymmetrie der wirtschaftlichen Beziehungen: Defizitländer sind darauf angewiesen, Gläubiger zu finden, die bereit sind, das Leistungsbilanzdefizit zu finanzieren. Sollten Finanzmärkte geschlossen das Vertrauen in eine Ökonomie verlieren, stehen dem Schuldner keine Alternativen zur Verfügung. Dabei trifft dies vor allem kleinere Ökonomien: Dreht sich der Wind

[14] Thomas Krayenbuehl war Vizepräsident der Schweizerischen Vereinsbank und dort zuständig für die Bewertung von Länderrisiken in Lateinamerika, Asien und Australien.

auf den internationalen Finanzmärkten, werden im Krisenfall sämtliche Schuldner einer kleineren Ökonomie von frischer Liquidität abgeschnitten und die Ökonomie als Ganze einer heftigen Strukturanpassung unterworfen.[15]

3.2 Risiken der ungehinderten privaten Kreditaufnahme im Ausland: Deregulierung und Finanzkrisen

Die asiatischen Krisenländer wurden durch eine Entwicklung getroffen, die aus anderen Ländern bereits bekannt war. Nach der Deregulierung des Finanzsektors engagierten sich private Banken und Nicht-Banken im Ausland.[16] Verantwortlich für Kreditaufnahmen im Ausland ist in der Regel das höhere Zinsniveau im Inland. Mit der Aufnahme von kurzfristigen Krediten, die zur Finanzierung von Investitionen in Immobilien verwendet wurden, erfolgte eine doppelte Transformation: In ausländischer Währung denominierte Kredite wurden im Inland verliehen und zudem wurden kurzfristige Kredite in langfristige transformiert.[17]

In den asiatischen Krisenländern wurden, ähnlich wie in Lateinamerika vor 20 Jahren, die Risiken einer privaten Außenverschuldung systematisch unterschätzt. Argentinien, Chile und Uruguay mußten

[15] Krayenbuehl meint, daß auch die Größe einer Ökonomie Auswirkungen auf deren Fähigkeit zur Erlangung von neuen Krediten hat (vgl. Krayenbuehl 1988, S. 52). Allerdings räumt er zugleich ein, daß diese von Finanzmärkten verwendeten Kriterien nicht Ergebnis einer nüchternen, rationalen Analyse seien.

[16] Mit dem Begriff „Nicht-Banken" sind sekundäre (paramonetäre) Finanzierungsinstitute gemeint, also Kapitalsammelstellen, die keinen vollständigen Bankbetrieb betreiben. Dazu gehören zum Beispiel Bausparkassen, Kapitalanlagegesellschaften und Finanzmakler.

[17] Diehl und Schweickert betonen den Einfluß der nationalen Wirtschaftspolitik und meinen, daß die Kombination von festen Wechselkursen, offenen Finanzmärkten und eigenständiger Geldpolitik nicht haltbar gewesen sei. Die Erfahrungen Chiles (1982), Mexikos (1994/95) und Tschechiens (1997) hätten gezeigt, daß die gleichzeitige Öffnung des Kapitalverkehrs und des inländischen Finanzsektors ein hohes Risiko für makroökonomische Stabilität berge, wenn auf Maßnahmen zur Dämpfung kurzfristiger Kapitalzuflüsse und eine wirksame staatliche Aufsicht des Finanzsektors verzichtet werde (Diehl/Schweickert 1998). Auch in dieser Analyse wird auf die Notwendigkeit der Regulierung von Teilbereichen des internationalen Kapitalverkehrs hingewiesen.

Ende der 70er/Anfang der 80er Jahre die gleichen Erfahrungen machen. Auch dort war dem privaten Sektor unbeschränkter Zugang zu externen Krediten in dem Glauben eingeräumt worden, daß es für private Schuldner letztlich unwesentlich sei, ob sie sich im Ausland oder im Inland verschulden. Grund dafür war die Annahme, daß privaten Schuldnern eine gewissenhafte, sorgfältige Prüfung der Kreditaufnahme im Ausland unterstellt wurde (vgl. Akyüz 1998, S. 4).

In Australien wurde Anfang der 90er Jahre eine lebhafte Debatte über die Relevanz privater Außenverschuldung geführt. Die zentrale Frage war, ob private Kreditbeziehungen überhaupt von Relevanz für staatliche Wirtschaftspolitik sind. Von neoliberaler Seite wurde das Argument vorgetragen, private Kreditbeziehungen seien, da auf (effizienten) Märkten organisiert, per Definition unproblematisch (vgl. Makin 1990, S. 63; Pitchford 1990, S. 6). Vor allem Pitchford meinte, private Außenverschuldung sei als problemlos zu betrachten:

> „*Of course, some may believe that the private sector is short-sighted, irrational or not in possession of the information available to governments. This may justify a case for intervention if it were supposed that government authorities are far-sighted, rational and well-informed. My own inclination is that those bearing the risks and obligations of debt and lending are much more likely to have the incentives to seek the appropriate information and make the right decisions for themselves*" (Pitchford 1990, S. 32).

Häufig werden zur Messung des Schuldenstandes einer Volkswirtschaft die Nettoschulden, also die Verbindlichkeiten abzüglich der Forderungen, herangezogen. Dies ist möglicherweise bei ausschließlich staatlichen Außenschulden gerechtfertigt, nicht jedoch bei einem hohen Anteil von privaten Außenschulden. Sinnvoll wäre ein Abzug der Forderungen von den Verbindlichkeiten nur dann, wenn es sich um den gleichen Akteur handelt. Es ist unsinnig, die Forderungen von Firma X von den Schulden von Firma Y abzuziehen. Zudem handelt es sich bei Auslandsguthaben von Privatleuten häufig um Schwarzgeld, das allein schon deshalb im Krisenfall kaum zu mobilisieren sein dürfte (vgl. Krayenbuehl 1988, S. 54).

Stanley Fischer, heute stellvertretender IWF-Generaldirektor, hat sich in den 80er Jahren mit den Risiken privater Außenkredite und der lateinamerikanischen Schuldenkrise beschäftigt. Er fragte, warum private Akteure nicht in der Lage waren die Schuldenkrise zu lösen (vgl.

Fischer 1989, S. 363). Fischer betonte die Gefahren der Akkumulation großer Außenschulden durch private Akteure und stellte klar, daß die Annahme, private Gläubiger und Schuldner würden sich rational verhalten, unzutreffend sei:

„... *domestic firms should not be given unrestricted access to foreign borrowing, particularly non-equity financing. In both Chile and Argentina, the lenders in essence forced the government to take over the debt of failing private borrowers. The argument was that the credit of the country would be impaired unless the government stood behind its domestic firms. It might have been expected that the lenders' interest in being repaid would be sufficient for them to exercise due caution in lending. But there is much evidence of unwise lending that imposes externalities on other firms and the government of a country. For this reason, governments should monitor even private sector borrowing, and may sometimes have to limit such borrowing*" (Stanley Fischer: Issues in International Economic Integration, Bangkok: 1991, S. 20, zitiert nach Gruen 1991, S. 13).

Zwei Beispiele für die Konsequenzen der Deregulierung von Finanzsektoren sollen an dieser Stelle vorgestellt werden. Weniger bekannt sind die Erfahrungen Australiens und Neuseelands, obwohl die dortigen Entwicklungen schon Mitte der 80er Jahre auf die Risiken deregulierter und internationalisierter Finanzmärkte hinwiesen. Der Fall Mexikos, genauer die zweite Schuldenkrise Mexikos seit Anfang der 80er Jahre, ist im Vergleich dazu gut dokumentiert und wird deshalb nur kurz vorgestellt werden.

3.2.1 Australien und Neuseeland

Deutliche Parallelen zu den Entwicklungen in Südostasien weisen Australien und Neuseeland auf. Beide Länder hatten Anfang der 80er Jahre ihre Finanzmärkte liberalisiert. Wie in den asiatischen Krisenländern führte die Deregulierung zu Instabilität. Die Regierungen hatten es versäumt, die Deregulierung der Finanzmärkte vorzubereiten und unterließen es zudem, die nationalen Bankaufsichten zu stärken.[18]

[18] Auch eine effektive Bankaufsicht hätte allerdings einen erheblichen Teil der Probleme, vor allem die Kreditaufnahmen privater Nicht-Banken im Ausland, nicht erkannt.

Australien und Neuseeland folgten Anfang der 80er Jahren den neoliberalen Vorbildern in Großbritannien und den USA. Eine umfassende Deregulierung und Entstaatlichung der Volkswirtschaften wurde verbunden mit einer drastischen Revision der Außenwirtschaftspolitiken beider Länder: Sowohl die Gütermärkte als auch die Finanzmärkte wurden rasch für ausländische Konkurrenz geöffnet. Kapitalverkehrskontrollen wurden ebenfalls kurzerhand abgeschafft (vgl. Capling/ Considine/Crozier 1998, S. 44).

In Australien hatte im März 1983 eine sozialdemokratische Regierung unter Premierminister Bob Hawke und Schatzkanzler Paul Keating die konservative Regierung Fraser abgelöst und ein umfassendes Reformprogramm in Gang gesetzt. Ein wichtiger Meilenstein war dabei die Freigabe des Wechselkurses des australischen Dollar und die Aufgabe von Kapitalverkehrskontrollen am 9. Dezember 1983. Der Anlaß war ein starker *Zufluß* von ausländischem Kapital, der die Fähigkeit der australischen Zentralbank zur Kontrolle der inländischen Inflation zu unterminieren drohte: Ausländische Investoren erwarteten eine Aufwertung des australischen Dollar. Die Regierung hätte auf diesen Zufluß mit einer Verschärfung der Kapitalverkehrsbeschränkungen reagieren können. In der damaligen Deregulierungseuphorie setzte sich aber die neoliberale Alternative, eine vollständige Liberalisierung, durch (vgl. Capling/Considine/Crozier 1998, S. 49).

Im Nachbarland Neuseeland begannen die Deregulierungsbemühungen mit dem Regierungswechsel im Jahr 1984. Ähnlich wie in Australien war es auch dort eine sozialdemokratische Regierung, die eine neoliberal geprägte Politik umsetzte. Der konservative Premierminister Robert Muldoon hatte versucht, auf die Strukturprobleme des Landes mit einer keynesianisch inspirierten Politik zu reagieren. Sein Programm, mittels kreditfinanzierter Industrialisierung die vor allem durch Großbritanniens EG-Beitritt ausgelösten Probleme zu lösen, war letztlich unfinanzierbar geworden. Nach dem Wahlsieg der Labour Party im Juli 1984 zwangen die Finanzmärkte die neugewählte Regierung zur Deregulierung:

> *„International capital markets pushed over the house of cards after the Labour party won. Speculators, assuming correctly that the incoming Labour government would substantially devalue the New Zealand dollar, exhausted the Reserve (Central) Bank's supply of foreign exchange by swapping New Zealand dollars for hard currency at the*

preelection fixed rate. International credit markets rebuffed the Reserve Bank when it turned there for emergency loans" (Schwartz 1991, S. 238).

Die (nominell) linke Regierung von Premierminister David Lange und seinem Schatzkanzler Roger Douglas ('Rogernomics') zögerte nicht, den zunächst nicht erwarteten neoliberalen Kurs fortzusetzen. Die Ergebnisse waren, nicht nur in bezug auf die Finanzmärkte, mindestens bis 1991 ernüchternd: Schwaches Wirtschaftswachstum, hohe Arbeitslosigkeit und eine dramatische Zunahme von Kriminalität in der neuseeländischen Gesellschaft (vgl. Dieter 1994b).[19]

Tabelle 3: Die Entwicklung der Außenverschuldung Neuseelands zwischen 1984 und 1992 (in Mio. NZ-Dollar)

Jahr[a]	Privater Sektor	Öffentlicher Sektor	Gesamte Außenverschuldung	Außenverschuldung in Prozent des BIP
1984	7.976	9.389	17.365	50,5
1985	14.125	13.960	28.035	71,0
1986	14.904	15.887	30.791	67,8
1987	19.523	23.013	42.536	77,2
1988	20.971	20.050	41.021	66,3
1989	23.239	17.074	40.314	60,5
1990	33.018	20.040	53.058	74,2
1991	41.254	20.198	61.452	83,3
1992	42.025	20.036	62.061	83,5

a) Stand am 31. März des jeweiligen Jahres.
Quelle: Reichwein 1991, S. 7.

[19] Neuseeland war vor Einführung der neoliberalen Reformen ein friedliches Land am Ende der Welt. In vergleichenden Statistiken zur Entwicklung der Kriminalität lag Neuseeland regelmäßig auf den letzten Plätzen innerhalb der OECD. Heute ist Neuseeland in diesen Statistiken auf „Spitzenplätzen" zu finden. Nicht nur bei Eigentumsdelikten hat sich das Land gewandelt: Bei Mord, Raubmord und Vergewaltigung liegt Neuseeland weltweit auf Platz drei. Noch trauriger stimmt, daß Neuseeland heute die höchste Selbstmordrate von Jugendlichen auf der gesamten Welt hat (vgl. dazu auch den beeindruckenden Artikel von Anja Jardine im ZEIT-Magazin vom 16. Juli 1998, S. 12-19).

Die Liberalisierung der Finanzmärkte sorgte sowohl in Australien als auch in Neuseeland für eine starke Zunahme der Kreditaufnahme im Ausland. Angelockt von niedrigeren Nominalzinsen auf ausländischen Finanzmärkten nahmen Banken, Unternehmen und Privatpersonen im Ausland Kredite auf. Dabei wurde, ähnlich wie zehn Jahre später in Südostasien, dem Währungsrisiko keine Aufmerksamkeit geschenkt. Die Naivität der Kreditnehmer ging soweit, daß nicht wenige australische Bauern, vom lokalen Bankfilialleiter nicht gerade kompetent beraten, ihre neuen Traktoren und Mähdrescher mit Fremdwährungskrediten, z.B. in Schweizer Franken, finanzierten. In beiden Ländern erfolgte die ernüchternde Korrektur schon wenige Jahre nach dem Beginn des Deregulierungsprozesses.

Tabelle 4: Die Entwicklung der Außenverschuldung Australiens zwischen 1982 und 1992 (in Mrd. A-Dollar)

Jahr[a]	Bruttoaußenverschuldung	Gesamte ausländische Investionen	Nettoinvestitionsposition[b]	Außenverschuldung in Prozent des BIP
1982	24,3	/		
1983	35,7	70,9	48,8	22,3
1984	44,1	81,9	55,2	24,2
1985	68,5	111,6	77,8	34,0
1986	92,1	140,6	97,3	41,5
1987	110,0	180,1	117,3	44,6
1988	121,3	200,8	126,2	43,4
1989	142,4	241,5	152,1	45,3
1990	159,0	266,5	170,8	47,6
1991	179,3	291,0	192,0	53,1
1992	191,3	308,9	200,7	54,7

a) Stand am 30. Juni des jeweiligen Jahres.

b) Ausländische Investionen in Australien abzüglich australischer Investitionen im Ausland.

Quellen: Australian Bureau of Statistics, Foreign Investment in Australia, December 1990, S. 6; Australian Bureau of Statistics, International Investment Position Australia, December Quarter 1994, S. 25; OECD, Economic Survey Australia 1994, S. 132

Die Außenverschuldung Neuseelands befand sich bereits zu Beginn der Deregulierung auf einem hohen Niveau. Der Wegfall der Kapitalverkehrskontrollen führte aber zu einer erheblichen Ausweitung der privaten Kreditaufnahmen im Ausland, während der Anteil der öffentlichen Schulden deutlich zurückging: Machten staatliche Kreditaufnahmen 1984 noch 54,1 Prozent der gesamten Außenkredite aus, war dieser Anteil bis 1992 auf 32,3 Prozent gesunken. Deutlicher als in Neuseeland zeigten sich die Folgen der Deregulierung in Australien, wo die Außenverschuldung bis 1983 sehr niedrig gewesen war.

Australien, dessen Außenverschuldung vor der Deregulierung nur gering war, erlebte als Konsequenz der neoliberalen Finanzpolitik einen raschen Anstieg des Schuldenberges. Diese Entwicklung war bis zum Einbruch des Wechselkurses des australischen Dollar ohne Belang. Nach der Währungskrise des Jahres 1986 sahen sich nicht nur Banken, sondern auch im Ausland verschuldete Unternehmen und Privatpersonen mit einem drastischen Anstieg ihrer Verbindlichkeiten, ausgedrückt in australischen Dollar, konfrontiert.

Tabelle 5: Die Entwicklung des Außenwertes des australischen Dollar 1983-86

Ende des Monats	US-Dollar pro A-Dollar	Handelsgewichteter Index (1970 = 100)
September 1983	0,896	80,4
September 1984	0,833	80,3
September 1985	0,707	64,8
September 1986	0,627	51,9

Quelle: Reserve Bank of Australia.

Es fällt auf, daß der Deregulierung des Finanzsektors nicht nur ein Anstieg des Außenwertes des australischen Dollar vorangeht, sondern auch, daß der Wechselkurs bis März 1985 auf einem hohen Niveau bleibt. Danach setzt ein rascher Verfall der Währung ein, sowohl gegenüber dem in den 80er Jahren ohnehin sehr volatilen US-Dollar als auch gegenüber anderen Währungen. Von diesem Einbruch des Wechselkurses hat sich Australien nur zeitweise erholt: Im Zuge der Asienkrise ging der handelsgewichtete Index wieder auf Werte unter 60 zurück.

Die Deregulierungen der Finanzsektoren in Australien und Neuseeland weisen erhebliche Übereinstimmungen mit den Entwicklungen in Südostasien auf. Ohne auf die Einzelheiten der wirtschaftlichen Reformen dieser Länder einzugehen (vgl. dazu Dieter 1994a, 1994b) wird deutlich, daß die schlecht vorbereiteten Deregulierungen die beiden Länder letzten Endes zu überschuldeten Ökonomien gemacht haben:

> „*Indeed, it might be called an example of financial deregulation gone mad. In both Australia and New Zealand the debt levels rose out of all proportion to the size of the economies*" (Wood 1988, S. 116).

Ähnlich wie heute in Japan waren die aus der Überschuldung und den notleidenden Krediten vieler Banken und Nicht-Banken resultierenden Probleme bis zu einer Rezession im Inland noch zu kaschieren. In Australien verschaffte die gute Konjunktur Ende der 80er Jahre den Banken eine Atempause. Mit Beginn der Rezession des Jahres 1991 wurden die Probleme offenkundig, Banken brachen zusammen und die Restrukturierung des Finanzsektors begann (vgl. dazu auch Gruen 1991).

Die Probleme in Australien und Neuseeland waren zwar erheblich, führten aber, anders als heute in Südost- und Ostasien, nicht zu einem dramatischen Zusammenbruch der Ökonomien. Auch können wir feststellen, daß internationale Investoren nach wie vor bereit sind, Portfolio-Investitionen in Australien und Neuseeland zu tätigen, obwohl beide Länder sehr stark im Ausland verschuldet sind, sehr viel stärker als die asiatischen Krisenökonomien (vgl. Abschnitt 8.3.). Erklärungen für diese besondere Stellung sind kaum in volkswirtschaftlichen Daten zu finden.[20]

[20] Christopher Wood wies schon 1988 auf die psychologische Seite der Kreditbeziehungen hin und konstatierte, daß jenseits ökonomischen Kalküls auch andere Faktoren eine Rolle spielten. „*These debt levels are only possible because both countries have kept the confidence of foreign creditors. Comfortable with their white skins, knowledge of the English language and general Anglo-Saxon airs and graces, bond investors have been happy to buy these countries' bonds ...*" (Wood 1988, S. 116).

3.2.2 Mexiko

Die mexikanische Finanzkrise Ende 1994 liefert ein weiteres Beispiel für die Risiken, die mit einer größeren privaten Außenverschuldung verbunden sind. Bis zum Ausbruch der zweiten mexikanischen Finanzkrise schien es, als ob Mexiko die Schuldenkrise der 80er Jahre überwunden hätte. Die mexikanische Wirtschaft mutete stabil an, die Fiskalpolitik erschien stabilitätsorientiert und besonnen und die wirtschaftlichen Perspektiven des Landes wurden allgemein als positiv betrachtet. Mexiko gehörte zu den aufstrebenden Volkswirtschaften des Südens, war ein Mitglied der nordamerikanischen Freihandelszone NAFTA, gehörte zur asiatisch-pazifischen Wirtschaftsgemeinschaft APEC und wurde sogar in die Organisation der entwickelten Industrieländer, die OECD, aufgenommen. Die Leistungsbilanzdefizite schienen wenig Relevanz zu haben, da sie, anders als in den 80er Jahren, die Entscheidungen von privaten Kreditnehmern und -gebern reflektierten, also nicht Ausdruck von staatlicher Kreditaufnahme im Ausland waren.

Ende 1994 kämpfte die mexikanische Wirtschaft mit einem hoch bewerteten Peso und erwirtschaftete auch aus diesem Grund ein Handelsbilanzdefizit, das in Verbindung mit einem negativen Saldo in der Dienstleistungsbilanz sich in einem Leistungsbilanzdefizit von US $ 28 Mrd. niederschlug. Dies entsprach 8 Prozent des mexikanischen BIP. Ein panikartiger Abzug von Kapital zwang die mexikanische Notenbank letzten Endes, den Peso abzuwerten (vgl. Faust 1995, S. 396f; *The Economist*, 18.3.1995, S. 77). Die Mexikokrise wurde dank des von der US-Regierung und dem IWF bereitgestellten Kreditpakets in, zum damaligen Zeitpunkt, Rekordhöhe (US-$ 50 Mrd.) relativ rasch überwunden. Im nachhinein kann man feststellen, daß die Dynamik der mexikanischen Wirtschaftsentwicklung es ermöglichte, die Krise in kurzer Zeit zu verkraften. Die Nähe zu den nordamerikanischen Märkten war dabei sicherlich hilfreich, aber auch die Tatsache, daß der Verfall der Währung die Wettbewerbsposition mexikanischer Unternehmen verbesserte, ohne sie infolge von Überschuldung in den Konkurs zu treiben.

In Mexiko wie in den asiatischen Krisenländern wird die Währungspolitik als ein wichtiger, wenn nicht entscheidender Faktor für den Ausbruch der Krise betrachtet (vgl. Faust 1995, S. 396). Die Überbewertung der Währung habe für den Zusammenbruch gesorgt. Zugleich muß aber festgestellt werden, daß auch in Mexiko die Deregulierung der Finanzmärkte dem Crash vorausgegangen war. Anders als in einer konservativen Interpretation der mexikanischen Leistungsbilanzsalden, die die Kapitalverkehrsbilanz als abhängige Variable der Leistungsbilanz sieht (vgl. z.B. Faust 1995, S. 396), war auch in Mexiko der Zufluß von nur kurzfristig gebundenem ausländischen Kapitals ursächlich verantwortlich für das Leistungsbilanzdefizit. Der rasche Abfluß von Kapital Ende 1994 belegt, daß hohe Leistungsbilanzüberschüsse, also ein hoher Zufluß von ausländischem Kapital, Verwundbarkeit nach sich zieht.

3.3 Spekulation und institutionelle Investoren

3.3.1 Zur Rolle der Spekulation gegen die Währungen der Krisenländer

„Economic theory attempts the impossible by introducing the assumption of rational behaviour"
(George Soros, 1988)[21]

Die Asienkrise zeigte, neben der neuen Mobilität des Kapitals und der Verwundbarkeit von Ökonomien durch große Kapitalzu- und -abflüsse, ein weiteres neues Element des globalen Finanzsystems: die konzertiert vorgetragene Spekulation. Nun ist es keineswegs so, daß Spekulation ein neues Phänomen in marktwirtschaftlichen Ökonomien wäre. Auch die Spekulation gegen Währungen existiert schon seit langem, und nicht erst seit der Einführung von flexiblen Wechselkursen nach dem Zusammenbruch des Bretton-Woods-Systems. In der Asienkrise könnte sich jedoch eine neue Form der Spekulation gezeigt haben, die dadurch gekennzeichnet ist, daß international operierende Akteure in konzertierter Form gegen eine Währung spekulieren.[22]

[21] Zitiert nach Wood 1988, S. 123.

[22] Claus Köhler, langjähriges Mitglied des Zentralbankrates des Bundesbank, bezeichnet die Spekulation in Ostasien als Machtauseinandersetzung zwischen Spe-

Der malaysische Premierminister Mahathir hat sich bereits während der ersten Krisenphase sehr kritisch mit der Spekulation gegen Währungen auseinandergesetzt. Mahathir hat Mitte des Jahres 1998 seine Position nicht wesentlich korrigiert: Die Spekulation könne heute die Abwertung nahezu jeder Währung erzwingen (vgl. Mahathir 1998). Er macht nicht nur „Hedge Funds“, sondern auch die großen Banken für diese Spekulation verantwortlich. Eine große Verschwörung sieht er nicht, wohl aber ein gemeinsames Handeln:

> „*They do not work in concert of course. Nor do they enter into a conspiracy. But they do behave like herds. Thus when one of the more important members swing in one direction, the other will follow. The effect is not unlike acting in concert*“ (Mahathir 1998).

Um die Entwicklungen in Ostasien und mögliche Gegenmaßnahmen besser zu verstehen, ist es notwendig, die Mechanismen der Spekulation zu betrachten. Das Grundmuster der Spekulation gegen Währungen ist zunächst recht einfach: Erwartet der Spekulant die Abwertung einer Währung, beispielsweise des thailändischen Baht, muß er sich zunächst in dieser Währung verschulden. Anschließend wird die aufgenommene Währung in eine andere Valuta, beispielsweise Dollar, umgetauscht. Wenn nun eine Abwertung des Baht erfolgt, muß der Spekulant nur einen Teil seiner Dollarbestände aufwenden, um den in thailändischen Baht abgeschlossenen Kredit zurückzuzahlen. Der Rest verbleibt als Spekulationsgewinn. Wichtig ist dabei, daß für den Kredit in Baht keine Sicherheiten in gleicher Währung hinterlegt werden müssen, damit bei der erwarteten Abwertung nur Verbindlichkeiten, nicht jedoch Forderungen an Wert verlieren. Der Spekulant muß eine offene Position halten.[23]

Es gilt zu bedenken, daß Spekulationen gegen Währungen in dieser Form nur bei offenen Finanzmärkten möglich sind. Nur wenn keine Kapitalverkehrskontrollen bestehen, können sich Spekulanten im Zielland der Spekulation hoch verschulden. Ohne diese Verschuldung ist eine erfolgreiche Spekulation gegen eine Zentralbank mit größeren Devisenreserven unmöglich. Solange Kapitalverkehrskontrollen bestehen, ist es zwar möglich, daß Geldvermögensbesitzer im Inland das

kulanten und den nationalen Zentralbanken und Regierungen (Köhler 1998, S. 191).

[23] Vgl. zu den Mechanismen der „Öffnung“ von Positionen Köhler 1998, S. 192f.

Vertrauen in die eigene Währung verlieren und versuchen, ihre inländische Währung in andere, als wertstabiler betrachtete Währungen, beispielsweise Dollar oder D-Mark, umzuwechseln. Dies ist jedoch mit der in Ostasien aufgetretenen Spekulation nicht zu vergleichen: Die inländischen Spekulanten haben, bei Kapitalverkehrskontrollen, erheblich geringere Möglichkeiten die Zentralbank zur Abwertung zu zwingen.

Eine weitere Voraussetzung für eine erfolgreiche Spekulation gegen eine mit erheblichen Devisenreserven ausgestattete Zentralbank ist natürlich, daß die Spekulanten über ausreichende Mittel verfügen, um die Zentralbank zur Abwertung zu zwingen. Offensichtlich ist dies der Fall. Allein George Soros, der sich 1992 mit der Spekulation gegen das britische Pfund einer breiteren Öffentlichkeit bekannt machte, verfügt in dem von ihm verwalteten Soros-Fund über mehr als US-Dollar 17 Mrd. (vgl. Köhler 1998, S. 200).[24]

Paul Krugman hat sich seit Beginn der Asienkrise mehrfach mit der Spekulation gegen Währungen auseinandergesetzt und kam stets zu dem Ergebnis, daß der Einfluß von Spekulation auf den Verfall der Währungen nur gering sei. Auch in theoretischer Betrachtung könne es nur dann Spekulation gegen eine Währung geben, wenn fundamentale Fehlentwicklungen vorlägen:

> „*Even in models with self-fulfilling features, it is only when fundamentals – such as foreign exchange reserves, the government fiscal position, the political commitment of the government to the exchange regime – are sufficiently weak that the country is potentially vulnerable to speculative attack*“ (Krugman 1998a, S. 6).

Krugmans Argument ist sowohl theoretisch schwach als auch empirisch nicht verifizierbar. Er liefert keinen Hinweis darauf, welche Höhe von Reserven notwendig ist und welche fiskalische Position ungefährlich erscheint. Auch der Einsatz eines im Grunde nicht meßbaren Faktors, der Verpflichtung (‚commitment') einer Regierung zum Erhalt des Wechselkurses, lenkt nur von der Frage ab, welche neuen

[24] Soros fällt einerseits dadurch auf, daß er mit spekulativen Attacken Milliarden verdient und für menschliches Leid in den betroffenen Ländern sorgt, andererseits aber mit seiner Stiftung besonders in Osteuropa versucht, Not zu lindern. 1997 belief sich Soros Hilfe für die Russische Föderation mit US-Dollar 500 Millionen auf das Fünffache der Finanzhilfen der US-Regierung (vgl. Köhler 1998, S. 200).

Möglichkeiten die Spekulation in globalisierten, deregulierten Finanzmärkten hat. Empirisch zeigt sich, daß auch Länder mit hohen Reserven und staatlichen Überschüssen von spekulativen Attacken heimgesucht werden können (vgl. dazu auch Abschnitt 4.4.).

Das Ergebnis der Spekulation in Ostasien ist, daß außer dem Hongkong-Dollar keine Währung mehr an den US-Dollar oder eine andere Währung fest oder nur gering schwankend gebunden ist.[25] Dies wäre nicht besonders bedauerlich, wenn damit für die betroffenen Länder nicht eine Reihe von Nachteilen verbunden wären. Die Chancen und Risiken der Geldpolitik in Entwicklungs- und Schwellenländern unterscheiden sich nämlich strukturell von entwickelten Volkswirtschaften. Auch in den Entwicklungsländern müssen inflationäre Tendenzen durch eine angemessene Geld- und Kreditpolitik gezügelt werden. Dies fällt in Entwicklungsländern allerdings schwerer, da es dort an entwikkelten Geld- und Kapitalmärkten fehlt, die für eine effiziente Geldpolitik notwendig sind. Claus Köhler betrachtet daher die Bindung an andere Währungen, z.B. den US-Dollar oder die D-Mark, als sinnvolle und angemessene Geldpolitik der Zentralbank.

Mit einer solchen Bindung an eine andere Währung oder auch einen handelsgewichteten Währungskorb sind eine Reihe von Vorteilen verbunden. Zunächst verfügen Exporteure und Importeure mit einem festen Wechselkurs über solide Kalkulationsgrundlagen. Die Unsicherheit über die künftige Wechselkursentwicklung, mit denen Ex- und Importeure in einem System flexibler Wechselkurse auskommen müssen, dämpft die Bereitschaft zu internationalem Handel. Zwar können Ex- und Importeure Kurssicherung („hedging“) betreiben, aber dies kostet, je nach erwarteter Schwankung des Kurses, erhebliche Beträge.

Mit der Bindung an eine ausländische Währung ist aber noch ein weiterer Vorteil verbunden. In der Regel werden die Inflationsraten im Entwicklungsland, das seine Währung an eine andere Währung kop-

[25] Akteure auf internationalen Finanzmärkten und Marktbeobachter haben aus der Asienkrise einen einfachen Schluß gezogen: Zentralbanken und Regierungen sind verwundbar: *„Die einzige erkennbare Lektion aus all diesen Ereignissen ist vielleicht folgende: Die vereinte Macht der Märkte ist so groß, daß sie fast jeden Zentralbankier und jeden Politiker in der Welt eingeschüchtert hat. Die Regierungen werden gezwungen, entweder eine auf den Marktgegebenheiten basierende Wirtschaftspolitik zu verfolgen oder sich mit der Aussicht auf einen Angriff der Spekulanten konfrontiert zu sehen“* (Prudential-Bache Securities, Bulletin, Juli 1998, S. 20).

pelt, höher sein als in den USA oder in Deutschland. Wird der feste Wechselkurs beibehalten, bedeutet dies eine allmähliche reale Aufwertung der Währung des Entwicklungslandes. Dies kann die Bemühungen der Zentralbank um inländische Preisniveaustabilität unterstützen (vgl. Köhler 1998, S. 196f; vgl. dazu auch DIW 1998).

Zweifelsohne ist eine solche Politik nicht ohne Risiken. Es besteht die Gefahr, daß die Währung eines Entwicklungslandes zur Überbewertung tendiert, wenn die inländischen Inflationsraten auf Dauer über dem Niveau des Landes liegen, an dessen Währung die eigene Valuta gebunden ist. Die Zentralbank eines Landes hat also nur einen begrenzten, ex ante schwer zu bestimmenden Zeitraum zur Verfügung, in dem sie die inländischen Inflationsraten auf das Niveau der Kopplungswährung zurückführen kann. Eine weitere Gefahr der realen Aufwertung ist, daß die Unternehmen dadurch an Wettbewerbsfähigkeit verlieren, was wiederum Auswirkungen auf die Handelsbilanz einer Volkswirtschaft haben kann. Schließlich verstärkt eine Überbewertung die Gefahr einer spekulativen Attacke auf eine Währung.

3.3.2 Der Einfluß institutioneller Investoren

Neben der Spekulation gegen Währungen hat auch die größere Marktmacht von institutionellen Investoren für eine Veränderung der internationalen Finanzmärkte gesorgt. Die verschiedenen institutionellen Investoren haben eher zu einer Steigerung der Volatilität von Finanzmärkten als zu deren Verstetigung beigetragen.

Zur Kategorie institutionelle Investoren werden Pensionsfonds, Versicherungen und Investitionsfonds gerechnet. Im Jahr 1995 verfügten institutionelle Investoren nach Zahlen der BIZ über Kapitalanlagen in Höhe US-Dollar 20.950 Milliarden. Setzt man diese Zahl in Relation zur Wirtschaftsleistung der großen Industrieländer, wird deutlich, über welch enorme Finanzmittel institutionelle Investoren heute verfügen: Das BIP der G-7 Staaten belief sich im Jahr 1994 auf insgesamt US-Dollar 17.150 Milliarden.

Von den gesamten Kapitalanlagen wird etwa je ein Drittel von Pensionsfonds (32%), Versicherern (39%) und Investmentfirmen (29%) gehalten. Deutliche Unterschiede gibt es jedoch, wenn man die Herkunftsländer der institutionellen Investoren betrachtet: Gut die Hälfte der gesamten Kapitalanlagen werden von institutionellen Investoren aus den USA gehalten ($ 10.500 Mrd.), während Japan ($ 3.035 Mrd.) und Großbritannien ($ 1.790 Mrd.) auf den Plätzen zwei und drei landen.[26]

Der große Anteil der USA ist das Ergebnis der großen Bedeutung, die Pensionsfonds und Investmentfirmen dort haben. Fast zwei Drittel der globalen Kapitalanlagen von Pensionsfonds (62%) stammten 1995 aus den USA. Die Kapitalanlagen von deutschen Pensionsfonds machten hingegen nur ein Prozent aus. Auch bei Investmentfirmen hatten amerikanische Institute mit 57 Prozent einen sehr hohen Anteil an den gesamten Anlagen (alle Daten BIS 1998a, S. 84).

Die verschiedenen Typen von institutionellen Investoren unterscheiden sich von ihrer Struktur und dementsprechend in ihrem Investitionsverhalten deutlich. Pensionsfonds, Versicherungen sowie zwei Formen von Fonds, die das Vermögen von privaten Anlegern verwalten (Investmentfonds und ‚Hedge Funds'), sollen wegen ihrer Bedeutung für internationale Finanzmärkte vorgestellt werden.

Pensionsfonds dienen, wie der Name sagt, der Alterssicherung. Pensionsfonds nehmen Beiträge ein und investieren diese zum Zwecke der Alterssicherung. Zu unterscheiden ist in Systeme mit festgelegter Ausschüttung und in Systeme mit festgelegten Einzahlungen. Bei ersteren wird eine bestimmte Rente garantiert, bei letzteren hängt die Höhe der Rente von der Entwicklung der Investitionen ab. Die Kapitalanlagen von Pensionsfonds in den USA haben sich von 1980 ($ 701 Mrd.) bis 1996 ($ 4.752 Mrd.) nahezu versiebenfacht (vgl. BIS 1998a, S. 86f). Insbesondere Lebensversicherungen ähneln Pensionsfonds, haben aber sowohl in den USA als auch in anderen Industrieländern ein weniger rasches Wachstum durchlaufen.

Investmentfonds bündeln die Anlagen von Kleinanlegern und investieren diese in vorher festgelegten Ländern und Branchen. Die Kosten für die Verwaltung der Investmentfonds ist im Regelfall für die Anleger ein festgelegter Betrag, während die Verwalter entsprechend der angelegten Summen honoriert werden. Bei „Hedge Funds" hingegen werden die Geldverwalter leistungsabhängig bezahlt. „Hedge Funds" sind

[26] Gerade bei institutionellen Investoren ist das Herkunftsland auch im Zeitalter der Globalisierung durchaus relevant: Institutionelle Investoren, vor allem Pensionsfonds, unterliegen einer mehr oder weniger strikten nationalen Aufsicht.

die am wenigsten transparente Form von institutionellen Investoren. „Hedge Funds“ legen das Kapital von sehr reichen Einzelpersonen und gelegentlich auch von anderen institutionellen Investoren an. „Hedge Funds“ arbeiten meist auf der Basis einer geringen Verwaltungsgebühr, partizipieren aber in erheblichem Maß an den Profiten der von ihnen verwalteten Vermögen: Die Provision beträgt in der Regel 15 bis 20 Prozent der Gewinne. Diese Struktur begünstigt die Auswahl von risikoreichen Anlagen: Da die „Hedge Funds“ nur an den Gewinnen, nicht aber an eventuellen Verlusten beteiligt werden, ist die Risikobereitschaft besonders groß. Dadurch, daß „Hedge Funds“ meist außerhalb der großen Bankzentren registriert sind, können strengere Regulierungen, wie sie für Pensionfonds und Investmentfonds gelten, leicht umgangen werden. Die Zahl der „Hedge Funds“ stieg von unter 200 im Jahr 1990 auf mehr als 1.200 im Jahr 1998. Das verwaltete Kapital wuchs bis 1998 auf US-Dollar 118 Mrd. (vgl. *The Economist*, 13.6.1998, S. 96).

Die Zunahme von internationalen Kapitalflüssen in den letzten Jahren ist auch das Ergebnis der Internationalisierung von institutionellen Investoren. Allerdings ist diese Internationalisierung sehr asymmetrisch: Der Anteil von Kapitalanlagen institutioneller Investoren im Ausland mag gering sein, für die Empfängerländer können dies aber bedeutende Summen sein. Die BIZ weist darauf hin, daß eine geringfügige Korrektur des Investitionsverhaltens von Investoren zu einem dramatischen Ereignis in den Empfängerländern werden kann (vgl. BIS 1998a, S. 90).

In der Theorie sorgt die Diversifizierung von Akteuren mit unterschiedlichen Zielen für ein sich gegenseitig ergänzendes Verhalten und für die Stabilität von sowohl von nationalen als auch des globalen Finanzsystems. In der Praxis ist dies nicht immer der Fall. Insbesondere die regelmäßige Evaluierung von Geldverwaltern und der Vergleich mit der Entwicklung des Gesamtmarktes begünstigen Herdenverhalten, worauf auch die BIZ hinweist:

> *„The fear that underperformance, even if it could be attributed to purely random events, may lead to cash outflows and hence lower management fees creates the incentive to avoid positions that can result in large deviations from the benchmark. Managers' incentive to follow each other's trading strategies closely is further strengthened*

when the evaluation is performed against a peer universe“ (BIS 1998a, S. 91).

Ein weiteres Element, das herdenhaftes Verhalten von institutionellen Anlegern verstärkt, ist die häufig selbtgewählten Beschränkung auf Investitionen einer bestimmten Risikostufe. Hier entwickelt sich ein enges Zusammenspiel mit den Rating-Agenturen: Falls die Abwertung eines Gläubigers durch eine Rating-Agentur erfolgt ist und die neue Bewertung unterhalb der Minimalanforderungen eines institutionellen Investors liegt, muß der verantwortliche Geldverwalter diese Kapitalanlagen liquidieren, selbst dann, wenn der Verwalter von einer mittelfristigen Verbesserung der Bewertung überzeugt sein sollte.

3.4 Risikomanagement der privaten Banken und die Rolle der Rating-Agenturen

Man kann die Kreditkrise sowohl als übermäßige Kreditaufnahme im Ausland als auch als übermäßige Kreditvergabe durch internationale Banken interpretieren. Beide Fälle hätten, so müßte man annehmen, vom bankeigenen Risikomanagement erkannt werden müssen. Dies ist nicht der Fall gewesen. Es ist aber auch unzweifelhaft, daß nicht alle Banken sich in gleichem Maß in Asien engagiert haben. Zudem verfügen einige Banken über ein höheres Maß an Problemschuldnern als andere. Insgesamt gesehen haben weder die Banken noch die privaten Rating-Agenturen die Krise erwartet bzw. prognostiziert. Dies kann allerdings nicht überraschen. Bei genauerer Analyse fällt nämlich auf, daß das Risikomanagement nur einen Teil des Risikos überhaupt entdecken kann. Das Kreditrisiko kann von den Banken abgeschätzt werden, nicht jedoch das Währungsrisiko. Der Verfall der asiatischen Währungen hat mit realistischen Korrekturen nichts mehr zu tun, sondern muß als Ergebnis der Spekulation gegen die Währungen, zumindest aber als Überreaktion der Finanzmärkte gewertet werden. Dieses Versagen der internationalen Finanzmärkte ist deshalb auch nicht prognostizierbar und entzieht sich damit einer Risikokontrolle durch die Banken, da nicht ökonomische Daten, sondern psychologische Elemente die Hauptrolle spielen. Sachs weist auf den raschen Wandel der Stimmung an internationalen Finanzmärkten hin: „*But, as often hap-*

pening in financial markets, euphoria turned into panic without missing a beat" (Sachs 1997a, S. 2).

Rating-Agenturen, vor allem „*Moody's*" und „*Standard & Poor's*", haben in der Asienkrise die ihnen zugedachte Funktion nicht erfüllt. Gläubiger wurden vor den Risiken einer Kreditvergabe an asiatische Banken und Nicht-Banken nicht gewarnt. Als allerdings die Krise täglich an Dramatik gewann, stuften die Rating-Agenturen asiatische Schuldner in rascher Folge ab. Im Ergebnis haben die Rating-Agenturen also pro-zyklisch gewirkt. Nach dem Auftreten erster Krisensymptome wiesen die Agenturen genau auf die Gefahren hin, die sie vorher übersehen hatten oder nicht benannt hatten (vgl. hierzu die Chronologie, Kap. 10). Die Frage ist, ob von Rating-Agenturen erwartet werden kann, daß sie auf Währungsrisiken und andere gesamtwirtschaftliche Gefahren ausreichend hinweisen. Denn dadurch, daß die Rating-Agenturen von den potentiellen Schuldnern bezahlt werden, verbietet sich eine allzu kritische Sicht, die über den betriebswirtschaftlichen Rahmen hinausgeht, von selbst. Zudem gilt für die Rating-Agenturen wie für die Banken, daß ein Zusammenbruch des Vertrauens wie in der Asienkrise sich fast nicht prognostizieren läßt.

4. Die Entwicklung und die Ursachen der Krise

4.1 Stationen der wirtschaftlichen Abwärtsspirale

Im Kapitel 10 wird die Asienkrise in Form einer Chronologie dargestellt. An dieser Stelle sollen deshalb nur die für die weitere Analyse wichtigsten Punkte genannt werden.

Die Krise begann in Thailand. Im Februar 1997 geriet erstmals ein thailändischer Schuldner bei ausländischen Gläubigern in Zahlungsverzug. Im Mai 1997 zeichnete sich, nach der Ankündigung einer Zinserhöhung in Japan, ein Stimmungswandel in bezug auf Anlagen in Südost- und Ostasien ab. Der Verkauf von Aktien und Währungen der Region begann.

Im Juni 1997 verdichteten sich Gerüchte über eine bevorstehende Abwertung des Baht. Nach mehreren Dementi gab die thailändische Zentralbank am 2. Juli 1997 den Wechselkurs des Baht frei, der umgehend 20% an Wert gegenüber dem US-Dollar verlor. Am 28. Juli 1997 bat Thailand den IWF um Hilfe. Innerhalb von 14 Tagen wurde ein US-$ 16 Mrd. umfassendes Hilfspaket geschnürt, das auch zahlreiche Strukturreformen zum Gegenstand hatte. In der Folge gerieten nahezu alle Ökonomien der Region unter Druck. Einige Volkswirtschaften, Hongkong, China, Taiwan sowie mit Abstrichen Malaysia, konnten die Spekulationswellen abwehren. Vor allem Thailand, Indonesien und Südkorea gerieten aber immer tiefer in die Krise.

Die indonesische Zentralbank mußte am 14. August 1997 den Wechselkurs der Rupie freigeben. Gegenüber dem US-$ fiel der Wechselkurs, der vor der Krise bei etwa R 2.400 pro US-$ gelegen hatte, bis auf R 17.000 (22.1.1998) und kam seitdem kaum noch über das Niveau von R 8.000 pro US-$ hinaus. Am 8. Oktober 1997 mußte die indonesische Regierung den IWF um Unterstützung bitten.

Ein Ende der Krise ist jedoch zu diesem Zeitpunkt weiter entfernt denn je. Südkorea geriet, für viele Beobachter überraschend, in den Abwärtssog. Am 20. November fiel der Won, dessen Wechselkurs zuvor z.T. freigegeben wurde, auf ein Rekordtief. Einen Tag später bat Koreas Regierung den IWF um Hilfe. Mit diesem Abriß sind die wichtigsten Stationen auf dem Weg in die Krise benannt. Die Krise ist ausgebrochen, der IWF aktiviert (vgl. zu weiteren Einzelheiten des Krisenverlaufs die Chronologie).

Im zweiten Kapitel wurde die im internationalen Vergleich vorteilhafte wirtschaftliche Entwicklung der Krisenländer gezeigt: Für die Bewertung ist daneben vor allem die Außenverschuldung von Relevanz. Zu fragen ist, ob die asiatischen Krisenländer überschuldet waren, wie es die Reaktionen der Finanzmärkte nahelegen, oder ob die Außenverschuldung vergleichsweise niedrig war.

Tabelle 6: Kennzahlen der Außenverschuldung der asiatischen Krisenländer

	Indonesien	Malaysia	Philippinen	Südkorea[a]	Thailand
Bruttoaußenverschuldung in Mrd. US-$ Ende 1996, IWF-Daten	129,0	39,7	41,2	/	90,8
Davon: Kurzfristige Verschuldung in Mrd. US-$	32,2	11,1	8,0	/	37,6
Währungsreserven in Mrd. US-$ Ende 1996	16,4	26,1	9,8	33,0	38,9
Bruttoaußenverschuldung in Mrd. US-$ Ende 1997, JP Morgan-Daten	152	39	58	155	102
Bruttoaußenverschuldung in Mrd. US-$ Ende 1997, IWF-Daten	119,6	/	/	154,4	91,8
Entwicklung der Bruttoaußenverschuldung in Mrd. US-$ Ende 1998 lt. IWF-Programm	112,8	/	/	171,4	85,9
Währungsreserven in Mrd. US-$ im März 1998	15,5 (Feb.)	21,7	8,8	29,8	26,9

a) Wegen der Mitgliedschaft Südkoreas in der OECD liegen nur unvollständige Daten zur koreanischen Verschuldung vor.

Quellen: J.P.Morgan, World Financial Markets, First Quarter 1998; IMF 1998a; The World Bank, Global Development Finance 1998, Country Tables; *The Economist*, 21.12.1996, S. 160.

Die Daten in Tabelle 6 zeigen, daß die drei am stärksten betroffenen Länder auch die höchste Außenverschuldung aufweisen. Das Verhältnis von langfristigen und kurzfristigen Schulden war nach den vorliegenden Daten im Falle Indonesiens und Thailands besonders ungünstig.

Tabelle 7: Außenverschuldung und Schuldendienst der asiatischen Krisenländer

		Indonesien	Malaysia	Philippinen	Südkorea	Thailand
Außenverschuldung in Prozent des Bruttoinlandsprodukts	1994	63,3	43,6	60,8	14,7	46,8
	1995	64,6	42,5	51,8	17,2	50,4
	1996	59,7	42,1	47,3	22,9	50.3
Außenverschuldung im Verhältnis zu den Exporten in Prozent 1996		221,4	42,4	97,6	/	120,5
Schuldendienst (Zins und Tilgung) in Prozent der Exporte	1994	30,7	9,0	18,9	6,2	13,5
	1995	30,9	7,0	16,0	5,4	11,6
	1996	36,8	8,2	13,7	/	11,5

Quellen: Daten für Südkorea: IWF 1997; für die anderen Länder: The World Bank, Global Development Finance 1998, Country Tables.

Aus den Daten zur Entwicklung der Außenverschuldung geht eindeutig hervor, daß die Panik an den asiatischen Märkten überzogen war. Zwar ist im Falle Indonesiens der Schuldendienst im Verhältnis zu den gesamten Exporten nicht besonders niedrig, aber nur im Vergleich zu den anderen drei, sehr gering verschuldeten asiatischen Ländern, die zum Vergleich herangezogen wurden. Zieht man Kriterien der Weltbank zur Bewertung von Außenverschuldung heran, wird deutlich, daß Indonesien bei beiden Indikatoren leicht über den von der Weltbank als ungefährlich betrachteten Werten liegt (vgl. Kapitel 3). Bei den anderen drei Ländern lagen die Daten zur Außenverschuldung in einem sehr unproblematischen Bereich. Der Schuldendienst dürfte, abgesehen von kurzfristigen Liquiditätsproblemen, keine Schwierigkeiten bereitet haben, wenn die Währungskrisen die Lage der Volkswirtschaften nicht substantiell verändert hätten.

Tabelle 8: Denominierung der langfristigen Außenverschuldung Ende 1996[a]

Anteile an den gesamten Außenschulden in Prozent	Indonesien	Malaysia	Philippinen	Thailand
US-Dollar	24,3	55,7	33,8	32,1
Japanische Yen	34,5	28,0	35,3	45,4
D-Mark	4,8	0,8	1,6	2,1

a) Für Südkorea liegen leider keine entsprechenden Daten vor.
Quelle: The World Bank, Global Development Finance 1998, Country Tables.

Eine allerdings nur in der Theorie bestehende Möglichkeit wäre gewesen, sich nur in eigener Währung im Ausland zu verschulden. Praktisch realisierbar ist dies nicht, weil Kreditgeber kaum bereit wären, auf die Denominierung der Außenverschuldung in Hartwährung zu verzichten.

Tabelle 9: Außenverschuldung nach Gläubigerländern Anfang 1998 (in Mrd. US-Dollar, ohne öffentliche Kredite)

	Frankreich	Deutschland	Japan	Großbritannien	USA	Andere	Summe nach Schuldnerländern
Indonesien	4,8	5,6	23,2	4,3	4,6	16,3	58,7
Malaysia	2,9	5,7	10,5	2,0	2,4	5,3	28,8
Philippinen	1,7	2,0	2,1	1,1	2,8	4,4	14,1
Thailand	5,1	7,6	37,7	2,8	4,0	12,2	69,4
Südkorea	10,1	10,8	23,7	6,1	10,0	42,8	103,4
Summe n. Gläubigerländern	24,6	31,7	97,2	16,3	23,8	81,0	

Quelle: Financial Times, 30.1.1998, S. 11.

Betrachtet man die private Verschuldung nach Gläubigerländern, fällt der erwartungsgemäß sehr hohe Anteil japanischer Gläubiger auf. Deren Kredite entsprechen der Summe der Forderungen der übrigen großen Gläubigerländer. Diese Daten liefern einen Beleg für die These, daß Kapitalexport aus Japan einen wesentlichen Beitrag zur Entwicklung der Asienkrise geleistet hat.

Vor dem Hintergrund der Volatilität von Finanzmärkten war es, im nachhinein gesehen, aus Sicht der Schuldnerländer falsch, sich in diesem Umfang im Ausland zu verschulden bzw. den Import von Kapital zu gestatten. Gleichwohl wurden Fehler nicht nur auf Seiten der privaten Schuldner, sondern natürlich auch von den privaten Gläubigern gemacht. Mit den Worten von Jeffrey Sachs: *„In all of the countries, international money market managers and investment banks went on a lending binge from 1993 to 1997"* (Sachs 1997a, S. 2). Der amerikanische Notenbankpräsident Greenspan formuliert etwas vorsichtiger und meint, westliche Investoren hätten die erheblichen Gewinne aus den 90er Jahren zur Portfolio-Diversifizierung genutzt und in Ostasien investiert (vgl. Greenspan 1998, S. 3). Die Kombination von liberalisierten Finanzmärkten in Verbindung mit einer florierenden Wirtschaft hat in den asiatischen Krisenländern zu einer gefährlichen Kombination geführt. Insbesondere mit kurzen Laufzeiten versehene Kredite ausländischer Gläubiger an inländische Schuldner sorgten für ein erhebliches Maß an Volatilität. Wie die Kreditaufnahme im Ausland erschwert werden kann, ohne die Flexibilität der Finanzmärkte zu stark zu beschränken, wird in Abschnitt 6.3 diskutiert werden.

4.2 Interne wirtschaftspolitische Fehler in den Krisenländern

Im nachhinein, oder schöner mit der englischen Formulierung „with the benefit of hindsight", ist es einfach, Entwicklungen in den Krisenländern als falsch und unangemessen zu beschreiben. Dies erscheint aber zu einfach. Wenn denn so große und erkennbare Fehler in den Krisenländern gemacht wurden, dann ist die naheliegende Frage, warum diese Versäumnisse nicht vor Ausbruch der Krise erkannt und benannt wurden.

Stellvertretend für die, nach Ausbruch der Krise, überall anzutreffenden negativen Einschätzungen bezüglich der Wirtschaftspolitik der asiatischen Krisenländer soll hier ein Beitrag aus der *Frankfurter Allgemeinen Zeitung* zitiert werden:

> *„Die Währungskrise in der Region der südostasiatischen Staatengemeinschaft ASEAN ist weder Hexenwerk noch das Ergebnis hin-*

terhältiger, gesichtsloser Spekulanten. Sie ist vielmehr weitgehend hausgemacht, das Resultat schwerwiegender struktureller Mängel. Die politisch Verantwortlichen haben viel zulange gezögert, diese Mängel zu beheben. Hohe auf Dauer untragbare Handels- und Haushaltsdefizite, kranke, unsolide wirtschaftende Finanzinstitutionen, eine laxe Bankenaufsicht, ein spekulativer Immobilienboom, unzureichende Investitionen zugunsten Infrastruktur und im Erziehungswesen, Korruption sowie schwerwiegende Fehler in der Wechselkurspolitik haben zusammengewirkt und die Krise vorbereitet" (*FAZ*, 28.8.1997, S. 1).

Nicht nur in der *FAZ*, sondern auch in anderen Publikationen haben zahlreiche Beobachter, nach Ausbruch der Krise, auf die Fehlentwicklungen in den Immobiliensektoren insbesondere Thailands verwiesen und dies als wichtig oder entscheidend für den Ausbruch der Krise betrachtet. Ein wirtschaftlicher Aufschwung ist aber stets, nicht nur in Südostasien, mit Fehlentwicklungen und Übertreibungen verbunden. Eine kleine Rundfahrt durch die neuen Bundesländer erinnert an die mißglückten Investitionsentscheidungen im Immobiliensektor in Deutschland. In Berlin, Frankfurt und anderen deutschen Großstädten stehen erhebliche Büroflächen leer und können nicht vermietet werden, und dennoch käme niemand auf die Idee, die Wirtschaftspolitik der Bundesregierung als völlig gescheitert zu betrachten. Noch weniger angemessen sind aber spekulative Attacken auf eine Währung wegen wirtschaftlicher Versäumnisse in Teilbereichen (vgl. Köhler 1998, S. 199).

Es ist in bezug auf die Währungspolitik heute einfach, von der Notwendigkeit einer rechtzeitigen Abwertung zu sprechen. Abgesehen davon, daß eine Abwertung mit großen Nachteilen für die inländische Ökonomie verbunden ist und die Weltwirtschaft durch den Versuch einer dauerhaften Unterbewertungsstrategie in vielen Ländern nicht gerade stabilisiert wird, bietet eine Abwertung letzten Endes keinen Schutz vor spekulativen Attacken auf eine Währung. Bei genauer Betrachtung können nur Kapitalverkehrskontrollen verhindern, daß eine Währung der Spekulation ausgesetzt wird. Denn erst wenn es für ausländische Akteure unmöglich wird, sich in der zu attackierenden Währung zu verschulden, ist die Spekulation wirksam ausgehebelt. Man könnte die Tatsache, daß die asiatischen Krisenökonomien ihre Finanzsektoren liberalisierten, ohne sich mit diesen Risiken auseinanderzusetzen, als Fehler der Wirtschaftspolitik betrachten (vgl. dazu auch die Abschnitte 3.3. und 7.2.).

Es wäre allerdings falsch, nicht auf die Versäumnisse der nationalen Wirtschaftspolitik hinzuweisen. Die Regierungen deregulierten nicht nur die Finanzmärkte, sondern sie unterließen es auch, die privaten Schuldner zur Absicherung ihrer Fremdwährungskredite durch „hedging" zu verpflichten oder dies zumindest anzuregen (vgl. Stiglitz 1998a, S. 6).

In allen asiatischen Krisenländern hatte sich in bezug auf Investitionen eine gewisse Sorglosigkeit gezeigt. Dies überrascht nur bedingt: Immerhin befanden sich die Länder Südost- und Ostasiens sich in einer extrem langen Aufschwungphase. Manch junger Bankmanager mag einen wirtschaftlichen Abschwung noch nie erlebt haben: Vor Ausbruch der Krise war das letzte Jahr, in welchem reale Wachstumsraten des BIP von unter 5 Prozent realisiert wurden, 1985 in Indonesien, 1980 in Südkorea und 1972 in Thailand. Doch nicht nur diese Abwesenheit von Krisenerfahrungen, sondern auch die mit dem raschen Wachstum nicht Schritt haltenden Strukturen von Unternehmen, des Finanzsektors und der Regierung haben zur Krise beigetragen (vgl. BIS 1998a, S. 35).

Die Verwundbarkeit der privaten Unternehmen und Banken hat dann, nach Beginn der Krise, zu einer Selbstverstärkung geführt. Ein ungünstiges Verhältnis von Verschuldung und Eigenkapital, wie in Malaysia und Südkorea, bzw. die hohe Verschuldung von Banken und Unternehmen im Ausland, wie in Indonesien und in Thailand, führte zu drastischen Einschränkungen von Investitionen und anderen Ausgaben. Im Ergebnis brachen dann gleichzeitig die öffentliche Nachfrage, die Nachfrage von Unternehmen und die Nachfrage privater Haushalte zusammen (vgl. auch BIS 1998a, S. 45f).

Ein wichtiges Versäumnis der nationalen Wirtschaftspolitik war, die Banken und andere Finanzinstitute nicht ausreichend auf die Deregulierung vorzubereiten. Die BIZ weist darauf hin, daß in den asiatischen Krisenländern die Preise für die Übernahme von Risiken nicht adäquat waren. Eine ausreichende Differenzierung der Kosten von Krediten, je nach Risiko, unterblieb also. Unterstützt wurde diese Tendenz durch eine Herdenmentalität von Bankmanagern: Die einzelnen Banken wollten im Wachstum nicht hinter der Konkurrenz zurückbleiben und setzten deshalb Prioritäten beim Erhalt oder Ausbau von Marktanteilen (vgl. BIS 1998a, S. 119).

Zudem wurde von vielen Banken eine nur oberflächliche Risikovorsorge getroffen: Gegen die mit einer Fristentranstransformation einhergehenden Zinsrisiken sicherten sich Banken durch zu variablen Zinsen vergebene langfristige Kredite ab. Damit wurde zwar das Zinsrisiko den Kreditnehmern aufgebürdet, die dadurch entstehenden Kreditrisiken blieben hingegen unberücksichtigt. Auch beim Versuch, die Risiken von Aktivitäten in fremder Währung abzusichern, machten die Banken in den Krisenländern Fehler. Sie glaubten häufig, eigene Kreditaufnahmen im Ausland in fremder Währung dadurch absichern zu können, daß sie an Inländer ebenfalls Fremdwährungskredite vergaben. Damit schien das Risiko, in diesem Fall das Währungsrisiko, vom Kreditnehmer getragen zu werden. Und auch hier übersahen die Banken, daß sie sich dadurch ein Kreditrisiko einhandelten (vgl. BIS 1998a, S. 120 und S. 124).[27]

In Thailand wurde eine aus drei Elementen bestehende Formel angewendet: Erstens wurde der Kapitalmarkt und der Finanzsektor insgesamt liberalisiert. Zweitens wurde, um Kapital ins Land zu holen, das Zinsniveau auf einem Niveau belassen, daß deutlich über dem Zinsniveau in den Finanzzentren des Westens lag. Drittens wurde der Baht fest an den Dollar gebunden und weder nationale noch internationale Akteure wurden auf Wechselkursrisiken aufmerksam gemacht (vgl. Bello 1998; vgl. dazu auch Abschnitt 4.4.). Stiglitz weist auf einen nicht unwichtigen Aspekt der Entwicklung in Thailand hin. In der Vergangenheit hatten Restriktionen in bezug auf die Vergabe von Bankkrediten für Immobilienprojekte gegolten. Die thailändische Regierung hatte damit die Absicht verbunden, Investitionen in den produktiven Sektor zu lenken. Zudem wurden die Risiken eines kreditfinanzierten Immobilienbooms deutlich gesehen. Letztlich wurden diese Beschränkungen aber aufgehoben und damit die Überhitzung des Immobilienmarktes ermöglicht (vgl. Stiglitz 1998a, S. 6).

Indonesiens Wirtschaftspolitik hat es ebenfalls nicht vermocht, die Verwundbarkeit der Wirtschaft zu begrenzen. Allerdings muß darauf

[27] Die BIZ weist darauf hin, daß diese Form der Nichtberücksichtigung von Kreditrisiken bereits von mexikanischen und einigen europäischen Banken bekannt gewesen sei (vgl. BIS 1998a, S. 124).

hingewiesen werden, daß sich auch in Indonesien genügend Gläubiger fanden, die bereit waren, an private indonesische Akteure Kredite zu vergeben. Die Verschuldung von Banken im Ausland ist dabei noch relativ gering: Zwei Drittel der Außenkredite wurden in Indonesien an private Nicht-Banken vergeben (vgl. Stiglitz 1998a, S. 6).

Im Falle Koreas wurden drei Entwicklungen nicht ausreichend berücksichtigt. Erstens wurde der Aufwertung der Währung gegenüber nicht an den US-$ gebundenen Währungen zu wenig Beachtung geschenkt. Zweitens wurden, als Folge der Deregulierung, private Kreditaufnahmen im Ausland zu wenig kontrolliert und reglementiert. Drittens schließlich wurden in einigen Bereichen zu hohe, nicht rentable Investitionen getätigt. Koreanische Konglomerate waren zum Zeitpunkt des Beginns der Krise stark überschuldet: Die Schulden beliefen sich auf das zehn- bis vierzigfache des Eigenkapitals (vgl. Bello 1998, S. 13).

Es muß aber auch darauf hingewiesen werden, daß die Deregulierungsmaßnahmen in Korea eher Einbahnstraßen glichen: Wie bei Gütermärkten war die Öffnung nur nach außen gerichtet: Koreanische Akteure konnten im Ausland aktiv werden, ausländischen Banken wurden jedoch nur begrenzte Betätigungsmöglichkeiten in Korea eingeräumt. Während eine solche Strategie beim Warenhandel funktionierte, stellte dies auf dem Finanzsektor ein Problem dar, da so eine Verschuldung in eigener Währung bei ausländischen Banken nicht möglich war.

Gerade im Falle Koreas hat die zunehmende Transnationalisierung der koreanischen Unternehmen zur Reduzierung der Transparenz geführt. Nationale Bankaufsichtsbehörden Koreas konnten kaum noch eine effektive Kreditaufsicht durchführen, weil es immer schwerer wurde, Kreditaufnahmen der ausländischen Tochtergesellschaften koreanischer Konglomerate zu verfolgen (vgl. Akyüz 1998, S. 3). Die Aufgabe traditioneller Kontrollen koinzidiert in Korea mit der Aufnahme des Landes in die OECD. Die Öffnung der Kapitalmärkte des Landes, auch für ausländische Direktkredite, wurde, wie im Falle Mexikos, als notwendige Voraussetzung für die Mitgliedschaft in der OECD gesehen, galt als Anpassung an eine globalisierte Welt (Akyüz 1998, S. 3; *The Economist*, 1/1998).

Die Kombination von Deregulierung des Finanzsektors in Verbindung mit einer florierenden Binnenwirtschaft sorgt für ein explosives

Gemisch. Die Deregulierung ermöglicht inländischen Akteuren, sich im Ausland zu verschulden, d.h. ausländische Gläubiger können Direktkredite an inländische Schuldner vergeben. In dieser Situation versagen traditionelle makroökonomische Instrumente. Eine Erhöhung des inländischen Zinsniveaus führt nämlich nicht mehr zur Beendigung einer Überhitzungsphase der Ökonomie, sondern die Zinserhöhung verstärkt lediglich die Volatilität und Verwundbarkeit des inländischen Finanzsystems. Die Steigerung des inländischen Zinsniveaus führt bei deregulierten Finanzsystemen sowohl zu einem Zufluß von Kapital aus dem Ausland als auch zu einer Zunahme der Kreditaufnahme im Ausland wegen der dort niedrigeren Zinsen. Der Boom verstärkt sich selbst und kann von der inländischen Geldpolitik nicht mehr gebremst werden.[28]

Es dürfte kein Zweifel daran bestehen, daß es in erster Linie die nur kurzfristig gebundenen Kapitalströme sind, die für Volatilität sorgen. Obwohl die Konsequenzen eines Abzugs von Kapital zunächst sehr viel schwerwiegender erscheinen, ist auch der Zufluß von nur kurzfristig gebundenem Kapital problematisch, weil er die Handlungsspielräume der nationalen Wirtschaftspolitik unterminiert.

Selbst wenn man mit einer rechtzeitigen internen Liberalisierung der Finanzsektoren die Krise nicht hätte verhindern können, so bleibt dies ein wichtiges Versäumnis der nationalen Wirtschaftspolitik. Vor der Öffnung der Kapitalmärkte hätte, als erster Schritt, eine Steigerung des Wettbewerbs auf den nationalen Finanzmärkten erfolgen sollen. Solange dies nicht erreicht war, hätte man auf die Reduzierung von Kapitalverkehrskontrollen verzichten sollen.

Interessant ist dabei, daß in dieser Situation sowohl inländische als auch ausländische Akteure in den asiatischen Krisenstaaten die Stabilität der Wechselkurse als gegeben unterstellten. Das Wechselkursrisiko trifft, auf unterschiedliche Art und Weise, jedoch sowohl Schuldner als auch Gläubiger. Der in Fremdwährung verschuldete inländische Akteur ist diesem Risiko direkt ausgesetzt: Fällt der Wechselkurs der

[28] Die BIZ meint allerdings, die Zentralbanken in den Krisenländern hätten zur Stabilisierung des Wechselkurses konjunkturdämpfende Zinserhöhungen unterlassen (BIS 1998a, S. 37). Diese Erklärung kann nicht überzeugen: In der Regel führen Zinserhöhungen, wegen des verstärkten Zuflusses von Kapital, zu einer Stabilisierung des Wechselkurses. Demzufolge wäre lediglich die Sorge vor einer Aufwertung berechtigt gewesen.

inländischen Währung gegenüber der Währung, in der seine Außenschuld denominiert ist, steigt der Schuldendienst. Im Falle indonesischer Schuldner, die die Abwertung der Rupie gegenüber dem US-$ um mehr als 80 Prozent zu verkraften haben, stieg die Schuldenlast nur wegen der Währungseffekte um das Vierfache an. Aber auch die Gläubiger haben, selbst wenn die Kredite in US-$ oder anderen Währungen denominiert sind, ein indirektes Risiko zu tragen. Kann der private Schuldner infolge der Abwertung den Schuldendienst nicht mehr leisten, hat der Gläubiger Verluste zu realisieren.

In den asiatischen Krisenländern waren solche Überlegungen meist nur graue Theorie. Kreditaufnahmen im Ausland wurden im Regelfall nicht durch „hedging" abgesichert. Es gilt zu bedenken, daß es keine Asienkrise gegeben hätte, wenn alle privaten Schuldner sich gegen das Wechselkursrisiko abgesichert hätten.

Das Verhalten der Kreditgeber und -nehmer überrascht, ist aber zumindest teilweise erklärbar. Folgende Aspekte scheinen eine Rolle gespielt zu haben:

1. Für die Annahme einer bevorstehenden Abwertung gab es keine Anzeichen. Die Stabilität der Wechselkurse in den vergangenen Jahren hat vielmehr zu Vorspiegelung einer trügerischen Sicherheit geführt.

2. Das rasche Wirtschaftswachstum in den asiatischen Tigerstaaten führte zu einem Mangel an qualifizierten Managern, gerade im Finanzsektor. Die realistische Bewertung der Risiken einer Kreditaufnahme im Ausland wurde unter diesen Umständen erschwert.

3. Ein wesentlicher Beitrag wurde von ausländischen Anlegern, d.h. vor allem ausländischen Banken, geleistet (vgl. Mcdermott/Wessel 1997). Ähnlich wie in den 70er Jahren, als sogenannte „Petro-Dollars" investiert werden sollten und international tätige Banken nach Anlagemöglichkeiten, auch in Entwicklungsländern, suchten, war in den 90er Jahren ebenfalls ein Mangel an rentabel erscheinenden Anlagemöglichkeiten gegeben. Dazu trugen niedrige Zinsen in den westlichen Industrieländern genauso bei wie ein unerwartet niedriger Kapitalbedarf der Transformationsländer Osteuropas.

Wenngleich Versäumnisse der nationalen Wirtschafts- und Finanzpolitik die Entwicklung der Krise begünstigten, so darf daraus nicht geschlossen werden, daß mit einer Verbesserung dieser Politiken die Krise hätte vermieden werden können. Auch die BIZ unterstreicht dies:

„*Nevertheless, it would be a mistake to conclude that all the difficulties could have been easily avoided if only domestic policies had been somehow better. These events occurred against a backdrop of international macroeconomic imbalances which contributed materially to developments in Asia and may yet have further manifestations*" (BIS 1998a, S. 3).

4.3 Externe Faktoren: Zinspolitik in Japan, Abwertung in China, Handelspolitik der USA

Neben einer Reihe von weiteren Faktoren, u.a. niedrige Zinsen und schwache wirtschaftliche Entwicklung in Westeuropa Mitte der 90er Jahre sowie unerwartet geringe Investitionsmöglichkeiten in den Ökonomien des früheren Ostblocks, waren es vor allem zwei externe Faktoren, die den Krisenökonomien Südost- und Ostasiens letztlich Probleme bereiten sollten: Die Zinspolitik der japanischen Zentralbank und der dadurch hervorgerufene Kapitalexport sowie die Abwertung der chinesischen Währung im Jahr 1994, die insbesondere Produzenten in Südostasien eine erhebliche Zunahme des Wettbewerbs auf Gütermärkten bescherte.

Die Zinspolitik der japanischen Zentralbank ist nicht zu trennen von der japanischen Finanzkrise, die von ihrer Entwicklung her Parallelen zu Südostasien aufweist. In beiden Fällen wurde ein spekulativer Boom von Immobilien- und Aktienmärkten in Gang gesetzt. Der entscheidende Unterschied ist, daß ausländische Akteure in Japan keine Rolle spielten: Die Spekulationsblase war hausgemacht. Letzten Endes schaukelten sich die Werte von Immobilien und von Aktien gegenseitig hoch: Überbewertete Immobilien wurden als Sicherheiten für Kredite gegeben, um dann an der Börse zu spekulieren.[29] Die Exzesse waren

[29] Begünstigt wurde die sich wechselseitig begünstigende Spekulation durch eine Spekulationsteuer in Japan. Dort mußte eine 80%ige Steuer auf den Wertzuwachs gezahlt werden, wenn eine Immobilie vor Ablauf von zehn Jahren den Besitzer wechselte. Immobilienbesitzer haben dann Wertzuwächse nicht realisiert, son-

spektakulär: Bei der Privatisierung von 'Nippon Telegraph and Telephone' (NTT) betrug der Ausgabepreis das 250-fache der jährlichen Gewinnerwartungen (vgl. Wood 1998, S. 58). Immobilien waren Ende der 80er Jahre so überteuert, daß nicht nur private Haushalte kaum Wohneigentum erwerben konnten, sondern regelmäßig Klagen ausländischer Firmen zu hören waren und die Immobilienpreise gelegentlich als Handelshemmnis bezeichnet wurden.

Auch die japanische Spekulationsblase platzte letztlich, und zwar Anfang der 90er Jahre.[30] Der Nikkei-Aktienindex fiel von seinem Höchststand von nahezu 40.000 auf unter 20.000 und hat sich seitdem einige Male der 14.000er Marke genähert.[31] Noch immer sind die Aktienkurse aber relativ hoch: Im Februar 1998 lag das Verhältnis von Kurs und Gewinn bei japanischen Aktien im Mittel bei 43 zu 1, deutlich höher als in den USA (27) oder der Bundesrepublik (21) (vgl. BIS 1998, S. 80). Selbst wenn dies ein deutlicher Rückgang von dem 1996 erreichten KGV-Spitzenwert von durchschnittlich 100 ist, bleiben solche Kurse im internationalen Vergleich exzeptionell hoch.

Ebenso fielen die Immobilienpreise in Japan; sie sind aber noch immer nicht so niedrig, wie man es nach einer Immobilienkrise vermuten könnte. Der Grund dafür ist, daß die japanische Regierung in den vergangenen Jahren stets versucht hat, die binnenwirtschaftlichen Folgen der Krise gering zu halten. Ziel war es, die Krise zu überwinden, ohne die Zusammenbrüche von Firmen, sowohl im Bau- wie im Finanzsektor, in Kauf zu nehmen. Damit dieses Ziel erreicht werden konnte, mußte versucht werden, die Preise von Aktien und Immobilien auf einem relativ hohen Niveau zu halten, um zu verhindern, daß überschuldete Unternehmen zum Notverkauf von Aktiva gezwungen

dern die Immobilien mit dem aktuellen Wert beliehen und an der Börse spekuliert (vgl. Wood 1998, S. 75). Die als Maßnahme zur Behinderung von Immobilienspekulation gedachte Steuer hat also das Gegenteil des gewünschten Effektes gehabt, da nur ein geringer Teil der Immobilien den Besitzer wechselte, sich zugleich aber eine Inflation der (Buch-)Werte entwickelte.

[30] An Warnungen hat es im Falle Japans allerdings nicht gefehlt: Wood warnte schon 1988 vor einem Zusammenbruch und meinte, das herdenhafte, pro-zyklische Verhalten japanischer Investoren würde die Krise noch verstärken (vgl. Wood 1988, S. 78f).

[31] Der Höchststand des Nikkei-Index belief sich auf 38.915 im November 1989.

werden würden und damit eine Entwertung von Aktiva auf breiter Basis in Gang gesetzt werden könnte.[32]

Das Mittel zur Erreichung dieser Ziele war der historisch einmalig niedrige Zinssatz der japanischen Zentralbank. Der Diskontsatz wurde im April 1995 von 1,75 auf 1,0 Prozent gesenkt und beträgt seit September 1995 nur 0,5 Prozent, hat also eher den Charakter einer Bearbeitungsgebühr. Damit waren für die japanischen Banken und Unternehmen eine Reihe von Vorteilen verbunden. Sie konnten sich im Inland zu sehr geringen Kosten mit Kapital versorgen und damit sehr aggressiv auf Auslandsmärkten aktiv werden. Zudem wurden mit diesen niedrigen Zinsen die Aktien- und Immobilienmärkte stabilisiert: Bei einem derart niedrigen Zinssatz – zehnjährige Staatsanleihen erreichen in Japan Mitte 1998 eine Rendite von brutto 1,68 Prozent, real gerade noch 1,1 Prozent – haben japanische Anleger kaum andere Möglichkeiten zur Erhöhung der Renditen als die Börse bzw. Investitionen im Ausland (vgl. dazu auch Schnabl/Starbatty 1998). Ebenso werden Investitionen in Immobilien vom niedrigen Zinsniveau begünstigt.

Für Japans Unternehmen haben die niedrigen Zinsen einen zweifach positiven Effekt. Zum einen können japanische Unternehmen bei diesen Zinssätzen Investitionen sehr leicht finanzieren. Zum anderen hatten die Zinssenkungen Auswirkungen auf den Wechselkurs des Yen und damit die internationale Wettbewerbsfähigkeit japanischer Unternehmen: Im April 1995 erreichte der Yen ein Rekordhoch gegenüber dem US-Dollar von 79,75 Yen pro Dollar. Bis Mitte Juli 1998 ist der Yen, auch dank der Niedrigzinspolitik der japanischen Zentralbank, um etwa 75 Prozent auf 140 Yen pro Dollar gefallen.

Die Kosten dieser Politik werden dem Ausland aufgebürdet: Leistungsbilanzüberschüsse und Defizite in der Kapitalverkehrsbilanz, d.h. der Export von Kapital, haben für das Ausland in zweifacher Weise negative Konsequenzen: Erstens resultiert der Kapitalexport aus Japan heraus in größerer Instabilität der Finanzmärkte, auch weil ein erheblicher Teil dieser Kapitalexporte nicht langfristig, sondern nur kurzfristig gebunden ist. Zweitens bedingen die Leistungsbilanzüberschüsse

[32] Japanische Banken beispielsweise halten Aktien als Teil ihres Eigenkapitals. Wenn diese Aktien unter einen bestimmten Wert gefallen wären, wäre die Eigenkapitalbasis zu schmal geworden und die Probleme der Banken hätten sich verschärft.

Japans Leistungsbilanzdefizite in anderen Ländern. Wenn man unterstellt, daß in Zeiten liberalisierter Kapitalmärkte Kapitalimporte nicht die Folge, sondern die Ursachen von Leistungsbilanzdefiziten sein könnten, so wird deutlich, daß Japans Wirtschaftspolitik in den 90er Jahren in erheblichem Maße für Instabilität gesorgt und zum Entstehen der Asienkrise beigetragen hat. Japans Defizite in der Kapitalverkehrsbilanz bedeuten letztlich nichts anderes als ein fehlendes Interesse auf seiten japanischer Anleger an Direkt- und Portfolioinvestitionen in Japan. Japan hat in unverantwortlicher Weise versucht, sich die Kosten der Sanierung seines maroden Finanzsystems vom Ausland finanzieren zu lassen.[33] Diese Politik wird aber vom heutigen Weltwirtschaftssystem nicht be-, geschweige denn verhindert: Finanzmärkte sanktionieren bekanntlich nur große Leistungsbilanzdefizite, während Überschüsse als Ausdruck der wirtschaftlichen Leistungsfähigkeit betrachtet werden (vgl. zu den Optionen der japanischen Wirtschaftspolitik Abschnitt 8.5.).

Betrachtet man die Auslandsaktivitäten japanischer Investoren seit Anfang der 80er Jahre, ist ein deutlicher Wandel auszumachen. Zunächst wurden die japanischen Investoren durch die Überschüsse in der Handelsbilanz entstandenen Leistungsbilanzüberschüsse gezwungen, Kapital im Ausland zu investieren. Dabei gingen die japanischen Investoren zunächst sehr zögerlich und unentschlossen ins Ausland und beschränkten sich anfänglich auf den Kauf von US-Staatsanleihen (vgl. Wood 1988, S. 69). Während die Auslandsaktivitäten japanischer Investoren in den 80er Jahren in erster Linie leistungsbilanzinduziert waren, wandelte sich das Bild in den 90er Jahren nach dem Zusammenbruch der spekulativ überhöhten Aktien- und Immobilienwerte. Die oben geschilderten Mechanismen, vor allem der niedrige Zinssatz, führten dazu, daß wir in Japan in den 90er Jahren von kapitalbilanzinduzierten Bewegungen sprechen können: Nicht der Überschuß beim Warenexport führt zum Export von Kapital, sondern es gilt eine umgekehrte Kausalkette: Der Export von Kapital führt zu Überschüssen in der Leistungsbilanz.

[33] Higgott weist darauf hin, daß japanisches Kapital zur Schaffung von Überkapazitäten beigetragen hat, ohne die Rolle eines ‚market of last resort' zur Aufnahme der Güter zu spielen (vgl. Higgott 1998b, S. 6).

Die Abwertung des chinesischen Renminbi (RMB) ist von deutlich geringerer Bedeutung für die Entstehung der Asienkrise. Dennoch hatte die Abwertung des Jahres 1994 Auswirkungen auf die Unternehmen in Südost- und Ostasien. Für chinesische Unternehmen bedeutete die Abwertung eine Verbesserung ihrer Möglichkeiten, sich gegenüber anderen Produzenten aus der Region durch preiswertere Angebote abzuheben (vgl. dazu auch Guttmann 1998, S. 5).

Die Abwertung wurde indes nicht als solche gekennzeichnet, sondern wurde von offizieller Seite als Restrukturierung des Wechselkurssystems charakterisiert. Obwohl es Kapitalverkehrskontrollen und ein staatliches Monopol auf den Umtausch von Devisen gab, wurden Anfang der 90er Jahre in bescheidenem Umfang sogenannte „Swap shops" zugelassen, in denen Privatpersonen Renminbi gegen Fremdwährungen eintauschen konnten. Während der offizielle Wechselkurs auf Renminbi 5,7 pro US-Dollar festgesetzt war, wurde der Wechselkurs in den „Swap shops" eher durch Angebot und Nachfrage festgesetzt und bewegte sich um RMB 9 pro Dollar. Die Entscheidung zur Vereinheitlichung des Wechselkurses wurde damit begründet, daß die zum Teil bestehende Konfusion über den richtigen Wechselkurs beseitigt werden sollte. Letztlich fand diese Vereinheitlichung der beiden Wechselkurse aber auf dem niedrigeren Niveau der „Swap shops" statt, genauer bei RMB 8,7 pro Dollar (vgl. Breslin 1998). Unabhängig davon, welche Bezeichnung die chinesischen Behörden für diesen Schachzug fanden, bleibt es eine faktische Abwertung um 52 Prozent. Diese Abwertung ermöglicht es heute der chinesischen Regierung, einen Pol der Stabilität zu bilden und ihre Währung, trotz der Turbulenzen in den Nachbarstaaten, nicht abzuwerten.

Schließlich gilt es, vor allem für den Fall Südkorea, die Konsequenzen der US-Handelspolitik zu bedenken. Bereits Mitte der 80er Jahre wuchs in den USA die Sorge vor der Entstehung eines zweiten handelspolitischen Dauerkonfliktes. Korea schickte sich an, den Weg Japans zu kopieren und dauerhafte hohe Handelsbilanzüberschüsse mit den USA zu erwirtschaften. 1987 belief sich der Überschuß im bilateralen Handel auf US-Dollar 9,6 Mrd. zugunsten Koreas. Durch eine Reihe von handelspolitischen Maßnahmen wandelte sich dieser Überschuß bis 1992 in ein Defizit von US-Dollar 159 Mio., das bis 1996 auf US-Dollar 4 Mrd. wuchs (vgl. Bello 1998, S. 12). Die USA hatten auf die koreanische Regierung in folgenden Bereichen Druck ausgeübt:

- Koreanische Hersteller von Fernsehgeräten wurden in den USA Anti-Dumping Verfahren ausgesetzt.
- Koreanische Unternehmen wurden gezwungen, freiwillige Selbstbeschränkungsabkommen in den Bereichen Textil, Bekleidung und Stahl abzuschließen.
- Die USA forcierten zwischen 1986 und 1989 eine Aufwertungspolitik der koreanischen Zentralbank.
- Die US-Regierung drohte den Einsatz der Artikel „Special 301“ und „Super 301“ des amerikanischen Handelsgesetzes von 1988 an.
- Die US-Regierung setzte die Öffnung des koreanischen Binnenmarktes für Tabakprodukte und Rindfleisch durch.
- Ebenso übte die US-Regierung Druck auf die Regierung Koreas hinsichtlich der Liberalisierung des Dienstleistungssektors, einschließlich Finanzdienstleistungen, aus (vgl. Bello 1998, S. 11f).

Das Ergebnis dieser Bemühungen ist, aus amerikanischer Sicht, sicher erfreulich. Die Verbesserung der Handelsbilanz zugunsten der USA hat den innenpolitischen Druck auf die Administration, Maßnahmen gegen sogenannten unfairen Handel zu ergreifen, reduziert. Die US-Handelspolitik hat die Krise nicht ausgelöst, aber im Falle Koreas begünstigt.

4.4 Der Verfall der Währungen

Die Währungen Thailands, Indonesiens und Südkoreas hatten, entgegen häufig geäußerter Einschätzungen, unterschiedliche Währungsregime. Thailand hatte in Relation zum Dollar ein System, das nur sehr geringe Schwankungsbreiten erlaubte, de facto ein Festkurssystem. Von 1990 bis zur Freigabe der Währung konnte der Kurs zum Dollar stabil gehalten werden. Indonesien hingegen wertete die Rupie gegenüber dem Dollar im gleichen Zeitraum jedes Jahr nominal um 3 bis 5 Prozent ab. Auch die koreanische Währung wurde gegenüber dem Dollar zwischen 1990 und 1994 nominal abgewertet, danach jedoch bis zum Sommer 1995 nominal um etwa 6 Prozent aufgewertet. Von Mitte 1995 bis Anfang 1997 wertete der Won gegenüber dem Dollar erneut um etwa 11 Prozent ab. Während also Indonesien und Thailand eine relativ stetige Währungspolitik betrieben, war die Entwicklung des Won auch vor Ausbruch der Krise volatiler als in den anderen beiden Ländern (vgl. DIW 1998, S. 454).

Tabelle 10: Die Entwicklung von ausgewählten Währungen in Asien 1997-1998

	Wechselkurs zum US-Dollar am 24.6.97	Wechselkurs zum US-Dollar am 24.6.98	Abwertung gegenüber dem US-Dollar in Prozent
Indonesien	2.432	14.750	83,5
Malaysia	2,52	3,95	36,2
Philippinen	26,4	41,5	36,4
Singapur	1,43	1,66	13,9
Südkorea	888	1.381	35,7
Taiwan	27,9	34,4	18,9
Thailand	25,3	41,1	38,4

Quelle: The Economist, 27.6.1998, S. 124.

Erstes asiatisches Opfer der Währungsspekulation war die thailändische Zentralbank. Allerdings wurden bereits im August 1996 Maßnahmen zur Verhinderung der Spekulation gegen die thailändische Währung diskutiert. Der Aufbau eines regionalen Netzes zur Sicherung der Währungen wurde aber verworfen. Vielmehr glaubte der Gouverneur der thailändischen Zentralbank, Rengchai Marakanond, mit etwa US-Dollar 40 Mrd. über ausreichende Währungsreserven zu verfügen.[34] Schon 1996 wurde darüber spekuliert, daß die Gefahr eines Abzuges von ausländischen Investitionen besteht und damit der Baht unter Druck geraten könnte (vgl. *Asia Times*, 19.8. 1996, S. 1).

Doch die Spekulation sollte erst 1997 mit Macht die thailändische Zentralbank attackieren. Wochen vor der großen Spekulationswelle, im Februar 1997, mußte die thailändische Zentralbank erstmals zwei Milliarden Dollar zur Verteidigung des Baht einsetzen. Danach begann eine Kampagne gegen die thailändische Wirtschaft: Aktien wurden ab-

[34] Rerngchai versuchte, den Währungshändlern mit markigen Worten Einhalt zu gebieten: „*It would be a grave mistake indeed for anyone to assume we will treat would-be-speculators as kindly*" (*Asia Times*, 19.8.1996, S. 1).

gestuft, die Wirtschaft als überhitzt erklärt und die thailändische Politik wurde plötzlich als korrupt und inkompetent bezeichnet. Am 13. Mai 1997 begannen Spekulanten dann, den Baht massiv unter Druck zu setzen. Die thailändische Zentralbank begann einen letztlich erfolglosen Kampf gegen die Spekulation. Ausländische Händler boten Baht in Milliardenhöhe an.

Die thailändische Zentralbank bat die Deutsche Bundesbank und die amerikanische Federal Reserve um Unterstützung: vergebens. Die Zentralbank untersagte am 15. Mai den thailändischen Banken den Verkauf von Baht an Ausländer: Auch dies war zu spät. Sämtliche anderen Maßnahmen, den Wechselkurs des Baht letzten Endes noch zu sichern, waren nicht geeignet, die Spekulation aufzuhalten. Die thailändische Zentralbank verlor mindestens US-Dollar 9 Mrd. auf dem Devisenmarkt zur Stützung des Baht und weitere US-Dollar 23,4 Mrd. bei Termingeschäften (vgl. Bello 1998, S. 8). Am 2. Juli 1997, als die einst beachtlichen Devisenreserven der thailändischen Zentralbank von fast US $ 40 Mrd. bis auf einen kläglichen Rest verbraucht waren, mußte der Wechselkurs freigegeben werden (vgl. *Der Spiegel,* Nr. 22/1998, S. 106-11). Der Kurs des Baht sank umgehend deutlich, bis zum Jahresende 1997 sogar um fast 50 Prozent (vgl. dazu auch die Chronologie).

Die asiatischen Währungskrisen haben die Konjunktur für die Vorhersage der Entwicklungen von Währungen belebt. Die Prognose der Entwicklung von Währungen ist allerdings ein außerordentlich schwieriges Geschäft. Noch problematischer als die Vorhersage von Schwankungen des Wertes von Währungen ist die Prognose des Zusammenbruches des Außenwertes von Währungen. Obwohl als Reaktion auf die Asienkrise eine Reihe von elaborierten Instrumenten und Modellen entwickelt wurde, bleibt deren Zuverlässigkeit gering: Es erscheint unmöglich, zuverlässige Prognosemodelle zu entwickeln: Entweder werden zu viele Krisen nicht erkannt oder es werden häufig Krisen prognostiziert, die niemals eintreten (vgl. *The Economist*, 1.8.1998, S. 66).

Die Betrachtung des „Big Mac" Index des *Economist* liefert ein anschaulichen Beispiel für die heutige Unterbewertung der indonesischen Rupie.[35] Wendet man die Kaufkraftparitäten-Theorie auf den „Big Mac"

[35] Die Kaufkraftparitäten-Theorie besagt, daß ein identischer Warenkorb in verschiedenen Währungsräumen das gleiche kosten sollte. Der *„Big Mac"* von

an, entsprechen heute R 3.954 einem US-Dollar, weit weniger als der Marktkurs von etwa R 14.100. Nach dieser allerdings eher anekdotischen Interpretation ist die Rupie um fast 72 Prozent unterbewertet (vgl. *The Economist,* 1.8.1998, S. 94).

Auch der Verfall der Währungen ist kein Ereignis, für das monokausale Erklärungen genügen. Initialzündung war gewiß die Spekulation gegen die Währungen, aber danach haben sich die Ereignisse gewissermaßen verselbständigt. Auch die Rating-Agenturen haben zum Verfall der Währungen beigetragen: Den Abstufungen der Bewertungen durch Moody's und Standard & Poor's folgte mehrfach ein deutlicher Wertverlust der jeweiligen Landeswährungen (vgl. BIS 1998a, S. 110).

4.5 Der Abzug von Kapital aus den Krisenländern

Die Volatilität internationaler Kapitalmärkte haben die asiatischen Krisenländer mit besonderer Härte erlebt. Während im Jahr 1994 netto insgesamt US $ 41 Mrd. nach Indonesien, Malaysia, Thailand, Südkorea und den Philippinen flossen, stieg der Kapitalstrom 1996 auf US $ 93 Mrd. an. 1997 hingegen flossen US $ 12 Mrd. aus den fünf Ländern in die Gläubigerländer ab (vgl. Bhagwati 1998, S. 12). Noch deutlicher ist die Trendwende nach Zahlen der BIZ. Während im Schnitt der Jahre 1980 bis 1990 pro Jahr netto lediglich private Kapitalzuflüsse in Höhe von US-Dollar fünf Mrd. in acht asiatische Länder zu verzeichnen waren,[36] stieg der private Kapitalzufluß zwischen 1991 und 1993 auf jährlich US-Dollar 32 Mrd. an. 1996 waren US-Dollar 77 Mrd. zu verzeichnen und noch im ersten Halbjahr 1997 waren, auf Jahresbasis berechnet, Zuflüsse von US-Dollar 62 Mrd. zu verzeichnen, die aber im zweiten Halbjahr von Nettoabflüssen von US-Dollar 108 Mrd. (Jahresrate) abgelöst wurden (vgl. BIS 1998a, S. 133).

Entsprechend wandelten sich die Salden der Leistungsbilanzen: Wurde 1996 in den oben genannten fünf Ländern noch ein negativer

McDonald's eignet sich, aufgrund seiner identischen Beschaffenheit, besonders für einen solchen Kaufkraftvergleich.

[36] Indien, Indonesien, Malaysia, Philippinen, Singapur, Südkorea, Taiwan und Thailand.

Leistungsbilanzsaldo von insgesamt US $ 55 Mrd. erwirtschaftet, so werden für 1998 Überschüsse von insgesamt US $ 31 Mrd. in den fünf Krisenländern erwartet (vgl. *Financial Times*, 1.7.1998, S. 19).

Gerade institutionelle Investoren, vor allem US-amerikanische Fonds („mutual funds") sorgten zunächst dafür, daß erhebliche Mittel in die Region flossen, und zogen sich, als die Krise ausbrach, sehr schnell aus den ostasiatischen Märkten zurück. Dieses pro-zyklische Verhalten verschärfte die Krise dramatisch (vgl. Guttmann 1998 S. 6; DIW 1998, S. 460). Die BIZ weist darauf hin, daß das Verhalten von institutionellen Investoren deutlich von den Banken differierte: Letztere setzen ihr Engagement in der Region noch nach dem Beginn der Krise fort. Dies zu bewerten ist nicht einfach: Entweder haben die Banken die Situation falsch eingeschätzt und die Risiken zu spät erkannt, oder die Fondsverwalter haben, aus den in Abschnitt 3.3. genannten Gründen, zu herdenhaft agiert.

Der Abzug von Kapital wurde auch dadurch beschleunigt, daß die großen Rating-Agenturen im Verlauf der Krise ihre Bewertungen ständig weiter zurücknahmen. Diese Abstufungen zogen jeweils neue Verkaufswellen nach sich und haben die Krise weiter verschärft (vgl. Stiglitz 1998a, S. 7; vgl. auch Abschnitt 3.4.).

Stiglitz meint, daß der Abzug von Kapital nichts mit unsoliden Wirtschaftsdaten in den betroffenen Ländern zu tun hatte. Auch wenn die Finanzsysteme solide und die Wirtschaftspolitik makellos gewesen wäre, wäre die Krise wegen der Volatilität des Vertrauens der Märkte möglicherweise eingetreten (vgl. Stiglitz 1998a, S. 7). Verantwortlich dafür seien psychologische Faktoren. Diese sind nicht neu: Schon Keynes hat von ‚animal spirits' gesprochen. Stiglitz erweitert Alan Greenspans Begriff der ‚irrational exuberance' auf ‚irrational pessimism' (vgl. Stiglitz 1998a, S. 7).

Tabelle 11: Entwicklung der Bewertungen durch Moody's und Standard & Poor's für langfristige, in ausländischer Währung denominierte Schulden

	Moody's		Standard & Poor's	
	Bewertung	Datum	Bewertung	Datum
Indonesien	Baa3 ↓	14.03.1994	BBB– ↓	20.07.1992
			BBB ↑	18.04.1995
			BBB– ↓	10.10.1997
	Ba1 ↓	21.12.1997	*BB+* ↓	31.12.1997
	B2 ↓	09.01.1998	*BB* ↓	09.01.1998
			B ↓	27.01.1998
	B3 ↓	20.03.1998	*B–* ↓	11.03.1998
Südkorea	A2 ↓	18.11.1988	A+ ↓	01.10.1988
	A1 ↑	04.04.1990	AA– ↑	03.05.1997
			A+ ↓	24.10.1997
	A3 ↓	27.11.1997	A– ↓	25.11.1997
	Baa2 ↓	10.12.1997	BBB– ↓	11.12.1997
	Ba1 ↓	21.12.1997	*B+* ↓	22.12.1997
			BB+ ↑	18.02.1998
Thailand	A2 ↓	01.08.1989	A– ↓	26.06.1989
			A ↑	29.12.1994
	A3 ↓	08.04.1997	A– ↓	03.09.1997
	Baa1 ↓	01.10.1997	BBB ↓	24.10.1997
	Baa3 ↓	27.11.1997		
	Ba1 ↓	21.12.1997	BBB– ↓	08.01.1998

↓ = Abwertung; ↑ = Aufwertung; Bewertungen in Kursivschrift kennzeichnen Bewertungen mit sehr hohem Risiko (non-investment-grade). Quelle: BIS 1998a, S. 127.

5. Zur Rolle des IWF

Es ist keine bloße Rhetorik, wenn die IWF-Interventionen in Frage gestellt werden. Formal ist die Einschaltung des IWF durch die entsprechenden Gesuche Thailands, Indonesiens und Südkoreas veranlaßt worden. Auf den Philippinen wurde ein bereits laufendes Programm während der Krise modifiziert. Warum aber, so ist zu fragen, erklärte sich der IWF für die von privaten Akteuren verursachte Krise zuständig?[37] Zieht man den Artikel 1 der IWF-Statuten zu Rate, finden sich keine Hinweise auf die Notwendigkeit einer IWF-Intervention bei privaten Kreditkrisen. Im Gegenteil: Dort heißt es, der IWF habe die Aufgabe *„to promote exchange rate stability, to maintain orderly exchange arrangements among members, and to avoid competitive exchange rate depreciation"* (IWF Articles of Agreement).

Die Aufgaben des IWF wurden in einer anderen Ära, der der festen Wechselkurse, formuliert. Aber auch heute sind Teile dieser Überlegungen durchaus noch zutreffend. Die Verhinderung eines Abwertungswettlaufs, in die IWF-Statuten vor dem Hintergrund der Erfahrungen der großen Depression aufgenommen, ist ein immer noch aktuelles Ziel. Auch in der Asienkrise hätte der IWF sich sehr viel mehr auf die Stabilisierung der Währungen als auf andere Maßnahmen, z.B. die Reformen der Finanzsektoren, konzentrieren können. Daß der IWF dies nicht getan hat, ist leicht zu erklären. Der Fonds unterstellt die prinzipielle Fähigkeit von Märkten, Informationen effizient zu verarbeiten. Die Möglichkeit dauerhafter Störungen von Märkten wird nicht unterstellt, bestenfalls kurzfristig können Märkte, in der orthodoxen Sicht des IWF, Informationen ineffizient verarbeiten. Es liegt in dieser Logik, als Konsequenz der Asienkrise vor allem eine bessere Information der Marktteilnehmer zu verlangen (vgl. dazu Abschnitt 3.1).

[37] Auch der amerikanische Notenbankpräsident Alan Greenspan räumt ein, daß die grundsätzliche Kritik an der IWF-Interventionen möglicherweise zutreffend sei. Man hätte also die private Kreditkrise den privaten Akteuren überlassen sollen. Aber zugleich weist er darauf hin, daß das Risiko einer weltweiten Finanzkrise zumindest nicht völlig ausgeschlossen werden konnte und begründet damit die IWF-Aktivitäten (vgl. Greenspan 1998, S. 1).

Die in den Statuten genannte Aufgabe, die Sicherung stabiler Wechselkurse, betrachtet der IWF heute nicht als Aufgabe der Wirtschaftspolitik, sondern überläßt dieses Feld dem Markt. Diese Selbstbeschränkung des IWF reflektiert den dominanten Einfluß orthodoxer Ökonomen. Die Asienkrise zeigt aber, daß der IWF infolge dieser willkürlichen Definition seiner Aufgaben nicht in der Lage ist einen konstruktiven Beitrag zur Überwindung der Krise zu leisten. Dabei gibt es zur heutigen IWF-Politik Alternativen, wie am Beispiel Indonesiens gezeigt werden wird. Eine Rückkehr zu den eigentlichen, in den Statuten definierten Aufgaben hätte sich dort angeboten. Der IWF hätte in Indonesien einen Wechselkurs auf realistischem Niveau garantieren und dadurch einen entscheidenden Beitrag zur Überwindung der Krise leisten können. Dies wurde versäumt.

Die Asienkrise liefert den Anlaß, die Aufgaben des IWF und die dabei eingesetzten Mittel neu zu überdenken. Allerdings ist die Asienkrise nicht der erste Fall von fragwürdigen IWF-Politiken in den 90er Jahren. Der Harvard-Ökonom Martin Feldstein verweist darauf, daß der IWF seine Aufgaben nicht erst seit der Asienkrise auf strukturpolitischem Gebiet sieht. Auch im früheren Ostblock, vor allem in den Nachfolgestaaten der UdSSR, setzte der IWF seine Politiken durch. Obwohl auch dort Ökonomen außerhalb des IWF unterschiedliche Rezepte für den Transformationsprozeß vorgelegt hatten, setzte der Fonds seine Rezepte allein schon deshalb durch, weil er die Übernahme seiner Empfehlungen mit finanziellen Belohnungen versüßen konnte (vgl. Feldstein 1998, S. 2).

5.1 Die Krisenerklärungen des IWF

Um die Reaktionen des IWF auf die Asienkrise zu verstehen, ist zunächst ein Blick auf die Krisenanalyse des Fonds angebracht. Stanley Fischer stellte im Januar 1998 die IWF-Sicht der Asienkrise im Rahmen einer Konferenz von Bankiers vor. Im Zentrum von Fischers Krisenanalyse stehen folgende Erklärungen:

Eine Ursache für die Krise sei das Unvermögen gewesen die Überhitzungserscheinungen in der Ökonomie zu dämpfen. Dies habe zu hohen Leistungsbilanzdefiziten („*large external deficits*“) und zu überteuerten Aktien und Immobilien geführt.

Die Bindung der Währungen an den US-$ sei zu lange aufrecht erhalten worden. Dies habe zu einer Kreditaufnahme im Ausland bei Nichtberücksichtigung des Wechselkursrisikos geführt. Verschärft worden sei die Krise durch schlechtes Krisenmanagement und eine schwache Bankenaufsicht. Die Ursachen für die Asienkrise lägen vor allem in falscher Wirtschaftspolitik der asiatischen Länder, seien *„mostly homegrown“* (vgl. Fischer 1998a, S. 2).[38]

Fischers Analyse beschreibt zwar eine Reihe von Entwicklungen zutreffend, insgesamt ist die Analyse aber unbefriedigend. Die Einschätzung, die Leistungsbilanzdefizite seien zu hoch, wird von Fischer nicht weiter begründet. Jenseits einer durchaus berechtigten Kritik an hoher Kreditaufnahme im Ausland bleibt der IWF eine konkrete Einschätzung schuldig. Wie bereits gezeigt wurde, waren die Leistungsbilanzdefizite der asiatischen Krisenländer 1997 zwar hoch, aber eben weder höher als in früheren Jahren noch höher als beispielsweise in angelsächsischen Ländern des pazifischen Wirtschaftsraums. Es gibt auch keinen Wert, ab welchem ein Leistungsbilanzdefizit generell als gefährlich betrachtet werden muß. Wenn die Kreditaufnahme im Ausland dazu dient, Investitionen zu finanzieren, also die Lücke zwischen inländischer Ersparnis und inländischen Investitionen zu schließen, dann ist dies zumindest nicht per se gefährlich.

Auch die Bemerkung Fischers, die Bindung an den US-$ sei zu lange beibehalten worden, erklärt nichts. Die positiven Effekte, die die Dollarbindung nach sich zog, werden von ihm nicht berücksichtigt. Gerade die Stabilität der Wechselkurse war in der Vergangenheit ein wichtiger Grund für die dynamische wirtschaftliche Entwicklung und wurde auch von ausländischen Investoren positiv beurteilt. Selbst wenn man Fischers Argumentation folgen würde, wäre zu fragen, welcher Zeitpunkt der richtige für eine Aufhebung der Dollarbindung gewesen wäre. Der IWF hat zwar ab Anfang 1996 die thailändische Regierung gewarnt, in anderen Ländern jedoch nicht auf die Risiken aus der Dollarbindung hingewiesen.

Mit der Einschätzung, die Probleme in den asiatischen Krisenländern seien hausgemacht, wird das Ziel von Fischers Argumentation deutlich. Durch das Ausblenden des Versagens sowohl ausländischer

[38] Fischer bleibt seinem Standpunkt auch in späteren Analysen, beispielsweise in einer Replik auf Martin Feldsteins IWF-Kritik, treu (vgl. Fischer 1998b).

Investoren als auch der Überreaktion der Märkte in bezug auf die Wechselkurse der Währungen versucht Fischer, eine Begründung für die IWF-Interventionen zu liefern. Wenn die Probleme nicht von den internationalen Finanzmärkten und deren zunehmender Volatilität, sondern von schlechter Wirtschaftspolitik verursacht wurden, dann ist einerseits das Eingreifen des IWF gerechtfertigt und zudem wird damit die Forderung nach einer Neugestaltung des internationalen Finanzsystems überflüssig.

Im April 1998 hat der IWF seine Krisenerklärung dann partiell revidiert. Nunmehr wird stärker auf die Versäumnisse in den Finanzsektoren der Krisenländer verwiesen:

> „*A combination of inadequate financial sector supervision, poor assessment and management of financial risk, and the maintenance of relatively fixed exchange rates led banks and corporations to borrow large amounts of international capital, much of it short-term, denominated in foreign currency, and unhedged*“ (IMF 1998a, S. 1).

Natürlich ist diese Analyse nicht ganz falsch. Unangemessen ist aber, nur die Schuldnerseite zu betrachten. Es ist bloße Willkür, wenn ‚ungenügende Aufsicht des Finanzsektors' und ‚mangelhafte Bewertung von Kreditrisiken' nur bei den Schuldnern bemängelt wird. Die privaten Gläubiger und deren Aufsichtsbehörden haben gleichermaßen die Krise nicht erwartet.

5.2 Maßnahmen des IWF

Der IWF hat in der Asienkrise nicht nur selbst erhebliche Kreditmittel bereitgestellt, sondern fungierte sowohl als Wegbereiter für die Kredite anderer multilateraler Geber als auch für bilaterale Geber. Von den Indonesien, Südkorea und Thailand zugesagten Finanzhilfen machten die IWF-Mittel nur etwa 31 Prozent aus. Der IWF hat bei der Bereitstellung von Finanzhilfen eine Katalysatorfunktion übernommen: Ohne Vereinbarung mit dem IWF werden auch keine Finanzhilfen multilateraler sowie der wichtigen bilateralen Geber gewährt.

Tabelle 12: Finanzhilfen von bi- und multilateralen Gebern in Mrd. US-Dollar

	Zugesagte Finanzhilfen				Auszahlungen des IWF bis zum 10.4.1998
	IWF	Weltbank und ADB	Bilateral	Summe	
Indonesien	9,9	8,0	18,7	36,6	3,0
Südkorea	20,9	14,0	23,3	58,2	15,1
Thailand	3,9	2,7	10,5	17,1	2,7
Summe	34,7	24,7	52,5	111,9	20,8

Quelle: IMF 1998a, S. 2 (Annex).

5.2.1 Thailand

Die Maßnahmen des IWF in Thailand unterscheiden sich weder von den anderen Programmen des IWF in der Region noch von früheren Maßnahmen in anderen Teilen der Welt. Allerdings ist der Umfang des vereinbarten Hilfspakets größer als bei früheren Maßnahmen.

Übersicht 1: Maßnahmen des IWF in Thailand

Der Exekutivrat des IWF stimmte am 20. August 1997 einem Plan zu, der eine IWF-Finanzhilfe von US-$ 4 Mrd., verteilt über einen Zeitraum von 34 Monaten, vorsah. Die vom IWF zugesagten Mittel entsprechen 505 Prozent der Quote Thailands. Das mit der thailändischen Regierung vereinbarte Reformprogramm sah zunächst folgende Maßnahmen vor:

- Restrukturierung des Finanzsektors einschließlich der Schließung von schwachen Banken und der Stärkung der Kapitalbasis der übrigen Banken.
- Fiskalische Maßnahmen im Umfang von ungefähr drei Prozent des BIP. Ziel war die Erzielung eines Haushaltsüberschusses von einem Prozent des BIP. Eine Maßnahme war die Erhöhung der Mehrwertsteuer von 7 auf 10 Prozent.
- Ein neuer Rahmen für die Geld- und Wechselkurspolitik. Der Kurs des Baht sollte in einem kontrollierten, aber flexiblen System (managed float) festgesetzt werden.

- Strukturpolitische Maßnahmen, darunter eine Verstärkung der Außenorientierung der thailändischen Wirtschaft, eine Ausweitung der Bedeutung des privaten Sektors, eine Reform des öffentlichen Sektors sowie Initiativen zur Attrahierung von ausländischem Kapital.

Dieses Programm wurde in einem „Letter of Intent" am 25. November 1997 modifiziert:

- Durch zusätzliche Maßnahmen sollte eine weitere Verschlechterung der öffentlichen Finanzen verhindert werden.
- Für die Restrukturierung des Finanzsektors sollte ein spezifischer Zeitplan erarbeitet werden.
- Beschleunigung von Plänen zum Schutz der schwächeren Sektoren der Gesellschaft.

In einem zweiten „Letter of Intent" wurde am 24. Februar 1998 eine weitere Modifikation des Programms vereinbart. Priorität hatten die Stabilisierung des Wechselkurses und Maßnahmen zur Reduzierung der negativen Konsequenzen für sozial Schwache:

- Beschleunigung der Restrukturierung des Finanzsektors.
- Änderung des Kurses in der Fiskalpolitik: Angestrebt wird nun ein öffentliches Defizit von 2 Prozent des BIP, d.h. eine Änderung der Finanzpolitik von pro-zyklisch hin zu einem neutralen Charakter. Zugleich soll mit dieser weniger straffen Fiskalpolitik die Finanzierung von höheren Sozialausgaben ermöglicht werden.
- Sicherung von ausreichender Liquidität in der thailändischen Wirtschaft, ohne den Pfad einer straffen Geldpolitik zu verlassen.
- Verbesserung der sozialen Sicherung.
- Ausweitung der Rolle des privaten Sektors.

Quelle: IMF 1998a

Bei der Betrachtung des Maßnahmenpakets fällt ins Auge, daß der IWF auf Maßnahmen zur sozialen Sicherung bestand. Vordergründig deutet dies auf einen Wandel der Politiken des IWF hin. Allerdings sind Zweifel angebracht. Erstens erscheint es nicht unwahrscheinlich, daß diese Maßnahmen eher der Verbesserung der Legitimation der Aktivitäten des IWF in den Geberländern dienen. Insofern hat der IWF sicher aus der Vergangenheit gelernt. Zweitens muß in diesem Zusammenhang gefragt werden, ob es überhaupt sinnvoll ist, bislang unbekannte, staatlich finanzierte Systeme sozialer Sicherung in den asiatischen Krisenländern einzuführen. Es ist zumindest auf den ersten Blick plausibel, zu unterstellen, daß die eher traditionellen Formen der sozialen Sicherung asiatischer Länder nicht überhastet ausgemustert werden sollten. Aus den Verhandlungen der Regierungen der asiatischen Krisenländer mit dem IWF wurde bekannt, daß die Regierungen gegenüber der Aufnahme von staatlichen Maßnahmen der sozialen Sicherung in die IWF-Programmen Vorbehalte hatten. Dies kann als ein Beleg für die Fragwürdigkeit des IWF-Ansatzes in bezug auf soziale Sicherung interpretiert werden.

5.2.2 Indonesien

Übersicht 2: Maßnahmen des IWF in Indonesien

Am 5. November 1997 genehmigte der Exekutivrat des IWF Finanzhilfen für Indonesien im Umfang von US-$ 10 Mrd. über einen Zeitraum von 36 Monaten. Die vereinbarten IWF-Finanzhilfen entsprechen 490 Prozent der Quote Indonesiens. Im zunächst vereinbarten Paket waren folgende Maßnahmen vorgesehen:

- Restrukturierung des Finanzsektors: Schließung von schwachen Banken, die Fusionierung von staatlichen Banken und die Verbesserung der rechtlichen und institutionellen Rahmenbedingungen des Finanzsektors.
- Strukturreformen zur Verbesserung der Effizienz und Transparenz in der Ökonomie, einschließlich der Liberalisierung des Außenhandels sowie der Bestimmungen für ausländische Direktinvestitionen.
- Zerschlagung von Monopolen und stärkere Privatisierung der Wirtschaft.
- Fiskalpolitische Maßnahmen im Umfang von 1 Prozent des BIP im Fiskaljahr 1997/98 und 2 Prozent im Jahr 1998/99. Ziel der straffen Fiskalpolitik: Die Bereitstellung von Mitteln für die Restrukturierung des Finanzsektors. Erreicht werden sollte dieses Ziel durch die Verschiebung von größeren staatlichen Infrastrukturprojekten, die Beseitigung von staatlichen Subventionen, die Beseitigung von Ausnahmen bei der Mehrwertsteuerpflicht sowie die Anpassung administrierter Preise, auch bei Elektrizität und Mineralölprodukten.

Das Programm wurde vor dem Hintergrund eines sich rasch verstärkenden Abwärtstrends der indonesischen Rupie am 15. Januar 1998 im „*Memorandum of Economic and Financial Policies*" modifiziert. Die zentralen Punkte waren:

- Lockerung der Fiskalpolitik: Das neue Ziel lautete nunmehr ein Defizit von 1 Prozent des BIP im Fiskaljahr 1998/99.

- Die Streichung von 12 Infrastrukturprojekten und die Aufgabe von Vergünstigungen für das Projekt des Baus eines indonesischen Verkehrsflugzeugs sowie des Projekts, ein indonesisches Auto zu bauen („*National Car Project*“).
- Die weitere Restrukturierung des Finanzsektors einschließlich der Schaffung eines Systems, das Gläubigern und Schuldnern die Lösung des Problems von überschuldeten indonesischen Unternehmen auf einer Einzelfallbasis erlaubt. Zudem wurde die Schaffung der „Indonesian Bank Restructuring Agency“ (IBRA) und eine Garantie der indonesischen Regierung für Bankguthaben vereinbart.
- Beschränkung der Befugnisse des nationalen ‘Marketing Boards’ in bezug auf Reis und die Deregulierung des Binnenhandels mit landwirtschaftlichen Produkten.

Am 10. April 1998 wurde das „Supplementary Memorandum of Economic and Financial Policies“ verabschiedet, das folgende Maßnahmen vorsah:

- Stärkung der Geldpolitik zur Stabilisierung der indonesischen Rupie.
- Beschleunigung der Restrukturierung des Finanzsektors einschließlich der Beseitigung von Beschränkungen für ausländische Direktinvestitionen im Finanzsektor sowie die Verabschiedung eines Insolvenzrechts.
- Ein umfassendes Maßnahmenpaket zur Steigerung von Wettbewerb und Effizienz in der Ökonomie; Privatisierung von sechs großen Staatsbetrieben.
- Beschleunigte Entwicklung eines institutionellen Rahmens zur Lösung des Problems der privaten Kreditbeziehungen.
- Verbesserung des sozialen Sicherungsnetzes durch Unterstützung von Klein- und Mittelbetrieben und durch öffentliche Arbeitsbeschaffungsmaßnahmen.
- Verbesserung der Implementierung und der Glaubwürdigkeit des Programms mittels täglicher Überwachung durch das „Indonesian Executive Committee of the Resilience Council“ in Zusammenarbeit mit IWF, Weltbank und ADB.

Quelle: IMF 1998a

Ein Beispiel für die mangelnde Sensibilität, aber auch für grundsätzlich eher pro-zyklische Politik findet sich bei der Betrachtung der IMF-Maßnahmen zur Sanierung des Bankensektors. Im November 1997 zwang der IWF die indonesischen Behörden, 16 Banken zu schließen. Die Idee war, durch die Schließungen den indonesischen Finanzsektor zu stabilisieren. Der von den IWF-Ökonomen nicht erwartete Effekt war aber, daß eine allgemeine Panik entstand. Der IWF selbst meint dazu in einem internen Bericht:

„*These closures, however, far from improving public confidence in the banking system, have instead set off a renewed ‚flight to safety'*" (zitiert nach: Sanger 1998).

Indonesische Anleger zogen also aus den Schließungen nicht den Schluß, daß die noch nicht geschlossenen Banken nun sicherer seien, sondern erwarteten noch mehr Schließungen. Bis Ende November 1997 waren 2/3 der indonesischen Banken einem Ansturm der Sparer ausgesetzt. Die Zentralbank mußte, um das Bankensystem vor dem Zusammenbruch zu bewahren, Liquidität bereitstellen. Dadurch geriet die Geldpolitik in ein sehr schwieriges Spannungsverhältnis: Einerseits der Versuch der Stabilisierung des Wechselkurses, auch durch hohe Realzinsen, andererseits die Stabilisierung des Bankensystems durch hohe Liquiditätshilfen (vgl. Sanger 1998).

Feldstein kritisiert zu Recht die Konditionalitäten des IWF im Falle Indonesiens. Ein sehr umfangreiches, US-$ 43 Mrd. umfassendes Kreditpaket wurde geschnürt und die indonesische Regierung zu umfassenden Anpassungsprozessen gezwungen. Das Kreditpaket entspricht etwa einem Viertel der indonesischen Wirtschaftsleistung pro Jahr. Die Vorgaben des Fonds gehen bis in kleinste Details, beispielsweise der Preis von Treibstoffen und die Art des Verkaufs von Sperrholz (vgl. Feldstein 1998, S. 3). Zudem wurde, was sicher richtig ist, die Bekämpfung der Korruption gefordert.

Man muß an dieser Stelle die Frage stellen, ob es sinnvoll ist, mit einem als fragwürdig betrachteten Regime ein umfangreiches Hilfspaket zu vereinbaren. Diese Frage ist nicht neu, wird aber im Fall Indonesiens besonders deutlich. Unterstützt eine Institution wie der IWF damit ein Regime, das ohne IWF-Hilfe in Kürze zusammenbrechen und einer demokratischeren Alternative weichen würde? Oder hat, im Interesse der Armen Indonesiens, die Stabilisierung der wirtschaftlichen Lage Vorrang vor Fragen der „*political correctness*"? An dieser Stelle kann dieser Frage nicht im Einzelnen nachgegangen werden, aber es ist festzuhalten, daß man diese Debatte *vor* der ersten Vereinbarung mit Suhartos Regime hätte diskutieren müssen. Nach der Vereinbarung des Hilfspakets erscheint es hilflos, plötzlich die mangelnde Verläßlichkeit oder andere Fehler Suhartos als Grund für die Probleme bei der Umsetzung der IWF-Programme anführen zu wollen.

Gerade im Fall Indonesiens hat es nicht an Vorschlägen zur Linderung der Konsequenzen der Krise gefehlt. Dabei gilt es zu unterscheiden zwischen Maßnahmen im Bereich der Kreditkrise und solchen zur Stabilisierung des Außenwertes der Währung.

Ende März 1998 schlug der damalige Vize-Präsident Habibie bei einem Besuch in Japan ein einjähriges Schuldenmoratorium für die Verbindlichkeiten indonesischer privater Akteure bei japanischen Banken vor. Immerhin machten die Schulden bei japanischen Banken US-Dollar 23,0 Mrd. von den insgesamt US-Dollar 73,9 Mrd. privater Auslandsschulden aus. Der Vorschlag Habibies wurde allerdings von Vertretern der Banken abgelehnt (vgl. *Financial Times,* 21.3.1998, S. 3).

Zur Stabilisierung der Währung wurden verschiedene Vorschläge gemacht. Neben dem Vorschlag zur Schaffung eines „Currency Board" gab es auch Ansätze, durch einen Fonds die Währung zu stabilisieren.[39] Der wichtigste, allerdings nicht realisierte Vorschlag betraf die Einrichtung eines „Currency Board". Darunter versteht man ein Währungsinstitut, das an die Stelle der Zentralbank tritt und ausschließlich durch den Ankauf einer Reservewährung nationales Geld schafft (vgl. Prinz 1996, S. 44). Ein „Currency Board" ist ein äußerst rigides Instrument, da die inländische Geldmenge vollständig durch die Währungsreserven gedeckt sein muß. Gegenüber der Reservewährung wird ein fester Wechselkurs garantiert. Letztlich bedeutet die Einführung eines „Currency Board" den Verzicht auf eine eigene Geldpolitik (vgl. zu den Konsequenzen eines „Currency Board" Prinz 1996).

Es kann kein Zweifel daran bestehen, daß im Falle Indonesiens gründlich über die Einführung eines solchen Systems hätte nachgedacht werden müssen. Es ist aber andererseits auch klar, daß sich die indonesische Regierung in einem Dilemma befand: Ohne rigide Maßnahmen drohte eine starke Inflation durch die Abwertung der Rupie. In diesem Fall wäre ein „Currency Board" möglicherweise angemessen gewesen. Für die Einführung eines „Currency Board" sprachen aber noch andere Argumente. Die Steigerung der Glaubwürdigkeit der Wirtschaftspolitik ist das Ziel, nicht aber die Voraussetzung eines „Currency Board". Wenn das Vertrauen in die Wirtschaftspolitik bereits vorhanden ist,

[39] Die ‚Bank of Tokyo Mitsubishi' schlug Ende März 1998 einen mit US-Dollar 10-15 Mrd. auszustattenden Fonds zur Stabilisierung des Wechselkurses vor (vgl. *Financial Times,* 21.3.1998, S. 3).

kommt es ohnehin nicht zu einer großen Krise. Auch ist es nicht zutreffend, daß das Bankensystem eines Krisenlandes bereits vor der Einführung eines „Currency Board“ saniert sein muß. Im Gegenteil: Erst diese radikale Maßnahme schafft die Voraussetzung dafür, daß überhaupt noch etwas saniert werden kann. Schließlich wird gegen ein „Currency Board“ immer wieder ins Felde geführt, daß damit ein Zinsanstieg verbunden sein kann. Dieser Zinsanstieg war aber ohnehin sehr heftig, d.h .eine Verschlechterung der Situation war nicht zu erwarten.

Dem IWF ist der Vorwurf zu machen, die Einführung eines „Currency Board“ abgelehnt zu haben, ohne eine Alternative anzubieten. Jenseits der Erhöhung der Zinsen hatte der IWF keine Vorschläge zu machen (vgl. zu der Ablehnungsfront auch die Chronologie). Dies ist um so erstaunlicher als der IWF selbst in einigen Ländern, z.B. in Argentinien, aktiv an der Einrichtung von „Currency Boards“ beteiligt war.

5.2.3 Südkorea

Koreas Situation ist wesentlich weniger von Strukturproblemen gekennzeichnet als die Verhältnisse in anderen Teilen Asiens. In Korea trug der Verfall des Preises für Halbleiter zum kurzfristigen Anstieg des Leistungsbilanzdefizites bei. Wie oben gezeigt, war Koreas Verschuldung mit einem Verhältnis von Schuldendiensten zu Exporterlösen von unter zehn Prozent alles andere als bedenklich. Der IWF hätte Korea mit kurzfristigen Überbrückungskrediten helfen können und hätte zudem die Umschuldungsverhandlungen mit den privaten Gläubigerbanken organisieren können, was erst in einer zweiten Runde, d.h. im Dezember 1997, geschah.[40] Zunächst aber ging der IWF einen anderen Weg: Mit anderen Gebern zusammen wurde ein US-$ 57 Mrd. umfassendes Kreditpaket geschnürt, um privaten koreanischen Schuldnern die Leistung des Schuldendienstes an private ausländische Gläubiger zu ermöglichen. Verbunden waren damit aber die Auflagen,

[40] Ein solches Vorgehen wäre auch deshalb angemessen gewesen, weil von Koreas Bruttoverschuldung lediglich US-Dollar 4,4 Mrd. öffentliche Kreditaufnahmen waren, während private Banken mit US-Dollar 67,9 Mrd. und private Unternehmen mit 31,7 Mrd. im Ausland verschuldet waren (vgl. *Financial Times*, 30.1.1998, S. 11).

die koreanische Ökonomie radikal zu restrukturieren und eine restriktive makroökonomische Politik in Form höherer Steuern, der Senkung der Staatsausgaben sowie hoher Zinsen zu realisieren.

Übersicht 3: Maßnahmen des IWF in Südkorea

Am 4. Dezember 1997 genehmigte der Exekutivrat des IWF Finanzhilfen in Höhe von US-$ 21 Mrd., die innerhalb von 36 Monaten an Südkorea ausgezahlt werden sollten. Dies entspricht 1.939 Prozent der Quote Südkoreas. Das erste Programm sah folgende Maßnahmen vor:

- Restrukturierung des Finanzsektors einschließlich klarer Regeln für den Marktaustritt von Finanzunternehmen, eine leistungsfähige Überwachung des Finanzsektors und Unabhängigkeit für die koreanische Zentralbank. Die Tätigkeit von neun Handelsbanken wurde beendet, zwei finanziell angeschlagene Banken wurden von der koreanischen Regierung durch Kapitalhilfen unterstützt und alle Banken ohne ausreichende Kapitalausstattung wurden aufgefordert, Pläne zur Verbesserung der Kapitalbasis zu entwickeln.
- Fiskalische Maßnahmen im Umfang von zwei Prozent des BIP, um Mittel für die Restrukturierung des Finanzsektors freizusetzen. Die Verbesserung der Haushaltslage soll durch Ausweitung der Bemessungsgrundlage für Körperschafts-, Einkommen- und Mehrwertsteuer erreicht werden.
- Bemühungen, die nicht-transparenten und ineffizienten Verbindungen zwischen Regierung, Banken und Unternehmen aufzuheben. Mittel dazu sollen verbesserte Bilanzierungsrichtlinien und transparentere Bilanzprüfungen sein.
- Maßnahmen zur Handelsliberalisierung, einschließlich der Entwicklung eines Zeitplans zur Beseitigung von handelsbezogenen Subventionen, der Abschaffung des Importlizenzsystems und einer Diversifizierung der Importe.
- Maßnahmen zur Liberalisierung des Kapitalverkehrs, um die koreanischen Geld-, Anleihen- und Kapitalmärkte für ausländische Investoren zu öffnen.
- Reform des Arbeitsmarktes, um die Entlassung von Arbeitnehmern zu erleichtern.
- Die Veröffentlichung von zentralen Wirtschafts- und Finanzdaten.

Am 24. Dezember 1997 wurde das Programm im „Letter of Intent" modifiziert und beschleunigt. Zu den modifizierten Maßnahmen zählen:

- Die weitere Verschärfung der Geldpolitik sowie die Abschaffung der täglichen Bandbreite für den Wechselkurs des Won.

- Die Beschleunigung der Liberalisierung des Kapitalmarktes einschließlich der Aufgabe sämtlicher Beschränkungen für ausländische Investoren bezüglich des koreanischen Anleihenmarktes.
- Beschleunigte Umsetzung des Plans zur Restrukturierung des Finanzsektors.
- Raschere Handelsliberalisierung.

Am 7. Februar 1998 wurde das Programm im zweiten „Letter of Intent" einer erneuten Revision unterzogen:

- Das neue fiskalpolitische Ziel für 1998 ist ein Defizit von einem Prozent des BIP. Damit soll dem Rückgang der wirtschaftlichen Entwicklung Rechnung getragen und Mittel für die Ausweitung sozialpolitischer Maßnahmen geschaffen werden.
- Erweiterung der Möglichkeiten für ausländische Investoren in Korea und Verbesserung des Zugangs koreanischer Unternehmen zu ausländischen Kapitalmärkten.
- Einführung von Maßnahmen zur Verbesserung der Transparenz koreanischer Unternehmen.

Quelle: IMF 1998a.

Die Folge der IWF-Rettungsaktion war, daß in Korea zunächst Nominalzinsen von 30% bei einer Inflationsrate von 5% zu zahlen waren. Da viele koreanische Unternehmen sehr hoch verschuldet sind, bedeutet dieser hohe Realzins ein erhebliches Risiko von Massenbankrotten. Feldstein fragt:

> „*Why should Korea be forced to cause widespread bankruptcies by tightening credit when inflation is very low, when the rollover of bank loans and the demand for the won depend more on confidence than on Korean won interest rates, when the failures will reduce the prospects of loan repayment ...*" (Feldstein 1998, S. 5).

Die Begründung, die stärkere Einwerbung von Risikokapital sei wichtig für die weitere Entwicklung Koreas und deshalb müsse man die Realzinsen hoch halten, ist ebenfalls nicht überzeugend. Es spricht zwar einiges für die Überlegung, nach der in den 50er Jahren erfolgreich durchgeführten Bodenreform nun an eine „*industrielle Bodenreform*" zu denken und die Eigentumsverhältnisse in der Industrie neu zu organisieren. Aber dieses Ziel wird man nicht mit brachialer Gewalt erreichen. Die jetzt angewendete Methode wird zahlreiche Firmen eher in den Bankrott als in die Hände neuer Kleinaktionäre treiben. Die ersten Ergebnisse der vom IWF mitzuverantwortenden Politik können wir schon heute sehen: Seit Dezember 1997 gingen mehr als 10.000 koreanische Unternehmen in den Konkurs (vgl. dazu die Chronologie).

Die vom IMF durchgesetzte Forderung nach der Liberalisierung des Importregimes für Automobile mag mittel- und langfristig in Koreas eigenem Interesse sein: Der Wettbewerb auf dem Binnenmarkt könnte gesteigert werden. Es ist weiterhin möglich, daß Korea, vor dem Hintergrund erheblicher eigener Autoexporte, auch zur Vermeidung von entsprechenden Reaktionen der Handelspartner, den Binnenmarkt ohnehin geöffnet hätte. Kurzfristig hat aber diese handelspolitische Maßnahme sicher nicht dazu beigetragen, die akuten Zahlungsbilanzprobleme zu lindern. Ergebnis dieser IWF-Politik ist lediglich, daß der Fonds in Korea als Instrument zur Durchsetzung US-amerikanischer Interessen gilt (vgl. Nunnenkamp 1998, S. 66).[41] Auch Walden Bello betont, daß gerade in Südkorea, anders als in Indonesien und Thailand, der Politik des IWF keine Sympathie und kein Verständnis entgegengebracht wird:

> „*In Korea, however, the Fund is very unpopular, not only because it is seen as administering the wrong medicine, but because it is viewed as a surrogate for the US, imposing a program of deregulation and liberalization in trade, investment and finance that Washington had been pushing on the country – with little success – before the outbreak of the financial crisis*“ (Bello 1998, S. 2).

5.3 Die falsche Medizin: Warum die IWF-Interventionen die Krisen verschärften

Der IWF intervenierte in Asien in Thailand, Indonesien und Südkorea, wie stets, auf Einladung der jeweiligen Regierungen. Die IWF-Medizin hat aber die Situation der Länder in der Region eher verschlechtert, weil nicht-angemessene Politiken empfohlen wurden. In Kapitel 2 wurde nachgewiesen, daß die Länder Südost- und Ostasiens vor Ausbruch der Krise makroökonomische Stabilität und ein stabiles Wachs-

[41] Die vom IMF durchgesetzte weitere Öffnung der nationalen Finanzmärkte für ausländische Anbieter trug ebenfalls dazu bei, daß der IWF als Türöffner für ausländische Investoren gesehen wird (vgl. Nunnenkamp 1998, S. 66).

tum aufzuweisen hatten. Die Standardprogramme des IWF zielen jedoch auf eine völlig anders gelagerte Problemstellung. Im Normalfall wird die Intervention des IWF von Regierungen erbeten, die über die wirtschaftlichen Verhältnisse eines Landes gelebt haben und zu hohe staatliche Defizite in den öffentlichen Haushalten durch die Notenpresse der Zentralbank finanzieren ließen. Das Ergebnis einer solchen Politik ist für gewöhnlich Inflation, verbunden mit einer an Wert verlierenden Währung und abnehmenden Währungsreserven. In einer solchen Situation kann eine Intervention des IWF mit seinem Austeritätsprogramm Sinn machen: Durch eine Kürzung der Staatsausgaben kann in einer solchen Situation die Inflation zurückgeführt werden (vgl. Sachs 1997a, S. 2).

In den asiatischen Krisenländern wurden aber Bereiche der Ökonomie einer Roßkur unterzogen, in denen überhaupt kein Problem zu verzeichnen war. Wie gezeigt waren die makroökonomischen Daten sehr gut. Mit anderen Worten: Nicht nur die Diagnose des IWF war falsch, sondern auch die Medizin. Höhere Zinsen, höhere Steuern und eine Kürzung der öffentlichen Ausgaben sind kontraproduktiv, wenn sich eine Rezession ohnehin abzeichnet (vgl. Nunnenkamp 1998, S. 68). Die IWF-Medizin zeigt also unerwünschte Nebenwirkungen: Die Ökonomien wurden wegen der IWF-Programme noch tiefer in die Rezession gestürzt, ohne daß eine Verbesserung der Situation, in diesem Fall eine Stabilisierung des Wechselkurses auf einem realistischen Niveau, erreicht worden wäre (vgl. dazu auch Litan 1998, S. 6).

Die zunächst verordneten Ausgabenkürzungen sind erheblich. Thailand mußte die Staatsausgaben um 3% des BIP kürzen, Korea um 1,5% und Indonesien um 1,0%. Betroffen von den Kürzungen sind, gemäß der Vereinbarungen mit dem IWF, vor allem Infrastrukturinvestitionen (vgl. Fischer 1998a, S. 3). Diese Politik ist aus zwei Gründen falsch: Erstens ist eine Vertiefung der Krise durch eine pro-zyklische Fiskalpolitik abwegig. Auch wenn man eine anti-zyklische Fiskalpolitik nicht befürworten sollte, muß die Fiskalpolitik zumindest eine neutrale Rolle spielen und dadurch stabilitätsfördernd wirken. Zweitens ist die Kürzung von Ausgaben für Infrastrukturprojekte kurzsichtig. In den vergangenen Jahren war die unzureichende Infrastruktur häufig ein Bereich, in dem Engpässe auftraten. Erinnert sei hier nur an die chronische Überlastung der Verkehrsinfrastruktur in Bangkok und Jakarta. Es wäre, ganz im Gegensatz zu der vom IWF verordneten Politik, sinnvoll gewesen, in der Krise die Grundlagen für die nächste Phase des Aufschwungs zu legen, d.h. die Engpässe in der Infrastruktur zu beseitigen. Beispielsweise hätte die bereits begonnene Entwicklung einer leistungsfähigen U-Bahn in Bangkok forciert werden können. Man mag dagegen einwenden, daß große Verkehrsinfrastrukturprojekte die Staatshaushalte der Krisenländer überfordert hätten. Aber zum einen hätte auch in den asiatischen Krisenländern privates Kapital zur Finanzierung solcher Investitionen herangezogen werden können, zum anderen bedeutet die Verschiebung solcher Investitionen, daß man die Überlastung der Verkehrsinfrastruktur fortschreibt.

Es mutet vor dem Hintergrund der jahrelang positiv bewerteten Fiskalpolitik in den asiatischen Krisenländern geradezu grotesk an, daß der IWF als Vorsorge vor durch hohe Kapitalimporte verursachten Volatilitäten eine weitere Straffung der Fiskalpolitik verordnet hat. Bei Leistungsbilanzdefiziten werde man erinnert an „... *the frequent need to strengthen fiscal policy (even though the fiscal situation may be sound)*“ (IMF 1997a, S. 3). Wer kann solchen Gedanken noch folgen? Im Zweifelsfall wird also die Fiskalpolitik für die Probleme der asiatischen Krisenländer verantwortlich gemacht, auch wenn der IWF selbst noch Anfang 1997 keine Notwendigkeit für die Straffung der Fiskalpolitik sah. Bei Eintreten einer Krise ist dann, so muß man die Aussagen des IWF interpretieren, selbst ein staatlicher Überschuß im Haushalt nicht ausreichend. Per Definition wird so die Krise zum Versagen des Staates, nicht zum Versagen des Marktes. Auch an anderer Stelle finden sich fragwürdige und zynische Erklärungen der Krise und ihrer Konsequenzen. Nicht Märkte liegen falsch, sondern Regierungen, die Marktsignale (welche?) ignorieren würden:

> „*A key lesson from these episodes is that even if markets on occasion may appear to overreact, at least when viewed with hindsight, investors may well be acting in a prudent manner, particularly when governments initially ignore the signals the markets provide. Indeed, markets clearly have a useful role to play in alerting governments to the need for timely action, and their strong reaction may be necessary to focus the attention of policymakers on the need for corrective measures. This further underscores the need for policy discipline to avoid adverse and costly market reactions*“ (IMF, 1997a, S. 5).

Der IWF hat die Tatsache ignoriert, daß Märkte in Asien eben keine Signale lieferten, die der Politik hilfreiche Hinweise gegeben hätten. Es ist anhand dieses Zitats deutlich zu sehen, daß die Ideologie des IWF, wirtschaftliche Probleme stets als von wirtschaftspolitischen, d.h. staatlichen, Fehlentscheidungen verursacht darzustellen, auch in der Asienkrise angewendet wird. Dazu paßt, daß die Liberalisierungen der Kapitalmärkte nicht als mitverantwortlich für die Krise gesehen werden. Vielmehr geht der IWF so weit, die Liberalisierung der Kapitalmärkte nachgerade als eine Maßnahme zur Stabilisierung zu betrachten, weil einheimische Investoren dann die Chance hätten, Geld im Ausland zu investieren, was wiederum die Gefahr eines spekulativen Booms, wie in Thailand, reduzieren würde (vgl. IMF 1997a, S. 3). Ausgeblendet wird dabei die zweite Seite der Liberalisierung des Kapitalmarktes, nämlich die Zunahme der Volatilität durch den Zufluß von nur kurzfristig gebundenem Kapital aus dem Ausland.

Zudem haben die vom IWF verordneten Zinserhöhungen negative Konsequenzen für die ohnehin angeschlagenen Banken und Unternehmen. Durch die Kombination der Währungsabwertungen und der Zinserhöhungen können sich die Kreditkosten der Unternehmen im Einzelfall vervielfachen. Nunnenkamp konstatiert, daß die harte, unsinnige Politik des IWF zu unnötigen Pleiten geführt habe:

> „*... more Asian firms and banks could have survived the crisis, if the IMF had not insisted on harsh austerity measures*“ (Nunnenkamp 1998, S. 68).

Man fühlt sich erinnert an die Situation in den neuen Bundesländern nach der Einführung der D-Mark am 1. Juli 1990. Auch dort wurden die Unternehmen mit einer Vervielfachung ihres Schuldenstands, verbunden mit drastisch angestiegenen Zinsraten, konfrontiert. Auch dort haben nur wenige Unternehmen den doppelten Druck von Aufwertung und dem Anstieg des Zinsniveaus überlebt. Allerdings sind im Vergleich die Chancen der asiatischen Unternehmen schon deshalb besser, weil dort infolge der Abwertungen zumindest theoretisch eine Steigerung der Wettbewerbsfähigkeit auf Auslandsmärkten erwartet werden kann. Dies gilt aber nur unter dem Vorbehalt, daß die hohe Außenverschuldung die Unternehmen nicht in die Zahlungsunfähigkeit treibt, wie es vor allem im Falle im Ausland verschuldeter indonesischer Unternehmen wahrscheinlich erscheint.

Ganz offensichtlich versucht Malaysia, einen anderen Weg zu gehen. Die Straffung der Geldpolitik war dort moderat: Die realen Zinssätze wurden im Laufe des Jahres 1997 nur minimal angehoben. Auch die Fiskalpolitik blieb zunächst neutral und erst vor dem Hintergrund zurückgehender Steuereinnahmen wurden große Infrastrukturprojekte zeitlich gestreckt oder aufgeschoben (vgl. BIS 1998a, S. 40f).

Der amerikanische Finanzminister Robert Rubin verteidigte indessen die strenge Zinspolitik des IWF, da, so Rubin, eine weniger strenge Zinspolitik zu deutlichen Abwertungen der Währungen führen würde und letztlich dann mit Hyperinflation und weiterer Kapitalflucht aus der Region gerechnet werden müsse (vgl. *Frankfurter Allgemeine Zeitung*, 30.6.1998).[42]

Das Argument, eine strenge Zinspolitik sei notwendig, wäre noch zu verstehen, wenn die Ergebnisse positiv wären. Allerdings haben die hohen Realzinsen nicht verhindern können, daß die Währungen weiter an Wert verloren. Im Gegenteil: Häufig folgte einer Zinserhöhung ein weiteres Nachgeben des Wechselkurses (vgl. Chronologie). Auf der anderen Seite hat die Politik Malaysias nicht dazu geführt, daß der malaysische Ringit stärker an Wert verloren hat als die Währungen der asiatischen Nachbarländer (vgl. Abschnitt 4.4.). Vergleicht man die Entwicklungen der Währungen in der Region, wird deutlich, daß empirisch kein wichtiger Einfluß von Zinspolitik auf die Wechselkursentwicklung nachweisbar ist: Hohe Realzinsen können die Währungen von in allgemeine Vertrauenskrisen gestürzten Ländern nicht erfolgreich stützen. Der Weg Malaysias ist zumindest aus heutiger Perspektive der angemessenere: Die Unternehmen Malaysias sind nicht unter den doppelten Druck von Abwertung und inländischer Zinserhöhung geraten. Diese Situation unterscheidet sich natürlich von den Verhältnissen zwischen Industrieländern, wo Zinsdifferentiale in der Regel deutlichere Auswirkungen auf Wechselkurse haben.

Stanley Fischer konstatiert zutreffend, der Verfall der Währungen sei eine eindeutige Überreaktion der Märkte: *„But the amount of exchange rate adjustment that has taken place far exceeds any reasonable estimate of what might have been required to correct the initial overvaluation of the Thai baht, the Indonesian rupiah and the Korean won, among*

[42] Folgt man der Einschätzung Walden Bellos, der den IWF in der Asienkrise als Befehlsempfänger des US-Finanzministeriums betrachtet (vgl. Bello 1998, S. 17), dann sind die lobenden Worte Rubins natürlich leichter zu verstehen.

other currencies. In this respect, markets have overreacted" (Fischer 1998a, S. 2; vgl. auch IMF 1997a, S. 4; BIS 1998a, S. 39).

Aus dieser richtigen Einschätzung zieht der IWF aber völlig falsche Schlüsse. Ziel der IWF-Maßnahmen ist, das Vertrauen der internationalen Finanzmärkte, die sich gerade als nicht berechenbar und prozyklisch erwiesen haben, zurückzugewinnen. Der IWF versucht also, mittels derjenigen, die eine nicht-angemessene Reaktion auf die binnenwirtschaftlichen Schwierigkeiten der asiatischen Länder zeigten, die Probleme zu lösen. Eine groteske Strategie, die zudem auf zwei wichtige Fragen keine Antwort gibt: Wie hoch ist die Wahrscheinlichkeit, daß das Vertrauen der Finanzmärkte wiederhergestellt werden kann? Und, dies ist vor allem für die privaten Schuldner von zentraler Bedeutung, wie lange wird es dauern, bis die Wechselkurse sich wieder auf realistischeren Niveaus befinden werden?

Die Frage nach direkten Maßnahmen zur Stabilisierung der Währungen wird vom IWF nicht beantwortet. In allen drei Ländern sollen vielmehr Zinserhöhungen den Verfall des Wertes der Währungen aufhalten. Dazu Stanley Fischer: „*All three programs have called for a substantial rise in interest rates to attempt to halt the downward spiral of currency depreciation*" (Fischer 1998a, S. 3). Obwohl auch Fischer einräumt, daß diese Zinserhöhungen für einige Unternehmen problematisch sind, werden sie als unverzichtbar bezeichnet (vgl. Fischer 1998a, S. 4). Zur Begründung werden von Fischer zwei Argumente ins Feld geführt: Erstens stelle ein hohes Zinsniveau für Unternehmen einen Anreiz dar, sich stärker über die Einwerbung von Risikokapital als über (zu billige) Bankkredite zu finanzieren. Zweitens könne ein scharfer Anstieg des Zinsniveaus den Abfluß von Kapital ins Ausland zum Stillstand bringen oder zumindest erheblich reduzieren (vgl. Fischer 1998a, S. 4f).

Beide Begründungen können indes nicht überzeugen. Das grundsätzlich richtige Argument der verstärkten Einwerbung von Risikokapital kann nicht mit kurzfristigen Zinserhöhungen erreicht werden[43]. Das Interesse von Investoren, sich in den Krisenländern Asiens zu engagieren, ist im Moment noch nicht sehr groß, wenn auch einige ausländische Unternehmen die Gunst der Stunde, d.h. die niedrigen Börsen-

[43] Die Zinsniveaus sollen nach Wiederherstellung des Vertrauens auf ein „normaleres" Niveau sinken (vgl. Fischer 1998a, S. 4).

und Wechselkurse, zu nutzen beginnen. Aber Kleinanleger aus dem Inland sind in der aktuellen Krisenstimmung wohl kaum geneigt, sich stärker in Aktienanlagen zu engagieren. Auch die zweite Begründung läßt Fragen offen. Weshalb sollte in einer Phase weit verbreiteter Panik an den Finanzmärkten eine bloße Zinserhöhung ausreichen, den Abfluß von Kapital zu verhindern? Die Tatsache, daß der Währungsverfall erst auf einem unrealistisch niedrigen Niveau zum Stillstand kam, legt die Vermutung nahe, daß die vom IWF durchgesetzten Zinserhöhungen das angestrebte Ziel nicht erreichten (vgl. dazu auch Sachs 1997b, S. 3). Zu beweisen ist dies allerdings genauso wenig wie die Behauptung von Fischer, der erste Erfolge der IWF-Interventionen konstatiert:

> „*Moreover, without IMF support as part of an international effort to stabilize these economies, it is likely that these currencies would have lost still more of their value*" (Fischer 1998a, S. 4)[44].

Stanley Fischer hält an seiner Interpretation auch Mitte 1998 fest. In '*Foreign Affairs*' verteidigt er die Politik des IWF und bezeichnet sie als angemessen und erfolgreich. Sowohl die hohen Zinssätze als auch die später revidierte straffe Fiskalpolitik seien, so Fischer, richtig gewesen (vgl. Fischer 1998b, S. 104f). Offen bleibt auch bei dieser aktuelleren Analyse Fischers, warum die Zinspolitik nicht die gewünschten Effekte gehabt hat. Das Argument Fischers, der IWF habe die straffe Fiskalpolitik gelockert als das ganze Ausmaß der Krise bekannt geworden sei, kann nicht überzeugen. Es gibt weder eine Erklärung für die anfängliche Schärfe der Fiskalpolitik noch setzt Fischer sich mit den Konsequenzen dieser straffen Fiskalpolitik und deren Signalwirkung für Finanzmärkte auseinander.

In einer im April 1998 vorgelegten Zwischenbilanz versucht der IWF nun, die in der Asienkrise angewendeten Programme als Innovation darzustellen:

> „*Forceful, far-reaching structural reforms are at the heart of all programs, marking an evolution in emphasis from many of the programs that the IMF has supported in the past, where the underlying country*

[44] Michel Camdessus hat sich in gleicher Weise geäußert (vgl. Camdessus 1998a, S. 1). Eine Erklärung, warum die Währungen weiter gefallen wären, liefert er nicht. Es fällt auch schwer, sich vorzustellen, daß die indonesische Rupie, die innerhalb eines Jahres bereits 83,5 Prozent ihres Wertes verloren hat, noch stärker hätte fallen können.

problem was imbalances reflecting inappropriate macroeconomic policies" (IMF 1998a, S. 3).

Diese Einschätzung der IWF-Programme ist unzutreffend. Wie gezeigt wurde, unterschieden sich die Programme keineswegs wesentlich von früheren Hilfsmaßnahmen in anderen Regionen der Welt, da auch in Asien makroökonomische Austeritätsmaßnahmen im Vordergrund standen. Auch in den Bereichen, wo der IWF Strukturpolitik betreibt, sind Zweifel angebracht. Strukturreformen sind nicht die Aufgabe des IWF, sondern der Weltbank. Dem Fonds fehlt dazu nicht nur das Mandat, sondern auch die Kompetenz. Der IWF bemerkt dies allerdings selbst und verweist auf die Unterstützung durch Weltbank und ADB bei der Gestaltung der Programme (vgl. IMF 1998a, S. 3).

Guttmann weist noch auf einen weiteren Aspekt der IWF-Politik hin. Die verordneten Programme sind auch deshalb unsinnig und schlechte Wirtschaftspolitik, weil sie die gleichen Politiken in einer ganzen Reihe von Ländern gleichzeitig verordnet. Damit verbunden ist ein sich selbst verstärkender Nachfrageeinbruch in der Region, die Zunahme von Exporten bei gleichzeitigem Rückgang der Importe sowie als Konsequenz dessen eine Steigerung der Handelsungleichgewichte (vgl. Guttmann 1998, S. 9). Obwohl diese Vorwürfe dem IWF bereits schon in der 80er Jahren gemacht wurden, hat die Asienkrise wegen der ökonomischen Relevanz der beteiligten Länder auch hier eine neue Dimension erreicht.

Die Politik des IWF zielt sehr stark darauf ab, den Finanzsektor zu sanieren und dafür massiv öffentliche Mittel einzusetzen. Bhagwati meinte, der IWF hätte als ‚lender of first resort' fungiert und die Gläubiger zu stark geschont (vgl. Bhagwati 1998, S. 12). Dabei werden die an anderer Stelle häufig geäußerten Bedenken bezüglich zu hoher staatlicher Defizite als sekundär betrachtet. Hubert Neiss, IWF-Direktor für den asiatisch-pazifischen Raum, forderte den massiven Einsatz von öffentlichen Mitteln, da eine Sanierung des Finanzsektors ansonsten sehr schwer fallen würde. Ein funktionierendes Bankensystem lohne den Einsatz öffentlicher Mittel (vgl. *Financial Times*, 29.6.1998). Zugleich ist eine solche Politik gerade in Indonesien sehr fragwürdig. Im Finanzsektor fand der Clan Präsident Suhartos in der Vergangenheit reichhaltige Möglichkeiten zur Sicherung hoher Profite. Warum gerade hier öffentliche Mittel zum Einsatz kommen sollen und private Akteure, die unsolide gewirtschaftet haben, von der indonesischen Regierung vor Verlusten geschützt werden sollen, ist nur schwer verständlich. Der IWF vertritt in erster Linie die Anliegen der internationalen Gläubiger, die selbstredend ein Interesse an liquiden Schuldnern haben. Die Situation der indonesischen Bevölkerung ist zweitrangig (vgl. hierzu auch Abschnitt 6.1.).

In den anderen Krisenländern werden die privaten Akteure nicht im selben Umfang vor Verlusten geschützt. Der thailändische Finanzminister, Tarrin Nimmamahaeminda, erklärte im Juni 1998, die Verwendung von staatlichen Mitteln zur Sanierung maroder Banken sei ausgeschlossen und verwies dabei ausdrücklich auf die Gefahr von *„moral hazard“* (vgl. *Financial Times*, 29.6.1998).

Außerhalb des IWF wächst die Kritik an dessen Arbeit deutlich. Vor der Frühjahrstagung von IWF und Weltbank des Jahres 1998 kritisierten sowohl die US-amerikanische als auch die deutsche Regierung die Politik des IWF. Bundesbankpräsident Tietmeyer bemängelte die zu schnelle Kreditvergabe an asiatische Länder, Finanzminister Waigel forderte auf, das Krisenmanagement des Fonds generell zu überdenken (vgl. *Frankfurter Rundschau*, 16.4.1998). Auch die Sorge, daß die Politiken des IWF nicht zur Wiederherstellung des Vertrauens der Märkte führen, nimmt zu (vgl. z.B. Akyüz 1998, S. 6).[45] Sachs geht mit seiner Kritik noch deutlich weiter. Er stellt fest, daß der IWF Einfluß auf die Lebensbedingungen von über 350 Millionen Menschen in Indonesien, Südkorea, Thailand und den Philippinen genommen und US-$ 120 Mrd. an staatlich garantierten Krediten vergeben hat. Ohne eine Debatte habe der IWF eine harte makroökonomische Kontraktion verordnet (vgl. Sachs 1997b, S. 1f). Sachs charakterisiert die IWF-Politik als *„overkill“* (1997b, S. 3) und betont, daß es keine sachlichen Gründe für das Ausmaß der Krise gab: *„There is no 'fundamental' reason for Asia's financial calamity except financial panic itself. Asia's need for significant financial sector reform is real, but not a sufficient cause for the panic, and not a justification for harsh macroeconomic policy adjustments“* (Sachs 1997b, S. 2).

[45] Norbert Walter kritisiert zwar nicht direkt den IWF, wohl aber die Ergebnisse des Marktgeschehens und der IWF-Politik, die zu untragbaren Zins- und Tilgungslasten führte (vgl. *Die Welt*, 12.2.1998, S. 14).

Es muß darauf hingewiesen werden, daß der IWF, trotz der Betonung der Notwendigkeit von Maßnahmen zur sozialen Abfederung der Krise, letztlich die Armen der Region nicht geschützt hat, wohl aber die westlichen Gläubiger. Die Arbeitslosenzahlen in den drei Ländern steigen steil an, in Indonesien wird Hunger wieder ein Thema. Nicht zuletzt deshalb wächst in den asiatischen Krisenländern der Unmut gegenüber dem Fonds. Auch der amerikanische Ökonom John Kenneth Galbraith übt Kritik am IWF:

> *„The peculiar genius of the IMF is to bail out those most responsible and extend the greatest hardship to the workers, who are not responsible"* (*The Observer*, 21.6.1998, B4).

5.4 Konsequenzen und Ergebnisse der IWF-Politik

Die Begründung für die Intervention des IWF, die Austeritätsprogramme und den Einsatz von Steuergeldern ist, daß der IWF noch Schlimmeres verhindern konnte. In Abwesenheit der Möglichkeit, den Gegenbeweis anzutreten, könnte man dieses Argument akzeptieren. Wir haben aber die Möglichkeit, uns ein Bild von den Ergebnissen der Arbeit des IWF zu machen, und bei dieser Betrachtung kommt man nicht umhin, nur wenige Erfolge des IWF in Südost- und Ostasien zu konstatieren: Die vom IWF betreuten Ökonomien sind in tiefe Krisen gerutscht, die Inflation ist stark angestiegen und die vor der IWF-Intervention positive Entwicklung der Staatshaushalte weisen ebenfalls große Defizite auf.

Die noch relativ optimistischen Annahmen des IWF mußten bis zur Jahresmitte 1998 bereits erheblich korrigiert werden. Nunmehr wird ein Rückgang der Wirtschaftschaftsleistung im Jahr 1998 von 13% in Indonesien, 6% in Thailand, 4% in Südkorea und 2% in Malaysia erwartet (vgl. *Financial Times*, 1.7.1988, S. 19).

Auf die makroökonomischen Konsequenzen der IWF-Politik wurde ja bereits hingewiesen. Es gilt aber, noch einen anderen Aspekt zu bedenken. Gerade mit der Intervention des IWF könnte eine Vertiefung der Krise deshalb verbunden sein, weil internationalen Finanzmärkten durch die Verordnung von Auflagen des IWF der Eindruck weit ver-

Tabelle 13: IWF-Prognosen der makroökonomischen Entwicklung in den Krisenländern im April 1998

	Indonesien	Südkorea	Thailand
Wachstum des BIP (real) 1998 in Prozent	–5,0	–0,8	–3,0
Veränderung der Preise für Konsumgüter Ende 1998 in Prozent	45,0	7,4	10,6
Haushalt der Regierung in Prozent des BIP	–3,8	–2,0	–1,6
Leistungsbilanzsaldo in Prozent des BIP	+2,7	+4,8	+3,9

Quelle: IWF 1998a.

breiteten Mißmanagements in einer Ökonomie vermittelt wird. Eine IWF-Intervention signalisiert fundamentalen, nicht partiellen Korrekturbedarf. Dadurch handeln Investoren wiederum rational, wenn sie bei einer IWF-Intervention einem zuvor positiv bewerteten Land die Unterstützung entziehen, d.h. ihre Investitionen, soweit nicht langfristig gebunden, abziehen. Entgegen der Rhetorik des IWF trägt die IWF-Intervention in ihrer heutigen Form nicht mehr zur Milderung der Konsequenzen der Krise bei, sondern verschärft diese allein schon durch den Einsatz des IWF unabhängig von den eigentlichen Maßnahmen.

Über die in Asien aufgetretene Kombination von hohen Direktkrediten und Direktinvestitionen, zumindest teilweise liberalisierten Finanzmärkten und flexiblen Wechselkursen in Verbindung mit einer IWF-Intervention wurde noch nicht ausreichend nachgedacht. Wenn es zutreffen sollte, daß bei den geschilderten Ausgangsbedingungen eine traditionelle IWF-Politik scheitern muß, weil für den individuellen Akteur die Nachricht einer IWF-Intervention als Signal für den Rückzug aus den betroffenen Märkten gesehen wird, dann folgt daraus die Forderung nach einer radikalen Neuformulierung der IWF-Maßnahmen. Ziehen wir zur weiteren Analyse die Chronologie der Ereignisse heran: Nachdem im Frühjahr 1997 die internationalen Finanzmärkte allmählich eine skeptische Haltung gegenüber südost- und ostasiatischen Ländern entwickelten, zogen sich zunächst amerikanische Banken und dann amerikanische Pensionsfonds aus Asien zurück. Aus Sicht von

Bank- und Fondsmanagern ein verständlicher Vorgang: Deren Bezahlung richtet sich danach, ob sie Chancen und Risiken schneller erkennen als ihre Konkurrenten. Der Zusammenbruch der Währungen, unterschieden von leichten bis mittleren Abwertungen, erfolgte aber erst *nach* den IWF-Interventionen (vgl. Chronologie), deutlich vor allem im Falle Koreas und noch mehr im Falle Indonesiens, wo eine Woche nach der Unterzeichnung des zweiten Abkommens mit dem IWF am 15. Januar 1998 der Kurs der Währung völlig zusammenbrach, d.h. auf Werte von R 17.000 pro US-$ im Vergleich zu R 2.400 sechs Monate zuvor (zu den Folgerungen für die Arbeit des IWF vgl. 7.1).

Auch die BIZ weist auf einen Zusammenhang hin, der dem IWF zu denken geben müßte. Die Abstufungen der Krisenländer durch die großen Rating-Agenturen Moody's und Standard & Poors's erfolgten ebenfalls *nach* der Vereinbarung von Programmen mit dem IWF.[46] Bei den Bewertungen der Rating-Agenturen handelt es sich nicht um Einschätzungen bezüglich der wirtschaftlichen Entwicklung der Krisenländer, sondern lediglich um Prognosen bezüglich der Fähigkeit dieser Ökonomien, den Schuldendienst zu leisten. Zu fragen ist, ob die Rating-Agenturen die negativen Konsequenzen der IWF-Programme realistisch eingeschätzt haben, oder ob die Agenturen selbst unter dem Zwang stehen, in der Krise tendenziell weniger positive Bewertungen abgeben zu müssen.

Es erscheint wichtig, die unterschiedlichen Rahmenbedingungen der IWF-Interventionen der letzten Jahre zu berücksichtigen. Die IWF-Programme in Afrika und Osteuropa sowie in den Nachfolgestaaten der UdSSR hatten deshalb eine vergleichsweise viel geringere negative Wirkung, weil dort ausländische Direktinvestitionen und ausländische Direktkredite keine große Rolle spielten. Gerade der Erfolg und die Attraktivität der asiatischen Länder hat diese anfällig gemacht für Veränderungen der Stimmung von Investoren.

Martin Feldstein weist auf einen weiteren wichtigen Aspekt hin. Die Politik des IWF in Osteuropa und Südost- und Ostasien führt dazu, daß Länder versuchen werden, die sehr schmerzhaften IWF-Programme zu vermeiden. Die Erfahrungen des Jahres 1997 zeigen, daß dies mit

[46] „*... decisions were typically taken after a substantial tightening of macroeconomic policy under IMF programmes had probably improved their long-term ability to service their foreign debts*" (BIS 1998a, S. 127).

hohen Währungsreserven möglich ist. Hongkong, Singapur, China und Taiwan konnten, durch die Existenz hoher Währungsreserven, ihre Wechselkurse verteidigen und damit Währungskrisen verhindern. Durch die dauerhafte Erzielung von Leistungsbilanzüberschüssen werden viele Länder des Südens, vor allem Schwellenländer, versuchen, ihre Währungsreserven zu erhöhen. Es wäre bedauerlich, wenn Entwicklungsländer Devisen für die Aufbau von Währungsreserven und nicht für neue Investitionen verwenden würden (vgl. Feldstein 1998, S. 6).

Feldsteins These läßt sich heute schon überprüfen und wird bestätigt: Insbesondere China und Hongkong haben die Devisenreserven erheblich aufgestockt. Aber auch die Zentralbanken anderer Entwicklungs- und Schwellenländer haben ihre Währungsreserven erhöht. Die in Tabelle 14 genannten Länder haben ihre Währungsreserven innerhalb eines Jahres um fast US-Dollar 120 Mrd. bzw. um rund 37 Prozent gesteigert.

Tabelle 14: Währungsreserven in ausgewählten Ländern 1997/98 in Mrd. US-Dollar

	Mitte 1997	Mitte 1998[a]
China	112,1	140,6
Hongkong	63,6	96,2
Argentinien	19,1	23,3
Brasilien	54,1	74,7
Mexiko	22,6	31,1
Israel	15,3	21,3
Südafrika	1,8	5,5
Türkei	15,9	25,8
Polen	17,7	23,1
Summe	322,2	441,6

a) Die Daten beziehen sich auf Termine zwischen Ende März und Ende Mai.
Quelle: The Economist, 4.7.1998, S. 108.

Zudem wird eine solche Entwicklung, wenn sie über längere Zeit anhalten sollte, protektionistische Tendenzen fördern und ärmere, weniger leistungsfähige Länder auf Dauer in die Armut zwingen. Da nur durch Leistungsbilanzüberschüsse Währungsreserven erwirtschaftet werden können, die Industrieländer aber nicht bereit sein werden, sehr hohe Leistungsbilanzdefizite in Kauf zu nehmen, könnte es zu einem Verdrängungswettbewerb auf Kosten der schwächsten Länder kommen. Auch diese Tendenz ist heute schon zu erkennen: Der Anteil afrikanischer Länder an den Währungsreserven der Entwicklungsländer wird nach Schätzungen des IWF von 9,0 Prozent im Jahre 1990 auf 7,2 Prozent im Jahre 1999 zurückgehen (vgl. IMF, World Economic Outlook, May 1998, S. 201).

6. Schritte zur Überwindung der Krise

Litan schlägt zur raschen Überwindung der Asienkrise einen dreistufigen Plan vor, der sich am amerikanischen Insolvenzrecht orientiert. Zunächst sollten Mechanismen gefunden werden, die vom Bankrott bedrohten Firmen die Leistung des Schuldendienstes ermöglichen. Dafür sollte ein Wechselkurs gewählt werden, der erheblich unter dem Niveau vor der Krise, aber über den gegenwärtigen, sehr niedrigen Kursen liegen sollte. Als Orientierung schlägt Litan ein auf halbem Wege zwischen Vorkrisenniveau und aktuellem Kurs liegendes Umtauschverhältnis vor.

Firmen, die auch bei diesem gestützten Kurs zahlungsunfähig bleiben, sollten liquidiert werden. Die Aktiva der zu schließenden Banken und Firmen sollten in einen Fonds eingebracht werden und entweder überlebensfähigen Unternehmen verkauft oder mittelfristig abgestoßen werden. Ein hektischer Ausverkauf soll vermieden werden. Bei den noch gefährdeten Banken und Firmen sollten gezielte „debt-for-equity swaps" durchgeführt werden. Die Gläubiger sollten also einen Teil ihrer Forderungen in Risikokapital umwandeln. Dieser Prozeß könnte von staatlichen Garantien begleitet werden, aber erst dann, wenn es zu einem teilweisen Schuldenerlaß der privaten Banken kommt (vgl. Litan 1998, S. 7f).

Der von Litan ins Gespräch gebrachte Plan enthält eine Reihe von sinnvollen Elementen. Er berücksichtigt, daß es sich bei den Kreditkrisen um privatwirtschaftliche Probleme handelt, die auch von den privaten Akteuren zu lösen sind. Es widerspricht marktwirtschaftlichen Prinzipien, wenn man staatliche Akteure zur Lösung von privatwirtschaftlichen Problemen heranzieht, ohne daß die Gläubiger einen nennenswerten Beitrag leisten. Es ist außerdem richtig, auf der Währungsebene anzusetzen und einen befristet gestützten Kurs zu fordern. Diese Strategie entspringt nicht dem Wunsch nach staatlicher Steuerung als Selbstzweck, sondern sie versucht einem offensichtlichen Marktversagen entgegenzutreten.

Betrachtet man die Maßnahmen des IWF, wird deutlich, daß die Chancen für eine Realisierung von Litans Plan sehr gering sind. Der

IWF hat, besonders deutlich im Falle Indonesiens, eine Stützung des Wechselkurses, ob über die Zentralbank oder über ein „Currency Board“, stets abgelehnt. Obwohl eine überzeugende Erklärung für diese Politik nicht geliefert wird, ist klar, daß der IWF direkte Regulierungsmaßnahmen zur Stützung der Währungen ablehnt.

Im September 1998 werden nunmehr auch drastischere Maßnahmen zur Sanierung der angeschlagenen Ökonomien diskutiert. Paul Krugman schlug Ende August/Anfang September 1998 die Einführung von Kapitalverkehrskontrollen vor. Plan A, die Versuche, mit Hilfe des IWF die angeschlagenen Ökonomien zu sanieren, sei mehr oder weniger gescheitert. Notwendig sei ein radikalerer Ansatz: Krugman schlägt die Einführung von Kapitalverkehrsbeschränkungen vor. Kapitalverkehrsbeschränkungen seien, so Krugman, die klassische Antwort auf Zahlungsbilanzprobleme (vgl. Krugman 1998c).

Denkbar sind eine ganze Reihe von Maßnahmen zur Beschränkung des internationalen Kapitalverkehrs. Krugman hat für eine relativ umfassende Form der Regulierung des Kapitalverkehrs plädiert. In einem strikten System von Kapitalverkehrskontrollen müssen Exporteure ihre Deviseneinnahmen der Zentralbank zu einem festen Kurs verkaufen, während umgekehrt die Zentralbank Devisen an Inländer zu bestimmten, vorab festgelegten Zwecken abgibt. Einmal installiert sorgen Kapitalverkehrskontrollen dafür, daß die Geldpolitik vom Zwang der Stabilisierung des Wechselkurses befreit ist. Die konterkarierende Wirkung von Kapitalexporten bei expansiver Geldpolitik kann mit Kapitalverkehrsbeschränkungen gedämpft werden (vgl. Schulze 1996).

Selbstredend sind strikte Kapitalverkehrskontrollen ein schwer zu administrierendes System, das unterlaufen werden kann und in der heutigen Weltwirtschaft auch mit Effizienzverlusten bezahlt werden muß. In einer dramatischen Krise wie derzeit in Ostasien haben solche Maßnahmen aber ihre Berechtigung. Sie werden inzwischen auch wieder eingesetzt: Die malaysische Regierung hat am 1. September 1998 umfassende Kapitalverkehrskontrollen erlassen. Die Konvertibilität des Ringit wurde eingeschränkt und der Ringit mit einem Kurs von 3,90 fest an den US-Dollar gebunden. Kapitalexporte sind nach den neuen Regulierungen nur noch sehr eingeschränkt möglich. Reisende dürfen nur noch Bargeld im Wert von 238 US-Dollar ein- und ausführen und die Erlöse aus dem Verkauf von malaysische Aktien können erst nach 12 Monaten in Fremdwährungen umgewechselt und ausgeführt werden (vgl. *Frankfurter Allgemeine Zeitung*, 3.9.1998, S. 19). Mahathir begründete seine Politik mit dem Versagen der Marktwirtschaft.[47] Durch die Kapitalverkehrskontrollen werde der Zentralbank die Möglichkeit gegeben, die Zinsen deutlich zu senken und damit die angeschlagene Wirtschaft zu entlasten. Ohne die Kapitalverkehrskontrollen wäre eine solche Politik nicht möglich gewesen, da Zinssenkungen zu einem Abfluß von Kapital geführt hätten (vgl. *Financial Times*, 2.9.1998, S. 3).[48]

6.1 Entwicklungen in den einzelnen Ländern

Es fällt auf, daß es sowohl in Indonesien als auch in Thailand und in Südkorea seit Beginn der Krise zum Teil umfassende politische Reformen gegeben hat. Ein neuer Präsident in Indonesien, eine neue Verfassung mitsamt neuer Regierung in Thailand und auch in Südkorea hat mit der Wahl Kim Dae-Jungs ein Wechsel an der Spitze des Staates stattgefunden.

In Thailand verlaufen die Versuche der Restrukturierung geräuschloser als in den anderen beiden Ländern. Dies muß freilich nicht bedeuten, daß die Probleme in Thailand geringer wären. Aber in Thailand geht die Wirtschaftskrise mit einer tiefgreifenden politischen Reform einher: Die Demokratisierung könnte einen Beitrag dazu leisten, daß die thailändische Bevölkerung die Wirtschaftsreformen mit großer Geduld akzeptiert. In Thailand wurde im Herbst 1997 eine große Verfassungsreform begonnen. Mehr als 800.000 Thais waren an der Verfassungsreform beteiligt, schickten Eingaben oder ließen sich interviewen (vgl. *Die Zeit*, 22.1.1998). Das Militär hat, anders als in der Vergangenheit, zu keinem Zeitpunkt der Krise den Eindruck vermittelt, eine Machtübernahme zu planen. Es erscheint recht wahrscheinlich, daß Thailand politisch stabilisiert aus der Krise hervorgehen wird.

[47] Mahathir meinte in einem Fernsehinterview: „*The free market system has failed and failed disastrously. The only way that we can manage the economy is to insulate us ... from speculators.*“ (*Financial Times*, 2.9.1998, S. 3)

[48] Der wirtschaftspolitische Kurswechsel in Malaysia wird von einer politischen Krise begleitet. Ministerpräsident Mahathir entließ zugleich seinen Stellvertreter Anwar Ibrahim, der jahrelang auch als aussichtsreichster Anwärter auf die Nachfolge von Mahathir galt.

In Indonesien sind nicht nur die ökonomischen, sondern auch die politischen Konsequenzen der Krisen umfassender als in den anderen Ländern. Präsident Suharto dankte nach 32 Jahren ab, ohne jedoch ein stabiles politisches System hinterlassen zu haben.

Übersicht 4: Umschuldung der privaten Außenschulden Indonesiens

Im Juni 1998 wurde zwischen 800 privaten Banken und indonesischen Schuldnern unter Einbeziehung der indonesischen Regierung ein Programm zur Umschuldung der etwa US-Dollar 80 Mrd. privater Außenschulden vereinbart. Das Programm ist das Ergebnis von monatelangen Verhandlungen zwischen einem von der Deutschen Bank, der Bank of Tokyo-Mitsubishi und der Chase Manhattan geführten Bankkonsortium einerseits und der indonesischen Regierung andererseits. Vertreter des IWF und der ADB nahmen als Beobachter an den Verhandlungen teil. Die in Frankfurt abgeschlossene Vereinbarung besteht aus drei Elementen:

1. Der erste Teil beschäftigt sich mit den Verbindlichkeiten indonesischer Banken in Fremdwährungen. Diese Schulden, die ein Volumen von etwa US-Dollar 9,2 Mrd. haben, werden über einen Zeitraum von vier Jahren umgeschuldet. Indonesische Banken tauschen ihre alten, ungesicherten Verbindlichkeiten in neue, nunmehr von der indonesischen Zentralbank garantierte Kredite mit Laufzeiten von einem, zwei, drei und vier Jahren um. Die Zinssätze liegen bei 2,75%, 3,0%, 3,25% und 3,5% über der Londoner Interbankenrate (LIBOR).
2. Im zweiten Teil der Vereinbarung geht es um die Sicherung der Verfügbarkeit von Handelskrediten für indonesische Banken. Die internationalen Banken haben zugesagt, die für indonesische Banken verfügbare Liquidität auf dem Niveau von Ende April 1998, d.h. etwa US-Dollar 4,5 Mrd., zu halten. Auch diese Kredite werden von der indonesischen Zentralbank garantiert.
3. Die wichtigste Teil betrifft die Schaffung einer indonesischen Institution zur Abwicklung der Umschuldung. Vereinbart wurde die Schaffung der „Indonesian Debt Restructuring Agency" (Indra), die von der indonesischen Regierung mit Garantien versehen wird und von der indonesischen Zentralbank verwaltet werden soll. Indra sieht eine Übernahme des Wechselkursrisikos durch den indonesischen Staat vor. Private Schuldner, die mit ihren Gläubigern eine Umschuldung vereinbaren, können ihre Verbindlichkeiten zu einem von der indonesischen Regierung *festgesetzten* Wechselkurs bedienen.[49] Die

[49] Es ist noch nicht vollständig geklärt, in welcher Weise das Wechselkursrisiko reduziert wird. Einerseits wird von der Gewährung des günstigsten Wechselkur-

Garantien sollen für einen Zeitraum von acht Jahren gelten. In den ersten drei Jahren soll keine Rückzahlung von Kapital, sondern nur von Zinsen erfolgen. Die Idee dabei ist auch, den Devisenmarkt von der starken Nachfrage nach ausländischer Währung zur Leistung des Schuldendienstes zu befreien, mithin den Druck auf die Rupie zu reduzieren.

Quelle: Financial Times, 4.8.1998, S. 11.

Die oben skizzierte Vereinbarung erscheint auf den ersten Blick erfreulich: Die Vertreter der Banken waren zu einem koordinierten Vorgehen bereit. Bei genauerer Betrachtung stimmt die Vereinbarung nachdenklich. Der Beitrag der Gläubiger besteht gerade einmal in einer Streckung bzw. Stundung der Forderung an indonesische Schuldner. Die Zinssätze sind in keiner Weise der schwierigen Situation der Schuldner angemessen. Zudem wird der indonesische Staat an den Kosten der Umschuldung beteiligt und wird gezwungen, im nachhinein Garantien für private Kreditbeziehungen auszusprechen, ein fragwürdiger Vorgang. Zwar ist aus früheren Schuldenkrisen, beispielsweise in Argentinien und Chile Ende der 70er/Anfang der 80er Jahre, dieses Verfahren bekannt. Es bleibt aber bedenklich, wenn private Banken auf der Absicherung ihrer Forderungen durch den jeweiligen Staat nach Ausbruch der Krise bestehen. Auch der IWF hätte sich gegen eine solche, einseitig die Banken begünstigenden Vereinbarung aussprechen können. Das diesbezügliche Schweigen dokumentiert, wessen Interessen vom IWF letzten Endes vertreten werden.

Natürlich lassen sich auch Argumente für die oben genannte Vereinbarung finden. Sie könnte ermöglichen, daß indonesische Akteure allmählich wieder auf internationalen Finanzmärkten Kreditwürdigkeit erlangen. Es ist ebenso möglich, daß es eine gewisse Entlastung der Rupie geben wird. Dies ist aber bislang zumindest nicht eingetroffen: Die Rupie bleibt unter starkem Druck.

Die Restrukturierungsmaßnahmen in Südkorea profitierten ohne Zweifel vom erfolgreichen Abschluß der Umschuldungsverhandlungen mit den privaten Gläubigerbanken im Januar 1998.

ses innerhalb eines gewissen Zeitraumes gesprochen, andererseits ist von einem festen Kurs die Rede (vgl. *Financial Times*, 4.8.1998, S. 11).

Übersicht 5: Umschuldung der privaten Außenschulden Südkoreas

Die Vereinbarungen der koreanischen Regierung mit den Gläubigerbanken hatte das Ziel, kurzfristige Kredite in Kredite mit einer Laufzeit von 12 bis 36 Monaten umzuwandeln. Die koreanische Regierung hat dabei, obwohl es sich um Kredite privater Unternehmen handelte, sowohl die Verhandlungsführung übernommen als auch Garantien für die Kredite ausgesprochen. Am 21. Januar wurde in New York eine Grundsatzvereinbarung getroffen, in der die koreanische Seite ihre wichtigsten Verhandlungsziele umsetzen konnte. Erreicht wurde dies auch mit Hinweisen auf drohenden Zahlungsverzug bzw. Konkurs der privaten Schuldner (vgl. *Financial Times*, 16.1.1998).

- Die koreanische Regierung widersetzte sich Plänen des US-Finanzsektors, die privaten Schulden in koreanische Staatsanleihen umzuwandeln. Regierungsgarantien wurden gegeben, allerdings vor allem mit dem Ziel, die Zinssätze auf einem relativ niedrigen Niveau zu halten.[50]
- Den Banken wurden bezüglich der Laufzeiten verschiedene Vorschläge gemacht. Die Zinshöhe variiert entsprechend.
- Das Verfahren stellte für die Gläubigerbanken letzten Endes keinen Zwang, sondern eine Option dar. Dennoch war die koreanische Regierung mit diesem Weg sehr erfolgreich: Bis Mitte März 1998 hatten 123 Banken aus 31 Ländern ihren koreanischen Schuldnern Umschuldungsangebote unterbreitet. Damit waren auf mehr oder weniger freiwilliger Basis nahezu 95 Prozent der kurzfristigen Kredite koreanischer Unternehmen umgeschuldet worden (vgl. *Frankfurter Rundschau*, 14.3.1998, S. 14).

Südkorea scheint im Vergleich mit den anderen Ländern die besten Voraussetzungen für eine rasche wirtschaftliche Erholung zu haben. Von den asiatischen Krisenländern ist es das am weitesten entwickelte, Korea verfügt über eigene moderne Technologien und hat sich auch in der Vergangenheit fähig gezeigt, Wirtschaftskrisen zu überwinden. Die OECD erwartet, daß Korea zwar 1998 einen Rückgang des BIP um 4,7 Prozent zu verzeichnen haben wird, für 1999 wird aber bereits mit

[50] J.P. Morgan hatte einen entsprechenden Plan vorgelegt. Die Risikoprämie, also der Aufschlag auf den für US-Staatsanleihen zu zahlenden Zins, sollte 7 Prozent pro Jahr betragen. Daneben hätte J.P. Morgan als Emissionsbank der koreanischen Regierung noch satte Provisionen in Rechnung gestellt. Von europäischen Banken wurde dieses Verhalten allerdings mit Mißbilligung aufgenommen: „*Mandate chasers are the last thing we need*" meinte ein europäische Bankier (vgl. *Financial Times*, 15.1.1998, S. 7).

einem Wachstum von 2,5 Prozent gerechnet. Allerdings werden die sozialen Kosten hoch sein: Die OECD rechnet mit einer Verdreifachung der Arbeitslosenquote auf 7 Prozent (vgl. *The Economist*, 15.8.1998, S. 90).

Zum Problem könnte sich die Tatsache entwickeln, daß koreanische Unternehmen zwar sehr viel exportieren, an diesen Exporten aber nichts mehr verdienen. Die koreanischen Konglomerate befinden sich in einer Schuldenfalle: Sie müssen um jeden Preis verkaufen, oder sie laufen Gefahr, in Konkurs zu gehen. Ein Indikator für dieses Strategie ist, daß sich das Verhältnis von Schulden und Eigenkapital der 30 größten Konglomerate Südkoreas im ersten Quartal 1998 deutlich verschlechtert hat, von 366 auf 412 Prozent (vgl. *The Economist*, 24.8.1998, S. 11). Südkoreas Unternehmen befinden sich in einer Exportfalle, aus der sie sich nur mit drastischen Kostensenkungen befreien können. Volkswirtschaftlich betrachtet ist das Dilemma einer solchen Strategie aber, daß sie die Abhängigkeit vom Export weiter erhöht, da damit die Binnennachfrage weiter reduziert wird.

6.2 Die Zukunft des „asiatischen Modells“? Muß zur Überwindung der Krise die enge Kooperation von Politik, Industrie und Finanzsektor beendet werden?

Der Ruf nach dem Ende des asiatischen Modells erscheint vorschnell. Versagt hat in der Asienkrise nicht das asiatische Modell, sondern eine Reihe von Akteuren, asiatische wie nicht-asiatische (vgl. dazu auch Wolf 1997). Niemand käme auf die Idee, wegen der Versäumnisse westlicher Banken bei Ausleihungen an asiatische Schuldner eine Abschaffung dieser Banken zu fordern. Genauso wenig ist es plausibel, für alle Länder der Region ein neues Wirtschaftssystem zu fordern, ohne die Erfolge der Vergangenheit zu würdigen. Es sei in diesem Zusammenhang daran erinnert, daß Indonesien, Malaysia und Südkorea bereits in den 80er Jahren Wirtschaftskrisen zu bewältigen hatten und sich damals auch relativ schnell wieder erholten.

Radelet/Sachs rechneten am Anfang der Krise noch mit einem relativ raschen Erholungsprozeß (vgl. Radelet/Sachs 1997, S. 45). Zahlreiche positive Faktoren lassen eine solche Annahme auch heute noch plausibel erscheinen. Zwei Faktoren könnten aber zu einer langfristigen Wachstumsschwäche führen. Zum einen ist nicht ausgeschlossen, daß die unangemessene IWF-Politik die Krise so verschlimmert, daß eine wirtschaftliche Erholung selbst mittelfristig schwierig werden wird. Dies gilt weniger für Thailand und Korea als vor allem für Indonesien. Wenn es nicht gelingen sollte, den Wechselkurs auf einem realistischen Niveau, d.h. etwa 4000-5000 Rupien pro US-$, zu stabilisieren, werden hohe Inflation und Schuldendienst das Land in seiner Entwicklung um etliche Jahre zurückwerfen. Zum anderen ist noch nicht klar erkennbar, ob die notwendigen Reformen erfolgreich umgesetzt werden können. Betrachtet man die Mißerfolge Japans bei der Bewältigung der nunmehr sieben Jahre währenden Krise, so muß eine solche Entwicklung zumindest in Betracht gezogen werden.

Im Kern geht es um die Frage, ob die Krise ihre in kapitalistischen Systemen zentrale Bereinigungsfunktion behält oder ob mittels eines Konflikte zu vermeiden suchenden langsamen Prozesses die Probleme gelöst werden sollen. Japan zeigt die Risiken der letztgenannten Alternative auf. Die Krise, nicht der Boom, sichert immer wieder neu die Überlebensfähigkeit des kapitalistischen Systems. Gerade in einigen Ländern Südost- und Ostasiens scheint aber der Glaube, der Marktwirtschaft eigene Regeln gegeben zu haben, stärker ausgeprägt als die Akzeptanz von Maßnahmen, die zur Beseitigung überholter Strukturen notwendig sind.

Für europäische Beobachter fügt sich ein widersprüchliches Bild zusammen: Einerseits sind alle Länder der Region, Japan natürlich eingeschlossen, von einem ausgeprägten Fortschrittsglauben und einer großen Bereitschaft zu technischer Innovation geprägt. Andererseits sind sozio-ökonomische Strukturen, beispielsweise das Verhältnis von staatlichen und privaten Akteuren bei der Formulierung industriepolitischer Strategien, sehr viel starrer und schwerer zu verändern.

Die Entwicklungswege asiatischer Länder haben sich, bei einer Reihe von Gemeinsamkeiten, im Detail durchaus deutlich unterschieden.[51] Ohne auf die Debatte zu asiatischen Werten an dieser Stelle im Detail eingehen zu wollen (vgl. dazu Heberer 1997), ist zu fragen, ob

[51] Higgott weist darauf hin, daß asiatische Werte, sofern es einen Kern von solchen Werten überhaupt gibt, kaum zum Ausbruch der Krise beigetragen haben: „*The essence of Asian values – if indeed there be any – are thrift, hard work and respect for ones' parents. These are unlikely to be the source of economic failure*" (Higgott 1998b, S. 10).

die Asienkrise nicht nur wirtschaftspolitische Konzeptionen, sondern auch gesellschaftliche Normen strukturell verändern wird: Wird es den ostasiatischen Ländern möglich sein, Reformen zu realisieren, ohne gesellschaftliche Bindungen und Traditionen zu zerschlagen, oder werden die vom IWF durchgesetzten Maßnahmen zu schweren gesellschaftlichen Verwerfungen führen?

Die Asienkrise wird auch deshalb eine Art Wasserscheide sein: Länder, die zu umfassenden Modernisierungen in der Lage sein werden ohne dabei ihre Wettbewerbsvorteile zu verlieren und ohne ihre Gesellschaften zu destabilisieren, werden in den nächsten Jahren neue Wachstumsschübe realisieren. Vor allem Südkorea und China haben nun nach der Krise die Chance, sich gleichzeitig politisch und ökonomisch zu modernisieren und größere Rollen in der Region zu spielen. Andere Staaten, in denen Beharrungskräfte eine zu große Rolle spielen, werden nicht absolut, aber doch relativ an wirtschaftlicher und politischer Stärke verlieren. Japan, aber auch Indonesien könnten zu dieser Gruppe zählen.

Davon unabhängig wird Ostasien als Region sich aber noch stärker als in der Vergangenheit auf seine eigenen Werte besinnen und versuchen, einen Weg zu gehen, der den Gesellschaften Ostasiens wirtschaftliche Entwicklung ohne die Abhängigkeit von westlichen Kapitalmärkten ermöglichen wird (vgl. dazu auch Kapitel 8).

7. Bedarf das internationale Finanzsystem einer neuen Architektur?

„The world has seen speculative excesses before. Markets are, in essence, nothing more than day-to-day measures of crowd psychology, which swing between alternating bouts of greed, fear, and sheer boredom“ (Wood 1988, S. 6)

Nicht erst die Asienkrise hat gezeigt, daß das internationale Finanzsystem in den vergangenen Jahren instabiler geworden ist. Filc weist darauf hin, daß die Entwicklung an den internationalen Finanzmärkten seit Anfang der 80er Jahre unter anderem von zwei Tendenzen geprägt worden ist. Erstens ist die Bedeutung von nationalen Bankenaufsichtsbehörden reduziert worden. Wegen der Zunahme der Bedeutung internationaler Finanzmärkte verloren nationale Finanzmärkte, relativ gesehen, an Gewicht. Off-shore Bankzentren wuchsen seit Mitte der 70er Jahre um durchschnittlich 18 Prozent pro Jahr, nationale Finanzmärkte nur um jährlich 10 Prozent (vgl. Filc 1998, S. 23f). Zweitens wurde die Risikokontrolle reduziert, weil das Gewicht der Wertpapierfinanzierung im Vergleich zur Bankkreditfinanzierung zugenommen hat. Anders als beim klassischen Bankkredit sind die Prüfungen durch die Banken bei einer Wertpapierfinanzierung weniger intensiv oder die bankeigenen Risikokontrollen entfallen sogar gänzlich. Die Banken konzentrieren sich mehr auf die Vermittlung von Gläubiger-Schuldner-Beziehungen zwischen Nicht-Banken (vgl. Filc 1998, S. 23f).[52]

[52] Man könnte einwenden, daß private Gläubiger, wie die Banken bei einem klassischen Bankenkredit, ein profundes Interesse daran haben, daß der Schuldner solvent ist und den Kredit auch in der vereinbarten Form zurückzahlt. Dieses theoretisch richtige Argument kann aber schon deshalb nicht überzeugen, weil die den privaten Akteuren zur Verfügung stehenden Informationen weniger umfassend sind als die Informationen, über die die Banken verfügen.

7.1 Umgestaltung des IWF: Reformieren, regionalisieren oder privatisieren?

Der Einsatz des IWF in der Asienkrise ist, wie oben gezeigt, vor allem aus zwei Gründen zu kritisieren. Zum einen konzentrierte der Fonds sich nicht auf seine eigentlichen Aufgaben, sondern betrieb unter Mißachtung seines Mandats Strukturpolitik. Zum anderen hat die in den letzten Jahren schleichend betriebene, selbstgewählte Ausweitung des IWF-Mandats schon zu einer Rückkoppelung mit den Finanzmärkten dahingehend geführt, daß IWF-Interventionen einen tiefgreifenden Reformbedarf in einer Ökonomie suggerieren, mithin also krisenverschärfend wirken.

Michel Camdessus hat in bezug auf die Arbeit des IWF die Ansicht vertreten, die Staatengemeinschaft müsse sich zwischen einem Laisser-faire und einer Intervention à la IWF entscheiden:

> „*The bottom line is that there is a trade-off in how the international community chooses to handle the Asian crisis. It could step back, allow the crisis to deepen, bring additional suffering to the people of the region and, in the process, possibly teach a handful of international lenders a better lesson. Or it can step in and try to do what it can to mitigate the effects of the crisis in the region and the world economy, albeit with some undesired side effects*“ (Camdessus 1998a, S. 2).

Es gibt aber keineswegs nur die Alternative zwischen Nicht-Intervention und dem Status quo. Die Arbeit des IWF ist stark verbesserbar: Sie bringt ja gerade nicht die von Camdessus geschilderten Ergebnisse hervor, sondern hat einseitig die Gläubiger geschützt.

Die Fehler, die der IWF im Vorfeld und während der Asienkrise begangen hat, sind so zahlreich und für die betroffenen Länder so verhängnisvoll, daß eine umfassende Reform des IWF unumgänglich erscheint. Dabei können drei Wege beschritten werden: Die existierende Organisation könnte reformiert werden, man könnte an eine Regionalisierung des IWF denken oder es wäre, in einer radikaleren Stufe, die Abschaffung oder die Privatisierung des IWF ins Auge zu fassen.

Für die großen OECD-Länder hat der IWF heute praktisch keine Bedeutung mehr. In einer Zeit ungehinderter Kapitalbewegungen und frei schwankender Wechselkurse haben sich die Aufgaben für den IWF auf die Betreuung der Entwicklungs- und Transformationsländer reduziert (vgl. Noland 1998, S. 3). Dort jedoch haben die Ereignisse des Jahres 1997 dem IWF eine neue Legitimation verschafft. Für den IWF hatte die Asienkrise eine ähnliche Funktion wie die Osterweiterung für die NATO: Bei einem Rückgang der traditionellen Aufgaben wird ein neues Betätigungsfeld gesucht. Die Institution IWF hat durch die Asienkrise neue Bedeutung gewonnen, ohne daß diesem Machtzuwachs eine politische Debatte vorausgegangen wäre.

Doch nicht nur dieser Aspekt wirft Fragen auf. Auch die Aushebelung des nationalen politischen Prozesses ist bedenklich. Zwar wird der IWF erst nach Aufforderung durch das Gastland tätig. Damit wird der IWF aber nicht zum Vormund, sondern der Fonds sollte das Land als Kunden oder Patienten oder auch schlicht als Anteilseigner einer genossenschaftlich organisierten Bank betrachten. Feldstein kritisiert die Ausnutzung einer Notlage durch den Fonds:

> „*The legitimate political institutions of the country should determine the nation's economic structure and the nature of its institutions. A nation's desperate need for short-term financial help does not give the IMF the moral right to substitute its technical judgement for the outcomes of the nation's political process*" (Feldstein 1998, S. 4).

Wenn man keine radikale Neugestaltung des internationalen Finanzsystems anstrebt und den IWF erhalten will, ist eine Modernisierung des Fonds unerläßlich. Reformbedarf beim IWF besteht vor allem auf folgenden Feldern:

a) Steigerung der Transparenz: Der IWF hat im Verlauf der Asienkrise ein höheres Maß an Transparenz sowohl in der Politik als auch in der Wirtschaft der Krisenländer angemahnt. Sinnvoll wäre es aber, wenn der IWF diese Empfehlung vorrangig im eigenen Hause realisieren würde. Die Geheimniskrämerei, mit der die IWF-Programme umgeben werden, paßt nicht in die heutige Zeit. Zum einen verhindert die Geheimhaltung der IWF-Programme eine offene Diskussion über die Chancen dieser Reformpakete. Zum anderen ist es schlicht vordemokratisch, wenn eine mit öffentlichen Mitteln operierende Organisation anderen, jedoch nicht sich selbst Transparenz verordnet (vgl. dazu auch Sachs 1997b, S. 1).

b) Änderung der Politiken des IWF: Die Mißerfolge des IWF in Asien belegen, daß eine Neukonzeption der IWF-Programme dringend erforderlich ist. Der IWF sollte sich stärker als bisher mit der Frage beschäftigen, wie Marktversagen korrigiert werden kann. Die bislang gegebenen Antworten auf diese Frage liefen darauf hinaus, bei Fehlentwicklungen noch mehr Markt zu verordnen, und dies kann nicht überzeugen. In seiner heutigen Form übt der IWF keine stabilisierende Funktion für die Weltwirtschaft aus. Feldstein fordert, daß der IWF sich um die Finanzierung von kurzfristigen Liquiditätskrisen kümmern sollte. Der Fonds sollte diese kurzfristigen Liquiditätskrisen aber nicht dazu nutzen, ein Land zur Veränderung seiner Wirtschaftspolitik zu zwingen (vgl. Feldstein 1998, S. 4). Bezieht man die oben gemachten Überlegungen zur (negativen) Signalwirkung von IWF-Programmen mit ein, kann Feldsteins Forderung nur unterstrichen werden. Der IWF sollte sich demgemäß darauf konzentrieren, kurzfristige, nicht an Auflagen gebundene Liquiditätshilfen zu vergeben. Diese müßten vom Volumen her aber deutlich über den bereits bisher möglichen Ziehungsrechten der IWF-Mitgliedsländer liegen. Strukturreformen dürfen künftig kein Bestandteil von IWF-Programmen mehr sein, zumindest nicht in Ländern mit intensiven internationalen Verflechtungen.

c) Strukturpolitische Maßnahmen sind Aufgabe der Weltbank und sollten dies auch bleiben. Der IWF sollte sich gänzlich von strukturpolitischen Maßnahmen verabschieden.

d) Die demokratische Kontrolle der Mittel für den IWF muß verstärkt werden. Gerade in Deutschland erscheint dies dringender denn je. Die Bereitstellung von Mitteln für den IWF durch die Bundesbank, d.h. an der parlamentarischen Kontrolle vorbei, ist nicht zeitgemäß.

e) Sowohl die Asienkrise als auch der seit Anfang der 90er Jahre laufende Transformationsprozeß im früheren Ostblock belegen, daß der IWF eine fragwürdige Kombination von Finanzmacht und Wirtschaftspolitik vertritt: Der Fonds besteht auf fundamentalen Veränderungen ökonomischer und institutioneller Strukturen als Bedingung für die Vergabe von Krediten. Es ist zu fragen, ob eine Trennung der Kreditgewährungsfunktion von der Beratungsfunktion nicht sinnvoll wäre. Heute wird ein Wettbewerb der wirtschaftspolitischen Konzepte durch die Finanzmacht des IWF schon im Ansatz unterbunden.

Die IWF-Interventionen müßten, vor dem Hintergrund der Erfahrungen der Asienkrise, in ein mehrstufiges Verfahren geändert werden. Heute haben wir es nur mit einem einstufigen Verfahren zu tun: Entweder vergibt der IWF Mittel, an die sehr rigde Auflagen geknüpft sind, oder es kommt nicht zu einer Intervention. Zwar ist in den IWF-

Statuten ein mehrstufiges Verfahren vorgesehen, aber das klassische Verfahren ist vom Volumen her völlig unzureichend: Relativ frei verfügbar sind nur die Reservetranche (25% der Quote eines Landes) und die erste Kredittranche (weitere 25%). In der Asienkrise waren aber Beträge in Höhe von 490 Prozent (Indonesien) und 1.939 Prozent (Südkorea) der Quote der betroffenen Länder notwendig. Denkbar wäre aber, ein neues dreistufiges Verfahren einzuführen, das folgende Elemente aufweisen könnte:

1) Die erste Stufe sollte begrenzt sein auf reine Liquiditätshilfe. Hier sollten IWF-Mitgliedsländer sich kurzfristig mit Liquidität versorgen können, ohne daß von seiten des IWF damit Auflagen verbunden sein sollten. Die im Rahmen dieser ersten Stufe ausgezahlten Mittel sollten verzinst werden und innerhalb einer kürzeren Zeitspanne, etwa zwei bis drei Monate, zurückgezahlt werden. Dies wäre im Grunde die Funktion eines „Lender of last resort". Es ist möglich, daß mit diesen Liquiditätshilfen eine Ausweitung von Krisen bereits verhindert werden kann. Die Panik, die Phasen der Asienkrise kennzeichnete, hätte durch solche unkonditionierten Liquiditätshilfen möglicherweise verhindert werden können.[53]

2) Wenn sich herausstellen sollte, daß die kurzfristigen Liquiditätshilfen nicht ausreichend waren, sollte in der zweiten Stufe eine Analyse der Situation des Finanzsektors gemeinsam mit nationalen Finanzexperten erfolgen. In dieser zweiten Stufe könnten Restrukturierungspläne erarbeitet werden. Die Vergabe neuer Mittel in der zweiten Stufe könnte an Auflagen gebunden werden. Eine Strukturreform der gesamten Wirtschaft, also über den Finanzsektor hinaus, sollte in dieser Stufe nicht angestrebt werden.

3) Erst in der dritten Stufe wäre an umfassende Reformmaßnahmen, wie wir sie heute in den IWF-Programmen in Südostasien finden, zu denken. Der IWF sollte aber bei diesen Programmen der dritten Stufe gezwungen werden, andere Organisationen an den Reformprogrammen zu beteiligen. Dabei wäre zunächst an die Weltbank zu denken. Darüber hinaus müßte aber über Formen der Entschei-

[53] Sowohl Martin Feldstein als auch der „*Economic and Social Council*" der Vereinten Nationen haben sich für eine Verbesserung der reinen Liquiditätshilfen ausgesprochen (vgl. Feldstein 1998, S. 4; UN-Press Release ECOSOC/5788).

dungsfindung nachgedacht werden, die eine angemessene Beteiligung von Vertretern des jeweiligen Landes sicherstellen. Neben Regierungsvertretern, die ja bereits heute ein Mitwirkungs-, wenn auch kein Mitspracherecht haben, müßten in solchen Gremien auch Vertreter der Opposition vertreten sein. Gerade in Ländern, in denen eine starke Opposition fehlt, müßten darüber hinaus auch Vertreter von Nichtregierungsorganisationen in gewissem Umfang beteiligt werden.

Gegen ein solches dreistufiges Konzept lassen sich einige Einwände vorbringen. Zunächst ist zu fragen, ob es unkonditionierte Liquiditätshilfen überhaupt geben sollte. Ist es zu verantworten, ein korruptes und demokratisch nicht legitimiertes Regime mit Liquiditätshilfe zu unterstützen? Möglicherweise nicht, aber dann sollte dies auch in den Statuten des IWF deutlich werden. Wenn dies gewünscht wird, dann sollten Kriterien der Mitgliedschaft im IWF entwickelt werden: Demokratie, Schutz von Minderheiten, Achtung der Menschenrechte, Schutz der Umwelt, Einhaltung von sozialen Standards, um nur ein paar Beispiele zu nennen. Auf der anderen Seite ist es aber nicht angemessen, Mitgliedsländer erst in Krisensituationen zu bestrafen und dann Politiken durchzusetzen, die man ohnehin schon immer als richtig betrachtet hat. Dies ist ein weder durch die Statuten des IWF noch durch das Völkerrecht legitimiertes Verhalten, sondern lediglich die Nutzung einer momentanen Position der Stärke.[54] Weder entwicklungspolitisch noch außenpolitisch ist dies ein besonders kluges und langfristige eigene Interessen berücksichtigendes Konzept.

Man könnte andererseits auch einwenden, die in der dritten Stufe vorgeschlagene Einbeziehung von politischer Opposition und Nichtregierungsorganisationen sei falsch, weil der IWF eine politisch neutrale, auf finanztechnischem Gebiet arbeitende Organisation ist, die mit einer Erweiterung des Mandats um eine politische Komponente überfordert ist. Gegen einen solchen Einwand spricht aber, daß der IWF schon heute eine Organisation ist, die Politik macht. Der IWF greift in

[54] Paul Krugman hat sich gegen reine Liquiditätshilfen ausgesprochen, da bei einem partiellen Verlust mit heftiger Kritik des US-Kongreß zu rechnen sei: „*And now imagine trying to explain that to Senator D'Amato*" (Krugman 1998b). Dieses Argument ist mehr als dürftig: Kann die Irrationalität der US-Innenpolitik der Maßstab für eine multilaterale Organisation sein?

den von ihm betreuten Ländern massiv in wirtschaftspolitische Prozesse ein. Betrachtet man den IWF als eine im wesentlichen von den westlichen Demokratien finanzierte Organisation, dann sollte dieser demokratische Anspruch in der Politik des IWF selbst erkennbar werden.

Nach der Asienkrise wäre auch zu überlegen, ob die Regionalisierung des IWF nicht sinnvoll wäre. Regionale Fonds hätten die Möglichkeit, auf spezifische Probleme der Volkswirtschaften einer Region spezifischer zu reagieren. Regionale Fonds würden weniger schnell dem Vorwurf ausgesetzt, sie seien Agenten des internationalen Finanzkapitals und würden die Interessen einer Region und der dort lebenden Menschen vernachlässigen. Andererseits würde durch regionale Fonds die Regionalisierung der Weltwirtschaft weiter beschleunigt. Mit der Aufgabe eines Internationalen Währungsfonds und die Ersetzung durch drei oder mehr regionale Fonds würde ein weiteres Element einer gemeinsamen globalen Architektur durch eine regionale Alternative ersetzt.

Eine neue regionale Struktur mit mehreren Währungsfonds könnte die Lösung von Krisensituationen erleichtern, aber nur dann, wenn neben dem Element der Subsidiarität zugleich eine globale Struktur erhalten bliebe. Dieses globale Gremium müßte dabei sicher mehr sein als die Bank für Internationalen Zahlungsausgleich es heute ist. Denkbar wäre ein Weltwährungsrat, in dem, neben den regionalen Währungsfonds, auch die amerikanische und die europäische Zentralbank vertreten sein müßten. Ein solcher Weltwährungsrat, der sowohl eine globale als auch eine regionale Dimension hätte, könnte sich, durch die Einbeziehung der Federal Reserve Bank und der Europäischen Zentralbank, stärker mit Fragen der Stabilisierung von Wechselkursen beschäftigen.

Darüber hinaus ist zu fragen, ob der IWF in seiner jetzigen Form und Struktur überhaupt reformfähig ist. Es ist nicht überzeugend, wenn der IWF selbst seine Aufgabe nur in der Sammlung und, nach Rücksprache mit dem betroffenen Land, Veröffentlichung von Informationen sieht. In einem Bericht des IWF zur Asienkrise heißt es zur Rolle des Fonds:

> *„The tension between the role of the fund as a confidential adviser to members and as an international watchdog, with the broader interests of the international community (including private markets) in mind,*

requires striking a fine balance" (zitiert nach: *Financial Times*, 30.3.1998, S. 3).

Dieses Zitat verdeutlicht die Sackgasse, in die der IWF sich verrannt hat. Beide in diesem Zitat genannten Rollen, d.h. die des vertraulichen Beraters und die des Wachhunds im Auftrag der internationalen Finanzmärkte, haben nichts mit der eigentlichen Aufgabe des IWF, der Stabilisierung von Währungsbeziehungen, zu tun. Im Gegenteil: Man muß sich fragen, warum eine aus staatlichen Mitteln finanzierte Institution Dienstleistungen für private Anleger erbringen soll. In der Logik des IWF kann die Konsequenz aus einer solchen Selbsteinschätzung nur lauten, daß der IWF privatisiert werden sollte. Wenn der IWF sich selbst als eine *Art „Super-Moody's"* betrachtet, dann kann man konsequenterweise auch die Übernahme der Kosten durch den privaten Finanzsektor fordern. Auch die Rolle als vertraulicher Berater in wirtschaftspolitischen Fragen überfordert den IWF und widerspricht der IWF-eigenen Logik. Wieso soll eine Zentralbehörde für Wirtschaftspolitik in der Lage sein, die Entwicklungen in allen IWF-Mitgliedsländern besser zu verfolgen als dezentrale, nationale oder auch regionale Wirtschaftsforschungsinstitute? Dem IWF fehlt es zur Erfüllung dieser beiden Aufgaben schlicht an Personal. Mit 1000 Ökonomen, wovon etwa 500 die wirtschaftliche Entwicklung der Industrieländer verfolgen, ist dies nicht zu leisten. Jeffrey Sachs hat völlig zu Recht gefragt, wie mit 500 Wissenschaftlern, die sich mit 75 Entwicklungsländern beschäftigen, eine vernünftige Beobachtung der wirtschaftlichen Entwicklung, einschließlich der Beobachtung der Finanzmärkte, möglich sein soll. Sachs teilt die Anzahl der Ökonomen durch die Zahl der zu beobachtenden Länder und kommt auf etwa sieben Ökonomen pro Land. Sachs meint dazu: „*One might suspect that seven staffers would not be enough to get a very sophisticated view of what is happening. That suspicion would be right*" (Sachs 1997b, S. 1).[55]

[55] Ein Ausweg aus dieser Personalknappheit wäre nun die Forderung, die Zahl der Mitarbeiter des IWF drastisch zu erhöhen. Aber ernsthaft kann eine solche Forderung nicht vorgetragen werden. Denn auch dann bleibt die Frage, wozu man eine solche Mega-Institution überhaupt braucht, wenn sie ohnehin lediglich die Aufgaben einer Consulting und die eines Statistischen Amtes wahrnehmen möchte.

In die gleiche Richtung gehen die Forderungen konservativer amerikanischer Politiker, die die völlige Abschaffung des IWF fordern (vgl. Shultz/Simon/Wriston 1998). Shultz et al. haben den IWF als „*ineffective, unnecessary and obsolete*“ charakterisiert und glauben, daß eine internationale Organisation vom Kaliber des IWF in der Tendenz eher schadet (vgl. dazu auch (Suharto-Berater) Hanke 1997).

Die Rußland-Krise im August/September 1998 hat ebenfalls nicht dazu beigetragen, das Vertrauen in die Kompetenz des IWF zu stärken, im Gegenteil. Ebenso wie in der Asienkrise hat der IWF auch in Rußland versagt. Dort wiegt die negative Bilanz allerdings noch schwerer, da der Fonds den Transformationsprozeß in Rußland, aber auch in anderen Nachfolgestaaten der UdSSR, nahezu von Anfang an nicht nur verfolgte, sondern entscheidend mitgestaltete (vgl. dazu auch Schmidt-Häuer 1998).[56]

7.2 Brauchen wir eine neue Regulierung der Währungsbeziehungen?

Die Erfahrungen der jüngeren Vergangenheit haben gezeigt, daß zur Beantwortung dieser Frage eine Differenzierung notwendig ist. In Entwicklungs- und Schwellenländern führte nahezu jede einheimische Finanzkrise, d.h. der Rückgang des Wertes von Aktiva und/oder eine Bankenkrise, zu Währungsturbulenzen, Problemen bei der Leistung des Schuldendienstes oder sogar zu Schuldenkrisen (vgl. Akyüz 1998, S. 5). Im Gegensatz dazu haben in Industrieländern Finanzkrisen offensichtlich keine Auswirkungen auf den Außenwert der Währung[57] noch

[56] Spannend ist ein Vergleich der Aussagen Stanley Fischers zur Asienkrise und zur Rußlandkrise. Während in Asien feste Wechselkurse als krisenverursachend eingeschätzt wurden, verteidigt Fischer in einem FAZ-Interview das Festhalten an Fixkursen in Rußland. Das Scheitern der IWF-Politik in Rußland wird mit eher exotischen Begründungen wie Wahlkampf in Deutschland (Kohl konnte seinem Partner Jelzin keine Unterstützung zukommen lassen) oder der zur Unzeit gestellten Forderung von George Soros nach einer Abwertung des Rubel begründet (*Frankfurter Allgemeine Zeitung*, 24.8.1998, S. 17).

[57] Vgl. z.B. die andauernde Krise des Finanzsektors in Japan in den 90er Jahren, wo in erster Linie der niedrige Zinssatz für eine Schwächung des Yen sorgte, oder die Probleme der „*Savings & Loans*“ Institute in den USA Mitte der 80er Jahre.

haben Währungskrisen, z.B. die Krise des EWS 1992, Auswirkungen auf den Finanzsektor.

Die Aufgabe des Systems fester Wechselkurse im Jahre 1973 und die sich daran anschließende Deregulierung der Finanzmärkte basierte auf der Überlegung, daß Finanzmärkte effizient sind und Informationen richtig und angemessen verarbeiten (vgl. dazu auch die Krisenanalyse des IWF). Wir müssen aber heute fragen, ob die Annahme, Finanzmärkte seien, ausreichende Informationen vorausgesetzt, effizient, in dieser Form noch zu halten ist. Filc unterstreicht die Ergebnisse neuerer Forschung zu diesem Thema:

> *„Finanzmärkte sind allein in Ausnahmefällen informationseffizient, im allgemeinen neigen sie in einer Phase zu übertriebenen Preisreaktionen, in einer anderen Phase werden allgemein zugängliche und preisrelevante Informationen nicht zur Kenntnis genommen, weil der Markt im Banne eines singulären Sachverhaltes steht"* (Filc 1998, S. 29).

Die Asienkrise hat deutlich gezeigt, daß unregulierte Finanzmärkte zumindest phasenweise nicht in der Lage sind, die ihnen zugedachte Servicefunktion für Produktion und Handel überzeugend wahrzunehmen. Das resultierende Marktversagen verlangt nach wirtschaftspolitischen Maßnahmen zur Korrektur dieser Instabilitäten.

Das zentrale Problem ist, daß, obwohl die Finanzmärkte sehr viel stärker integriert sind als Gütermärkte und Kapital sehr viel mobiler ist als andere Produktionsfaktoren, es keine wirksame globale Regulierung internationaler Finanztransaktionen gibt. Zudem sind die gegenwärtigen Mechanismen nicht nur unzureichend, sie sind auch asymmetrisch, da sie einseitig die Schuldner disziplinieren, nicht jedoch die Gläubiger regulieren. In nationalen Finanzmärkten findet sich eine sehr viel stärkere Kontrolle der Gläubigerseite (vgl. Akyüz 1998, S. 12).

Eine weitere Erkenntnis der Asienkrise ist, daß Zinserhöhungen die Spekulation gegen Währungen nicht verhindern können. Nicht nur die thailändische Zentralbank, sondern auch alle anderen Notenbanken der Region, mit der Ausnahme Hongkongs, versuchten, mit drastischen Zinserhöhungen der Spekulation entgegenzutreten. Diese Politik mußte allein schon deshalb scheitern, weil Spekulanten Gewinne von 20-30 Prozent in wenigen Tagen realisieren können: Eine Zinserhöhung von 20 oder 30 Prozent pro Jahr schreckt dort niemanden.

Dies ist auch der Grund, warum eine Tobin-Steuer keine Lösung der Probleme, wie sie in Asien aufgetreten sind, verspricht. Die zu erwartenden Gewinne sind bei erfolgreicher Spekulation einfach zu groß, als daß eine Tobin-Steuer dort Effekte haben könnte. Würde man andererseits die Tobin-Steuer auf ein Niveau bringen, auf welchem sie Auswirkungen auf die Spekulation hätte, also ein Niveau von 5-10 Prozent, würde damit vor allem der internationale Handel getroffen werden. Dies ist nicht der Sinn einer solchen Maßnahme. Bei einem Steuersatz von 0,1 bis 0,25 Prozent würde nur die kleine Spekulation, nicht aber die große, massiv vorgetragene Spekulation wie in Ostasien, behindert werden.

Die Währungs- und Finanzkrisen der vergangenen Jahre, vor allem der Zusammenbruch des Europäischen Währungssystems, die Mexiko-Krise Ende 1994/Anfang 1995 und die Asienkrise haben bei vielen Beobachtern Skepsis in bezug auf die Stabilität des internationalen Finanzsystems hervorgerufen. Der Ruf nach einer stärkeren Regulierung der Finanzmärkte beschränkt sich keineswegs auf das den Mechanismen des Marktes kritisch gegenüberstehende Publikum. Auch der amerikanische Notenbankpräsident Alan Greenspan oder der frühere Kanzlerberater und jetzige BMW-Vorstand Horst Teltschik haben eine stärkere Regulierung der Weltfinanzmärkte gefordert.

Greenspan räumte in einem Hearing des US-Kongresses ein, das neue „*high-tech international financial system*" werde nur teilweise verstanden: „*We do not as yet fully understand the new system's dynamics. We are learning fast, and need to update and modify our institutions and practices to reduce the risk inherent in our new regime*" (Greenspan 1998, S. 1).

Greenspan gibt sich keinen Illusionen in bezug auf die Möglichkeit, Finanzkrisen grundsätzlich zu verhindern, hin: „*We shall never be able to alter the human response to shocks of uncertainty and withdrawal; we can only endeavour to reduce the imbalances that exacerbate them*" (Greenspan 1998, S. 4). Er bezeichnet das bisherige Regelwerk in bezug auf das internationale Finanzsystem als „*patchwork of arrangements and conventions*" und fordert eine umfassende Überarbeitung der Regulierungsmechanismen (vgl. Greenspan 1998, S. 6).

Teltschik sprach sich für ein „*übernationales politisches Regime*" zur Ordnung der Weltwirtschaft aus (vgl. Teltschik 1998). Entworfen werden sollte dieses Regime, dessen Notwendigkeit Teltschik mit den regelmäßig zu heftigen Reaktionen der internationalen Finanzmärkte begründete, von IWF, Weltbank und den Vereinten Nationen.

Konkreter sind die Vorschläge, die der frühere US-Notenbankpräsident Paul Volcker gemacht hat. Volcker glaubt, daß flexible Wechselkurse zu den Instabilitäten der Währungs- und Finanzmärkte wesentlich beigetragen hätten. Ihm ist zuzustimmen, wenn er Wechselkursstabilität als wachstumsfördernd betrachtet. Volcker hat sich für einen Währungsmechanismus zwischen den großen Industrieländern ausgesprochen. Nach Vorbild der Europäischen Währungssystems sollte ein Zielzonensystem mit Bandbreiten für Wechselkursschwankungen und international abgestimmten Maßnahmen der Wirtschaftspolitik beim Erreichen von Grenzwerten eingeführt werden (vgl. *Handelsblatt*, 26.3.1998; Filc 1998, S. 30).[58]

Auch der IWF hat, nach den Erfahrungen der Asienkrise, offenbar keine grundsätzlichen Vorbehalte mehr gegen ein System fester Wechselkurse in schwächeren Volkswirtschaften (*Frankfurter Allgemeine Zeitung*, 24.8.1998, S. 17).

Zu fragen ist allerdings, an welche Maßnahmen bei Erreichen der Grenzwerte gedacht ist. Reine zinspolitische Maßnahmen dürften nicht immer genügen, um ungewünschte Wechselkursschwankungen zu verhindern. Maßnahmen zur Behinderung bzw. Verteuerung des internationalen Kapitalverkehrs, beispielsweise die Tobin-Steuer, sind zwar theoretisch elegant, können aber nicht besonders einfach in die Praxis umgesetzt werden. Es ist nämlich denkbar, daß sich die Transaktionen international operierender Akteure weiter in freie Bankzonen verlagern würden. Zwar könnte Kapital beim Verlassen und Wiedereintreten in nationale Finanzmärkte besteuert werden, aber außerhalb dieser Zeit blieben Transaktionen unbesteuert.

Überlegungen, ähnlich wie in Chile eine Bardepotpflicht für Kredite aus dem Ausland mit kurzer Laufzeit oder ähnliche Maßnahmen auch in großen Industrieländern einzuführen, können kaum überzeugen.

[58] In die gleiche Richtung zielen Vorschläge von Claus Köhler, der sich ebenfalls für eine Wechselkursordnung im internationalen System ausgesprochen hat. Köhler schlägt vor, die Wechselkurse durch Kaufkraftparitäten festzulegen und durch gemeinsame Deviseninterventionen zu sichern. Allein schon die Ankündigung gemeinsamen Handelns würde, so Köhler, ausreichen, die Devisenmärkte zu stabilisieren (vgl. Köhler 1998, S. 203; vgl. dazu auch Lafontaine/Müller 1998, S. 76f).

Was im Falle von Entwicklungsländern sinnvoll sein kann, ist bei den großen Industrieländern mit ihren intensiven Verflechtungen, auch im Finanzsektor, nicht praktikabel.

Es erscheint vielmehr notwendig, sich über Maßnahmen zur Beschränkung von Leistungsbilanzsalden Gedanken zu machen (vgl. dazu auch Huffschmid 1998, S. 973). Wir betrachten, auch bei der Analyse der Asienkrise, heute vor allem Defizite in der Leistungsbilanz und bewerten Überschüsse, gerade in Deutschland, als wünschenswert und sehen sie häufig als Ausdruck wirtschaftlicher Leistungsfähigkeit an. Dies ist aber eine einseitige Sicht. Denn die Überschüsse und Defizite der Leistungsbilanzen aller Ökonomien gleichen sich, wie in einem System kommunizierender Röhren, gegenseitig aus. Es ist bloße Willkür, wenn wir Überschußländer heute nicht berücksichtigen.

In Bretton Woods lagen 1944 zwei Modelle für die Architektur des internationalen Finanzsystems vor: Zum einen der amerikanische White-Plan, auf dem unser heutiges System basiert, zum anderen der nie realisierte Keynes-Plan. Die zutreffende Überlegung von Keynes war, Länder, die zur dauerhaften Erzielung von Leistungsbilanzüberschüssen tendieren, zu sanktionieren. Keynes hatte vorgeschlagen, daß Leistungsbilanzüberschüsse auf eine Art Treuhandkonto fließen und im Verlauf einer festzulegenden Periode entweder mit Leistungsbilanzdefiziten verrechnet werden sollten oder verfallen sollten. Damit würde Volkswirtschaften der Anreiz genommen, durch die dauerhafte Erzielung von Leistungsbilanzüberschüssen zur Steigerung der Volatitilität der Weltwirtschaft beizutragen.

Das bis heute wirkende Modell geht im Gegensatz dazu davon aus, daß sich Leistungsbilanzüberschüsse durch Währungsmechanismen selbst regulieren. Angenommen wird, daß ein Überschuß in der Leistungsbilanz eines Landes zur Steigerung der Nachfrage nach einheimischer Währung führt. Dieser Nachfrageanstieg führt dann theoretisch zu einem Anstieg des Wechselkurses der einheimischen Währung, was zu einer Verteuerung von Exporten und zu einem Abbau des Leistungsbilanzüberschusses führt. Das Problem dabei ist, daß dieser Mechanismus ausgehebelt werden kann, wenn die erzielten Leistungsbilanzüberschüsse nicht in einheimische Währung umgetauscht werden, sondern im Ausland verbleiben, beispielsweise um Aktiva im Ausland zu erwerben. Wie dies funktioniert, machen japanische Akteure seit Jahren vor. Überschüsse werden in den USA, z.B. in US-Staatsanleihen, investiert und dadurch der Wechselkurs der Yen zum US-$ auf niedrigem Niveau stabilisiert. Die japanische Zinspolitik hat einen wesentlichen Beitrag zur Erzielung von Leistungsbilanzüberschüssen geleistet (vgl. dazu auch Abschnitt 4.3.).

Denkbar wäre, daß die Zentralbanken von Ländern, die strukturelle, dauerhafte Überschüsse erzielen, in einem neuen Währungsregime verpflichtet werden, einen Teil der Überschüsse zinslos beim Weltwährungsrat zu hinterlegen. Ähnlich wie Keynes dies vorgeschlagen hatte, könnten die hinterlegten Überschüsse nach einer gewissen Zeit dem Weltwährungsrat zugeführt werden und dessen Eigenkapital bzw. Reserven stärken.[59]

Die Umsetzung eines solchen Konzeptes ist derzeit wenig wahrscheinlich. Die Probleme bei der Formulierung eines Konzeptes für einen Weltwährungsrat können aber nicht darüber hinwegtäuschen, daß eine Revision der Weltwirtschaftsordnung im allgemeinen und der Weltwährungsbeziehungen im besonderen einen Beitrag zur Verstetigung der wirtschaftlichen Entwicklung leisten könnte. Die Einführung der einheitlichen europäischen Währung wird ohnehin Gelegenheit dazu geben, über eine andere Architektur der Weltwährungsordnung nachzudenken. Die Etablierung einer zweiten Reservewährung neben dem US-$ könnte, nach nicht gänzlich auszuschließenden anfänglichen Turbulenzen, einen Schritt hin zu einem Zielzonensystem darstellen. Zwischen Euro und US-$ sollte eine relativ schmale Bandbreite des Wechselkurses möglich sein. In den transatlantischen Wirtschaftsbeziehungen sind, nunmehr über einen Zeitraum von einigen Jahren, relativ niedrige Leistungsbilanzsalden sowie vergleichsweise parallel verlaufende Zinsentwicklungen zu verzeichnen, mithin lägen günstige Voraussetzungen für eine Stabilisierung der Wechselkurse vor. Die Europäische Zentralbank und die US-Notenbank könnten mit ihrer Interventionsmacht einen nur gering schwankenden Wechselkurs garantieren (vgl. dazu Dieter 1998a).

Mit einem solchen Mechanismus wären die Währungsmärkte bereits erheblich beruhigter als heute. Denkbar wäre ebenso, in diesen Welt-

[59] In der Europäischen Währungsunion wurde ein vergleichbares System zur Wahrung der Haushaltsdisziplin vereinbart. Auch dort müssen Regierungen, die die Defizitgrenzen des Vertrages von Maastricht überschreiten, eine Art Strafe, die der Gemeinschaft zugute kommt, für diese mangelnde Haushaltsdisziplin zahlen.

währungsrat die drei oder mehr regionalen Währungsfonds, die den heutigen IWF ersetzen könnten, aufzunehmen. Das Thema eines regionalen Währungsfonds wurde am 14. November 1997 in Manila zwischen den Finanzministern asiatischer Länder diskutiert, auf Druck der westlichen G-7 Länder und des IWF aber verworfen (vgl. dazu Abschnitt 8.5.).

Im nächsten Schritt könnte der Versuch unternommen werden, in Ostasien eine Währungsschlange und später eine Währungsunion zu etablieren, die dann, nach einer Übergangsphase, an das transatlantische Währungssystem herangeführt werden könnte. Natürlich ist eine asiatische Währungsunion nicht kurzfristig zu realisieren. Der Chef-Volkswirt der Deutschen Bank, Norbert Walter, hat sich im Februar 1998 für eine asiatische Währungsunion ausgesprochen, räumte aber ein, daß dies mindestens zwanzig Jahre in Anspruch nehmen würde (*Die Welt*, 12.2.1998, S. 14). Auch Claus Köhler sprach sich für eine asiatische Währungsunion aus, die dem europäischen Vorbild folgen sollte (vgl. Köhler 1998, S. 204).

Bei der Überlegung zur Schaffung einer asiatischen Währungsunion sind vor allem die Rollen Chinas und Japans zu berücksichtigen. China entwickelt sich zwar langsam zur regionalen Führungsmacht, ist aber in den nächsten zehn Jahren sicher nicht in der Lage, auf monetärem Gebiet Verantwortung zu übernehmen. Japan wäre dazu von seiner ökonomischen Potenz her in der Lage. Aber Japan ist heute weder fähig, seine eigene Krise überzeugend zu lösen, noch ist, aus politischen und historischen Gründen, Japan eine akzeptierte Führungsmacht in Ostasien.

Es wäre allerdings ungenügend, wenn man sich auf die Stabilisierung von Wechselkursen beschränken würde, obwohl damit bereits eine deutliche Verbesserung gegenüber der heutigen Situation erreicht wäre. Wichtig wären darüber hinaus Maßnahmen zu Reduzierung der Volitilität von Kreditbeziehungen.

7.3 Vorschläge zur Reduzierung der Volatilitäten von Kreditbeziehungen

Die Neugestaltung der internationalen Finanzmärkte ist im Laufe des Jahres 1998 eines der wichtigsten Themen der außen- und außenwirtschaftspolitischen Debatte geworden. Alt-Bundeskanzler Helmut Schmidt forderte Anfang September 1998 eine Initiative zur Stabilisierung der Weltwirtschaft. Dabei ging es ihm weniger um die Stabilisierung von Wechselkursen als von Kreditbeziehungen. Schmidt schlug Maßnahmen zur Dämpfung des Zuflusses von Kapital sowie eine Ausweitung der Kompetenzen von Bankaufsichtsbehörden in Industrieländern vor (vgl. Schmidt 1998).

Hier sollen Maßnahmen vorgestellt werden, die auf zwei Ebenen ansetzen: Zum einen sind Maßnahmen denkbar, die auf der nationalen Ebene ansetzen und dort versuchen, vor allem kurzfristige Kredite zu begrenzen. Ein Modell dafür ist der unten geschilderte Ansatz Chiles. Zum anderen wäre denkbar, auf internationalem Gebiet Regulierungen von Kapitalflüssen zu finden. Dabei ist sowohl an die Weiterentwicklung bestehender Strukturen, insbesondere die Bank für internationalen Zahlungsausgleich in Basel (BIZ), als auch an die Schaffung einer neuen Organisation zu denken.

7.3.1 Verbesserungen der nationalen Bankenaufsicht und andere Instrumente der nationalen Wirtschaftspolitik

Die Forderungen nach der Verbesserung der Transparenz von Finanzsystemen und der Verbesserung der Bankenaufsicht ist zwar zunächst plausibel, wird aber den Erfahrungen der Asienkrise nur bedingt gerecht. Zwei Faktoren sind es, die dabei nicht berücksichtigt werden:

1. Nicht-Banken werden bei einer Verbesserung der Bankenaufsicht nicht erfaßt. Je weniger reguliert Finanzsysteme sein werden, desto größer könnte der Einfluß von Nicht-Banken (non-bank financial institutions) werden. Sollte eine verschärfte Bankenaufsicht nur für klassische Banken, nicht aber für Nicht-Banken gelten, wäre dies zum einen ein Wettbewerbsnachteil für die Banken und zum anderen wäre deshalb zu erwarten, daß die Nicht-Banken Marktanteile gewinnen würden. Eine Verbesserung der Bankenaufsicht muß also auch Nicht-Banken berücksichtigen.

2. In der Asienkrise hatten Kredite zwischen ausländischen Banken und privaten Kreditnehmern aus den Krisenländern einen erheblichen Anteil an der gesamten Kreditsumme. Bei solchen Krediten,

beispielsweise zwischen der Deutschen Bank auf der einen Seite und einem indonesischen Unternehmen auf der anderen Seite, gibt es natürlich keine Interventionsmöglichkeit für die indonesische Bankenaufsicht, selbst wenn sie effizient wäre. Sie erfährt nichts von diesem Kredit. Die einzige Bankenaufsicht, die in diesem Fall intervenieren könnte, wäre das Bundesaufsichtsamt für das Kreditwesen in Berlin.[60] Es versteht sich von selbst, das diese Behörde nicht in die Geschäftspolitik der Deutschen Bank eingreifen würde, solange keine Gefahr für die Stabilität der gesamten Bank besteht. In der Asienkrise hat diese Gefahr zu keinem Zeitpunkt bestanden, so daß es unrealistisch erscheinen muß, die Bankenaufsichten der Geberländer stärker in die Pflicht nehmen zu wollen.

Vor diesem Hintergrund erscheint die Forderung nach einer Verbesserung der Markttransparenz kurzsichtig oder von eigenen Interessen geleitet. Zwar erreicht man damit möglicherweise, daß in den Augen der Öffentlichkeit die Fehler, die zum Ausbruch der Asienkrise führten, eher bei den asiatischen Krisenökonomien und weniger bei den westlichen und japanischen Gläubigerbanken gesehen werden. Die nächste Krise wird damit aber nicht verhindert. Auch Jagdish Bhagwati hat darauf hingewiesen, daß eine Reform des Bankensystems zwar hilfreich sei, daß aber künftige Krisen, die durch unregulierte Finanzströme ausgelöst werden, damit nicht verhindert werden können (vgl. Bhagwati 1998, S. 11; vgl. dazu auch Stiglitz 1998a, S. 10f).

Es bleibt zudem offen, welches Maß an Informationen ausreicht, um Märkte effizient funktionieren zu lassen. Klar scheint zu sein, daß als Ergebnis der Asienkrise den Marktteilnehmern heute zwar mehr Informationen vorliegen. Dennoch werden diese Informationen von den Märkten nicht effizient verarbeitet, was sich an den gegenwärtigen Unterbewertungen der Währungen zeigt. Mithin stellt sich die Frage, ob es überhaupt ein krisenfreies Funktionieren von internationalen Finanzmärkten geben kann, unabhängig vom Grad der verfügbaren Informationen. Die Erfahrungen vieler Finanz- und Währungskrisen

[60] Auf diesen Zusammenhang hat auch Stiglitz hingewiesen. Wenn in den Krisenländern auch deshalb interveniert wurde, weil das Risiko des Zusammenbruchs des Weltfinanzsystems bestanden hat, dann hätte auch die Bankenaufsicht in den Gläubigerländern frühzeitig auf diese Probleme aufmerksam werden müssen (vgl. Stiglitz 1998b).

legen die Vermutung nahe, daß immer wieder mit partiellem Marktversagen gerechnet werden muß. Die Schlußfolgerung ist, daß es zur Überwindung dieses partiellen Marktversagens einer regulierenden Instanz bedarf. Auch die BIZ betont, daß die verbesserte Verfügbarkeit von Daten allein nicht genügt, um künftig Krisen zu verhindern:

> „*At the same time it must be recognised that better information is a necessary, but in itself not sufficient, condition to prevent the crisis. What is also needed is the vision to imagine crises and the will to act pre-emptively. The Asian experience makes this very clear. In spite of availability of BIS data showing the increasing vulnerability of some of these countries to a sudden withdrawal of short-term international bank loans, the volume of these loans simply kept on rising*" (BIS 1998a, S. 8)

Eine weitere Maßnahme, die in erster Linie vor der Spekulation gegen eine Währung schützen würde, wäre die Beschränkung der Kreditaufnahme von Ausländern im Inland. Wie in Abschnitt 3.3. gezeigt, müssen Spekulanten sich in der abwertungsgefährdeten Währung verschulden, wenn die Spekulation erfolgreich sein soll. Hier bietet sich an, die Vergabe von Krediten an ausländische Kreditnehmer einzuschränken. Dies würde den Hebel ausländischer Spekulanten verkürzen.[61] Selbstredend ist dies kein perfektes Instrument. Die Spekulation von Inländern wäre damit nicht eingeschränkt. Auch ist zu bedenken, daß die Einschränkungen der Kreditvergabe umgangen werden können. Aber es steht außer Frage, daß, solange es keine globalen Regulierungen zur Stabilisierung des Finanzsystems gibt, auch nationale Maßnahmen mit geringerer Reichweite ihre Berechtigung haben.

[61] Die Spekulation gegen den Hongkong Dollar scheitert bislang auch deshalb, weil die dortigen Banken keine großen Kredite an ausländische Akteure vergeben und die inländischen Sparer nicht in andere Währungen flüchten. Stuart Gulliver, Schatzkanzler der Hong Kong Bank, meint dazu: „*The reality is, you can defend against speculative attack because speculators have to borrow Hong Kong dollars to sell them. It's a very limited market. You can only borrow from two or three banks, and they are not going to support their own destruction*" (*Financial Times*, 11.8.1998, S. 4).

7.3.2 Lehren aus den Erfahrungen Chiles

Chile hatte in den 80er Jahren ähnliche Probleme wie heute die asiatischen Krisenländer. Eine Antwort auf die damaligen Probleme ist, daß Chile seit 1991 die Aufnahme privater Direktkredite erschwert hat. Chile hat für ausländische Direktkredite, unabhängig von der Laufzeit, eine Bardepotpflicht („encaje“) eingeführt. Die Idee ist, daß durch den Zwang zur Hinterlegung eines Teils der Kreditsumme bei der Zentralbank die Aufnahme eines Kredites im Ausland gegenüber der Aufnahme eines Kredites im Inland verteuert wird. Die Einlage bei der Zentralbank muß dort ein Jahr hinterlegt werden und wird nicht verzinst. Zwar sind langfristige Kredite von dieser Maßnahme nicht ausgenommen. Aber wegen der Begrenzung der Bardepotpflicht auf ein Jahr sinkt die Belastung mit zunehmender Kreditlaufzeit. Bei einer Pflicht zur Hinterlegung von 30 Prozent der Kreditsumme werden ausländische Kredite bereits erheblich verteuert. Um ein Beispiel zu geben: Bei einem inländischen Zinssatz von 8,5% und einem ausländischen Zinssatz von 6%, einer Bardepotpflicht von einem Drittel der Kreditsumme und einer Laufzeit von einem Jahr ist der inländische Kredit billiger als der ausländische.[62] Auch in der Bundesrepublik wurde 1972 eine solche Maßnahme kurzfristig angewendet (vgl. Filc 1998, S. 36).

Das chilenische Modell bietet einen Ansatz für die Reduzierung des Risikos einer kreditkriseninduzierten Währungskrise. Langfristige Kredite und ausländische Direktinvestitionen sind davon nicht betroffen. Die Maßnahme verhindert also nicht die Integration einer Ökonomie in die Weltwirtschaft, sondern versucht an der instabilsten Stelle Schutzmechanismen zu verankern. Es darf aber nicht verschwiegen werden, daß der Erfolg einer solchen Maßnahme von zwei Faktoren abhängt. Zum einen muß, damit die Maßnahme von den Banken nicht unterlaufen werden kann, die nationale Bankenaufsicht effizient sein. Ohne eine funktionierende Kontrolle der Banken dürfte diese Bestimmung regelmäßig unterlaufen werden. Zum anderen wirkt sie nur dann, wenn auch Nicht-Banken der Bardepotpflicht unterliegen. Wenn es nicht gelingt, Nicht-Banken einzubeziehen, wird, bei liberalisierten

[62] Bei einer Kreditsumme von US-$ 100.000 sieht die Rechnung wie folgt aus: Für diese Auszahlungssumme muß ein ausländischer Kredit von $ 150.000 aufgenommen werden. Der Zins p.a. beträgt dafür $ 9.000, mithin $ 500 mehr als für den inländischen Kredit mit einem Zinssatz von 8,5 Prozent.

Finanzmärkten, keine wesentliche Stabilisierung des Systems erreicht werden können.

Chile selbst ist aber nun von einem weiteren Nachteil der Bardepotpflicht betroffen und mußte diese Maßnahme abschwächen. Wegen drastisch sinkender Ausfuhren nach Ostasien brach die chilenische Leistungsbilanz ein. Deshalb reduzierte die Regierung von Eduardo Frei nun die Bestimmungen und nahm den Anteil von ausländischen Direktkrediten, der bei der chilenischen Zentralbank hinterlegt werden muß, Anfang Juli 1998 von 30 auf 10 Prozent zurück. Der Präsident der chilenischen Zentralbank, Carlos Massad, begründete die Maßnahme damit, daß die Steigerung der Kosten für chilenische Unternehmen, die im Ausland Kredite aufnehmen wollten, abgefangen werden sollte (vgl. *Financial Times*, 22.7.98, S. 4; *Frankfurter Rundschau*, 3.7.1998, S. 15).

Die Abschwächung dieser Maßnahme zeigt, daß eine Volkswirtschaft Instrumente zur Reduzierung des Kapitalimports nur dann umsetzen kann, wenn die Ökonomie in vergleichsweise guter Verfassung ist. In wirtschaftlich schlechteren Zeiten, insbesondere bei durch Handelsbilanzdefizite induziertem Kapitalbedarf, lassen sich solche Restriktionen nicht durchhalten.[63]

Ohne die Verteuerung der Kreditaufnahme im Ausland wird es schwer fallen, Krisen wie derzeit in Asien oder wie in den 80er Jahren in Lateinamerika zu verhindern. Auch die Forderung nach einer Verbesserung der Bankenaufsicht, so sinnvoll dies sein mag, greift zu kurz, da bei deregulierten Finanzmärkten übermäßige Kreditaufnahmen im Ausland durch Nicht-Banken von der einheimischen Bankenaufsicht gar nicht verhindert werden können.

Restriktionen nach chilenischem Vorbild werden von Vertretern einer völligen Deregulierung als *„financial repression"* kritisiert, ein Vorwurf, den Akyüz zu Recht nicht akzeptiert (vgl. Akyüz 1998, S.4). Denn vor dem Hintergrund nur partiell effizienter, pro-zyklischer internationaler Finanzmärkte ist es unlogisch, noch mehr Deregulierung zu fordern. Der Einbau von Stabilisatoren, die keineswegs

[63] Zugleich reduzierte die chilenische Zentralbank die Schwankungsbandbreite des chilenischen Peso gegenüber dem US-Dollar (vgl. *Frankfurter Rundschau*, 3.7.1998, S.15). Diese Maßnahme, die das Interesse ausländischer Investoren an Chile stärken sollte, könnte sich jedoch dann als Problem erweisen, wenn die Spekulation versuchen würde, diese verengten Bandbreiten zu testen.

systemgefährdend sind, scheint eine probate Reaktion auf Instabilitäten der Finanzmärkte zu sein (vgl. dazu auch Stiglitz 1998a, S. 12f). Nationale Wirtschaftspolitik hat hier einen Ansatz zur Stabilisierung der wirtschaftlichen Entwicklung. Die BIZ weist darauf hin, daß es sich um eine Entscheidung zwischen mehr Effizienz und mehr Stabilität handelt (vgl. BIS 1998a, S. 167). Nach der Asienkrise kann die Betonung nur auf mehr Stabilität liegen.

7.3.3 Verbesserungen der internationalen Institutionen

Die Bank für internationalen Zahlungsausgleich (BIZ) kann einen weiteren Beitrag zur Stabilisierung des internationalen Finanzsystems leisten.[64] Die BIZ hat schon in der Vergangenheit nützliche Beiträge zur Verbesserung der Transparenz und zur Beschleunigung des Informationsflusses geleistet. Der 1986 verabschiedete sogenannte Baseler Akkord, der eine Mindestkapitalausstattung von international operierenden Banken vorsieht, hat die Transparenz und Stabilität des internationalen Finanzsystems erhöht.

Das Basler Komitee zur Bankenaufsicht hat, allerdings schon vor Ausbruch der Asienkrise, an der Verbesserung und Vereinheitlichung von Nationalen Bankenaufsichten gearbeitet. Die 'Core Principles for Effective Banking Supervision' sind von der BIZ auf der Jahrestagung von IWF und Weltbank im Oktober 1997 in Hongkong vorgestellt worden (vgl. BIS 1998a, S. 172). Auch zur bankinternen Risikokontrolle hat das Basler Komitee zur Bankenaufsicht Vorschläge gemacht. Im Januar 1998 wurden detaillierte Empfehlungen zu diesem Thema gemacht (vgl. BIS 1998c).

Hinsichtlich der Verbesserungen der BIZ-Statistiken wurden ebenso Neuerungen beschlossen. Diese sind eine wichtige Quelle sowohl für die Beobachtung des Engagements einzelner Gläubiger als auch der Außenverschuldung von Volkswirtschaften. Die BIZ wird künftig versuchen, rascher als bislang und quartalsweise, anstatt wie bisher halbjährlich, zu berichten. Zudem sollten dabei eher unwahrscheinliche Risiken (‚ultimate risks') dargestellt werden (vgl. BIS 1998a, S. 174).

[64] Formal ist die BIZ eine Aktiengesellschaft, deren Aktien von den Zentralbanken der Mitgliedsländer gehalten werden.

In den Vereinten Nationen wird über ein neues Regime nachgedacht. Mitte Juli 1998 wurde dem *„Economic and Social Council“* ein Konzept zur Entwicklung einer *„World Financial Organisation“* (WFO) vorgestellt. Die vom Vorsitzenden des *„Committee for Development Planning“*, Nurul Islam, vorgestellte Idee sieht die Schaffung einer Organisation vor, die auf dem Gebiet der internationalen Kapitalströme eine ähnliche Funktion übernehmen sollte wie sie die Welthandelsorganisation WTO auf dem Gebiet des Warenhandels ausübt. Islam konstatierte, die Schaffung eines globalen Marktes für Kapital sei nicht begleitet worden von der parallelen Entwicklung von global gültigen Regulierungen oder der Schaffung von adäquaten Sicherheitssystemen. Eine WFO könnte einen Beitrag zur Stabilisierung der internationalen Finanzmärkte dadurch leisten, daß Formen der Regulierung von kurzfristigen Kapitalbewegungen geschaffen werden, die nationale Regulierungen ergänzen, und zudem Richtlinien für die Kreditbeziehungen zwischen privaten Gläubigern und privaten Schuldnern verabschiedet (vgl. *Financial Times*, 24.7.1998; Press Briefing der UN, Nr. 19980723.islam; UN-Press Release ECOSOC/5788).

Nach den Vorstellungen des *„Committee for Development Planning“* sollen aber in einer WFO nicht nur allgemeine Richtlinien verabschiedet werden, sondern diese Organisation sollte dafür sorgen, daß in einer akuten Krisensituation Schuldner und Gläubiger an einen Verhandlungstisch gebracht werden, um Lösungsmöglichkeiten zu erarbeiten. Zugleich wird auf die Notwendigkeit eines internationalen Regimes für die Regulierung der Zahlungsunfähigkeit gesamter Volkswirtschaften und den Bedarf zur Schaffung von Verhaltensstandards für Rating-Agenturen verwiesen:

> *„A world financial organization would serve to bring together private creditors and borrowers at the onset of a crisis to discuss how to delay, reschedule or stop payments on loans. It would also devise, in collaboration with private and institutional institutions, what kind of rules should govern lending and borrowing, as well as monitor the application of such rules at the national level and set up rules for international bankruptcy regimes. The organization might also create standards for credit rating agencies which had tremendous influence in the creditworthiness of the various corporations and countries in the securities market“* (Press Briefing der UN, Nr. 19980723.islam).

Nach diesen Vorstellungen sollte eine WFO auch dazu beitragen, den Wettbewerb zwischen Banken unterschiedlicher Länder dadurch auf eine stabilere Basis zu stellen, daß die nationalen Regulierungen vereinheitlicht werden. Zudem sollten Maßnahmen zur Begrenzung von kurzfristigen Kapitalflüssen und zur Überwachung dieser Kapitalströme entwickelt werden:

> „*In addition, it should devise, in cooperation with other public and private institutions, acceptable formats for regulating short-term capital movements to complement national measures and to monitor the application of international guidelines for short-term lending and borrowing by private creditors and borrowers*" (UN-Press Release ECOSOC/5788).

Die Chancen für die Realisierung einer WFO hängen stark von den politischen Entwicklungen in den USA und der EU ab. Die ersten Reaktionen auf den Vorschlag zur Schaffung einer WFO legen eine eher vorsichtige Einschätzung in bezug auf die Realisierbarkeit nahe. Im „*Economic and Social Council*" wurde vom amerikanischen Vertreter die Notwendigkeit der Schaffung einer neuen internationalen Organisation in Frage gestellt. Der Vertreter Österreichs, im Namen der EU sprechend, meinte, die vorhandenen Strukturen seien ausreichend, um die beabsichtigte Stabilisierung der Finanzmärkte zu erreichen (vgl. UN-Press Release ECOSOC/5788).

Unterhalb der Ebene einer neuen, großen Finanzorganisation sind Schritte nationaler Regierungen zur Reduzierung von Kreditbeziehungen denkbar. Eine zentrale Erkenntnis der Asienkrise ist, daß bei der Liberalisierung des Geld- und Kapitalverkehrs in Entwicklungs- und Schwellenländern große Vorsicht angebracht ist. Claus Köhler betont, daß in diesen Ländern zwar dafür gesorgt werden solle, daß ein freier grenzüberschreitender Warenaustausch von den entsprechenden monetären Transaktionen begleitet werden kann, daß aber eine weitgehende Liberalisierung des Kapitalverkehrs nicht sinnvoll ist, da die inländischen Finanzsysteme in der Regel nicht ausreichend entwickelt sind (vgl. Köhler 1998, S. 204).[65] Wenn dennoch eine Liberalisierung gewollt wird, muß darauf geachtet werden, daß *vor* der Öffnung der Finanzmärkte der inländische Finanzsektor, auch in Hinblick auf Bankenauf-

[65] Vgl. zur Forderung nach der Beibehaltung von Möglichkeiten zur Kapitalverkehrskontrolle auch Huffschmid 1998, S. 972.

sicht und Ausbildung der Akteure, auf einen mit Industrieländern vergleichbaren Standard gebracht wird. Im Zweifel sollte einer Verschiebung der Liberalisierung der Vorzug gegeben werden.

Die BIZ weist auf weitere Möglichkeiten zur selektiven Beschränkung des Kapitalverkehrs hin. Neben der Einführung einer Bardepotpflicht (s.u.) wäre es auch möglich, nur Kreditnehmern mit erstklassiger Bonität die Kreditaufnahme im Ausland zu gestatten (vgl. BIS 1998a, S. 128). Aber auch hier bleibt das Problem, daß entweder nur Banken von einer solchen Maßnahme erfaßt werden oder man sich entscheidet, eine relativ weitgehende Reglementierung der Aktivitäten des Unternehmenssektors vorzunehmen.

7.3.4 Können private Akteure helfen, Risiken besser abzusichern?

Es ist unbestritten, daß die Handlungen privater Akteure entscheidend zum Ausbruch der Asienkrise beigetragen haben. Deshalb erscheint es zunächst auch folgerichtig, zu überlegen, ob private Akteure nicht zur Verhinderung künftiger Krisen beitragen können. Beispielsweise hat Markus Noland einen von George Soros geäußerten Vorschlag zur Schaffung einer privaten Kreditversicherungsagentur aufgegriffen. Diese Organisation sollte Kreditrisiken versichern. Kreditnehmer müßten bestimmte Auflagen erfüllen. Mit der Zahlung einer Versicherungsprämie könnten Gläubiger dann ihre Kreditausfallrisiken reduzieren (vgl. Noland 1998, S. 4).

Bei genauerer Betrachtung ist ein solches Verfahren jedoch nicht plausibel. Ein derartiges System würde nur kurz nach einer Krise funktionieren. Je länger die Krise zurückliegen würde, desto weniger wäre deutlich, warum Gläubiger sich zusätzliche Kosten aufbürden sollten, die die Gewinne der Gläubiger aus dem Kreditgeschäft reduzieren würden. Zudem wären die (bankeigenen) Abteilungen zur Bewertung von Risiken dann entweder überflüssig oder unterbeschäftigt. Zudem würde eine solche Agentur den Wettbewerb zwischen den Banken behindern: Gerade die Fähigkeit, Kreditrisiken besser bewerten zu können, unterscheidet ja wettbewerbsfähigere Banken von schwächeren Wettbewerbern. Die Konsequenz könnte dann sein, daß nur weniger effiziente Banken den Schutz dieser Versicherungsagentur nutzen würden, was im Endeffekt hohe Versicherungsprämien nach sich ziehen würde.

Auch Litan steht den Forderungen nach neuen, großen Agenturen zur Bewältigung von Insolvenzen kritisch gegenüber. Es besteht seiner Ansicht nach kein Anlaß, die privaten Kreditbeziehungen zwischen Gläubigern und Schuldnern mit staatlichen Garantien zu versehen (vgl. Litan 1998, S. 8).

8. Konsequenzen der Asienkrise für die Region und die Weltwirtschaft

In der schnellebigen Welt der 90er Jahre glaubten einige Beobachter, schon nach wenigen Monaten von einer Überwindung der Asienkrise sprechen zu können. Mitte 1998 zeigt sich zwar in der Tat eine gewisse Normalisierung: Die Finanzzeitungen berichten sehr viel seltener über die Auswirkungen der Krise, von den Fernsehbildschirmen ist die Asienkrise fast vollständig verschwunden und ist von neuen Krisenländern, vor allem der Russischen Föderation und Südafrika, abgelöst worden.

Die Asienkrise wird aber sowohl die betroffenen Länder als auch die Region Ostasien und die Weltwirtschaft auf Jahre hinaus belasten. An eine Überwindung der Krise, verstanden als Rückkehr zu den positiven makroökonomischen Entwicklungen vor der Krise, innerhalb der nächsten fünf Jahre ist noch am ehesten in Südkorea und am wenigsten in Indonesien zu denken. In diesem Kapitel sollen die Konsequenzen der Asienkrise für die Region und einige spezifische Aspekte, u.a. die gesunkene Wahrscheinlichkeit einer japanischen Führungsrolle in der Region, diskutiert werden.

8.1 Wirtschaftliche und politische Perspektiven Thailands, Indonesiens und Südkoreas

Bei aller Skepsis gilt es, einige positive Entwicklungen bis Mitte 1998 zu vermelden. Die Exportvolumen sind in Südkorea und Thailand im Vergleich zum Januar 1997 deutlich, um etwa 20-30 Prozent, gestiegen. Indonesien konnte sogar eine Ausweitung der Exportvolumen um 50 Prozent realisieren. Die Exporterlöse in US-Dollar sind aber, wegen fallender Weltmarktpreise für zahlreiche Exportprodukte der Krisenländer, nicht in gleichem Umfang gestiegen. Aufgrund des scharfen Rückgangs der Importe und dem Abfluß von Kapital aus den Krisenländern weisen Südkorea und Thailand kräftige Leitungsbilanzüberschüsse auf: Südkoreas Leistungsbilanzüberschuß belief sich in den ersten sechs Monaten des Jahres 1998 auf US-Dollar 22 Mrd. oder 16 Prozent des BIP, Thailands Leistungsbilanzüberschuß betrug in den ersten fünf Monaten US-Dollar 6 Mrd. oder 12 Prozent des BIP (vgl. *The Economist*, 29.8.1998, S. 70). Südkoreas Währungsreserven stiegen bis Ende Juni 1998 auf US-Dollar 40,8 Mrd., ein Anstieg gegenüber dem gleichen Vorjahreszeitpunkt von mehr als US-Dollar 6 Mrd. und noch deutlicher gegenüber Dezember 1997, als die Währungsreserven der koreanischen Zentralbank auf weniger US-Dollar 5 Mrd. geschrumpft waren. Südkorea wird inzwischen auf internationalen Finanzmärkten wieder als kreditwürdig betrachtet; die Rückkehr Thailands auf die Finanzmärkte könnte im Laufe der kommenden Monate erfolgen (vgl. Fischer 1998b, S. 106).

Die Währungen der drei Krisenländer haben sich bis Mitte 1998 völlig unterschiedlich entwickelt. Am schnellsten verlief der Erholungsprozeß in Südkorea, wo die Regierung bereits mit Sorge auf den raschen Anstieg des Won schaut. Ende Juli 1998 notierte der Won mit etwa 1.300 pro Dollar und war damit, gegenüber dem Vorjahr, nur noch um etwa 30 Prozent schwächer. Ein Grund für diese Won-Stärke sind die hohen Leistungsbilanzüberschüsse, die sich aus der Kombination starker Exporte und ausbleibender Kapitalimporte ergeben (vgl. *Frankfurter Allgemeine Zeitung*, 28.7.1998, S. 20). Auch die thailändische Währung hat sich gegenüber dem Tiefpunkt deutlich erholt, während die indonesische Rupie noch immer auf einem sehr niedrigen Niveau verharrt. Eine Abwertung in der Größenordnung wie in Südkorea und in Thailand ist für Unternehmen, sofern sie nicht in Fremdwährung hoch verschuldet sind und die Abwertung nicht, wie in Ostasien, erdrutschartig erfolgt, ein durchaus willkommener Beitrag zur Steigerung der Wettbewerbsfähigkeit. Verschiebungen des Außenwertes einer Währung in diesen Dimensionen haben wir zwischen 1995 und 1998 in Deutschland erlebt: Der Anstieg des US-Dollar von DM 1,35 auf DM 1,85 entspricht einer Abwertung der Mark um mehr als ein Drittel.

In allen asiatischen Krisenländern ist bereits jetzt ein deutlicher Anstieg der Inflationsraten zu vermelden. Die Rate für die Veränderung der Konsumentenpreise stieg in Südkorea von Juli 1997 bis Februar 1998 von 4,0 auf 12,6 Prozent, in Malaysia von 2,4 auf 7,9 Prozent und in Thailand von 6,6 auf 9,0 Prozent (vgl. BIS 1998a, S. 47). Der Inflationsschub ist in erster Linie auf den Anstieg der Importpreise zurückzuführen. Wenngleich diese Entwicklungen nicht erfreulich sind, so bewegen sie sich doch in einer völlig anderen Dimension als in Indonesien, wo bis Februar bereits ein Anstieg der jährlichen Inflationsrate auf 69,9 Prozent zu verzeichnen ist. Die Eindämmung einer Inflation diesen Ausmaßes wird ungleich schwerer fallen als in den anderen Länder der Region.

Südkorea dürfte am schnellsten eine erfolgreiche wirtschaftliche Erholung gelingen. Die Stabilisierung der Währung in Verbindung mit einem hohen Leistungsbilanzüberschuß, also einer Reduzierung der Forderungen des Auslandes an Korea, dürfte möglicherweise schon 1999 eine Rückkehr zu positiven Wachstumszahlen ermöglichen. Für 1998 wird allerdings, auch vom IWF, noch ein Rückgang der Wirtschaftsleistung von 4 Prozent erwartet (vgl. *Financial Times*, 29.7.1998, S. 6). Eine deutliche Entlastung für die koreanischen Unternehmen bedeutet der Rückgang des inländischen Zinsniveaus: Die Zinssätze für Kredite mit dreimonatiger Laufzeit sind von 25 Prozent (Dezember 1997) auf 11 Prozent (August 1998) gefallen. Auch in Thailand sind die Zinsen in vergleichbarem Umfang, von 26 auf 14 Prozent, gesunken (vgl. *The Economist*, 29.8.1998, S. 70).

Ob diese Erholung allerdings trotz oder wegen der IWF-Intervention zu verzeichnen ist, bleibt eine andere Frage. In Südkorea haben die Fehler des IWF weniger Schaden angerichtet als anderswo, aber die Einschätzung des Fonds, der Erholungsprozeß sei Ausdruck der erfolgreichen IWF-Programme (vgl. *Financial Times*, 29.7.1998, S. 6), erscheint falsch. Die mehrfache Korrektur der IWF-Maßnahmen ist weniger Ausdruck der Lernfähigkeit des Fonds als vielmehr die Konsequenz der falschen, unangemessenen Konzeption zu Beginn der Krise.

8.2 Ist mit der 'Asianisierung Asiens' zu rechnen?

Die Asienkrise wird das Verhältnis asiatischer Länder zu den westlichen Ländern möglicherweise auf Jahre hinaus belasten. Auch ohne die scharfe Rhetorik des malaysischen Premierministers Mahathir kann die Asienkrise zu einer Verstärkung der Vorbehalte den westlichen

Industrieländern gegenüber führen.[66] Aus der Sicht asiatischer Beobachter ist es schwer verständlich, daß die jahrelang als beispielhaft gepriesene Wirtschaftspolitik plötzlich völlig falsch sein soll. In einer solchen Stimmung entstehen schnell Legenden. Es gehört wenig Vorstellungskraft dazu, sich auszumalen, womit im Falle einer sich verstärkenden Instabilität vor allem in Indonesien zu rechnen sein wird. Der Westen, vertreten durch den IWF, wird für die politischen und wirtschaftlichen Turbulenzen verantwortlich gemacht werden. Nationale Akteure werden versucht sein, daraus eine „*Dolchstoßlegende*" zu entwickeln: Gerade als Asien sich anschickte, eine führende Rolle in der Welt zu übernehmen, wurde der Höhenflug durch den Rückzug der Gläubiger und die sich anschließende IWF-Austeritätspolitik gestoppt.[67]

Natürlich ist dies nur ein Teil der Wahrheit. Der erhebliche, allerdings nicht entscheidende Anteil der nationalen Wirtschaftspolitik wird dabei ausgeblendet. Aber das Leiden vieler Menschen wird fast unweigerlich dazu führen, daß Sündenböcke gesucht werden. Schon heute wird von einigen Beobachtern eine Zunahme der Vorbehalte gegenüber westlichen Ländern konstatiert. Der „*Economist*" geht davon aus, daß vor allem China die Unzufriedenheit über die vom IWF durchgesetzten Maßnahmen („*western imposed austerity*") nutzen wird (vgl. *The Economist*, 14.3.1998, S. 14).

Auch Guttmann rechnet damit, daß Ostasien, unabhängig vom Ausgang der Krise, sich letzten Endes von den USA stärker abgrenzen und damit unabhängiger werden wird (vgl. Guttmann 1998, S. 6). Higgott erwartet ebenfalls die Entwicklung eines ostasiatischen Bewußtseins, auch wegen der Fehler des IWF:

> „*A major implication of the experience of Asian states at the hands of the IMF doctors will be the enhanced development of an ‚East Asian'*

[66] Mahathir sieht eine neue Qualität in den Nord-Süd Beziehungen. Der Süden werde nicht mehr durch die Nutzung billiger Arbeitskraft, sondern durch Währungsspekulation ausgebeutet. Die Regierungen der Länder des Südens seien dagegen machtlos: „*With trillions at their disposal they have become a force that no Government of developing countries can go against. Control of the media enables them to shape public opinion, censor criticism and generally promote the legitimacy and the wholesomeness of their concept of the new world order*" (Mahathir 1998).

[67] Westliche Politiker und der IWF haben die Risiken solcher Schuldzuweisungen in Ostasien möglicherweise unterschätzt (vgl. Higgott 1998b, S. 22).

as opposed to ‚Asia Pacific' understanding of region" (Higgott 1998b, S. 2).

8.3 Folgen der Asienkrise für Australien und Neuseeland

Die Schockwellen der Asienkrise waren rasch in einer Reihe von weiteren Schwellen- und Industrieländern zu spüren. Es gilt hier aber zwei Effekte zu unterscheiden: Kurzfristige Spekulation gegen ein Land oder dessen Währung einerseits und mittel- und langfristig wirkende Folgen der Asienkrise für die Realwirtschaft einer Ökonomie andererseits. Während Länder wie Brasilien und die Russische Föderation vor allem von der ersten Reaktion auf die Asienkrise betroffen waren und drohten, unmittelbar selbst in eine krisenhafte Situation zu geraten, sind es heute vor allem Australien und Neuseeland, deren Realwirtschaft unter den negativen Folgen der Asienkrise zu leiden haben. Im August 1998 ist die Russische Föderation allerdings ebenfalls in eine tiefe Wirtschafts- und Finanzkrise geraten, die jedoch nicht ursächlich auf die Asienkrise zurückgeführt werden kann.

Die Gründe für die ökonomischen Probleme Australiens und Neuseelands sind einerseits die enge Verflechtung der Ökonomien dieser beiden Länder mit den Volkswirtschaften Südost- und Ostasiens und andererseits die Parallelbewegungen der Währungen dieser beiden Länder mit den Währungen der Krisenländer. Vor allem Australien hat in den vergangenen Jahren, insbesondere unter der 1996 abgelösten Labor-Regierung, erhebliche Anstrengungen unternommen, sich stärker in den asiatisch-pazifischen Wirtschaftsraum zu integrieren. Bis Mitte 1997 war es sicher auch eine sinnvolle Strategie, sich an den am schnellsten wachsenden Wirtschaftsraum der Welt zu binden. Diese Strategie der Neuorientierung auf Asien war erfolgreich: 1996 lieferte Australien 68,2% seiner Exporte in Länder des asiatisch-pazifischen Wirtschaftsraumes (ohne die USA, Kanada und Mexiko), während Neuseeland im gleichen Zeitraum 61,1% seiner Exporte in die Region lieferte (vgl. IMF 1998b, S. 22f, 148f). Der Vorteil von gestern ist nach Beginn der Asienkrise ein erheblicher Nachteil: Die Exporteure Australiens und Neuseelands sind vom Rückgang der Nachfrage erheblich betroffen. Gerade in den Wachstumsbranchen der Vergangenheit, u.a. hochwertige Nahrungs- und Genußmittel sowie Tourismus, zeigt sich eine deutliche Zurückhaltung der asiatischen Konsumenten. Nicht zuletzt der Rückgang des Tourismus ist für Australien bedenklich: 1997 wurden A $ 16,5 Mrd. aus dem Tourismusgeschäft eingenommen, mehr als durch den Export von traditionellen Exportgütern wie Wolle oder Eisenerz. Vor allem Urlauber aus Korea stornierten ihre Reisen: Allein im Dezember 1997 fiel die Zahl der Ankünfte koreanischer Touristen um 66%, während die gesamten Ankünfte im gleichen Zeitraum um 24% zurückgingen (vgl. *Financial Times*, 19.2.1998).

Noch bedrohlicher hingegen ist, daß Australien und Neuseeland selbst in den Strudel der asiatischen Krise geraten könnten. Beide Länder weisen seit langer Zeit erhebliche Leistungsbilanzdefizite und ein hohes Maß an privater Außenverschuldung auf (vgl. dazu Dieter 1991; Dieter 1994a). Während australische Autoren die private Außenverschuldung häufig als unproblematisch betrachteten (vgl. z.B. Pitchford 1990), zeigen die Erfahrungen der Asienkrise, daß ausländische Gläubiger kurzfristig Anlagen aus einem Land oder einer Region abziehen können, ohne daß dafür zwingende Gründe vorliegen müssen.

Sowohl der australische als auch der neuseeländische Dollar sind bereits in eine Abwärtsbewegung geraten. Der australische Dollar fiel, parallel zur Entwicklung des japanischen Yen, und erreichte im Juni 1998 ein Zwölfjahrestief gegenüber dem US-Dollar von US-$ 0,58. Zugleich fiel auch die neuseeländische Währung auf ein Tief von US-$ 0,49. Damit ergibt sich für beide Länder ein problematisches Bild: Importe werden durch die Abwertung der Währungen teurer, Exporte gehen, wegen der schwachen Nachfrage in Asien, entweder zurück oder lassen sich nicht im gewünschten Maße steigern und im Ergebnis wird das Defizit in der Leistungsbilanz beständig größer. In den ersten vier Monaten des Jahres 1998 sind die australischen Exporte nach Südostasien bereits um 24%, die Exporte nach Südkorea um 15% gesunken (vgl. *The Economist*, 13.6.1998). Die australische Regierung geht bereits von einem Leistungsbilanzdefizit im Fiskaljahr 1998/99 von 5,25% des BIP aus, während skeptischere Prognosen ein Defizit von etwa 6,5% des BIP erwarten (vgl. *Financial Times*, 29.6.1998). In Neuseeland ist das Defizit in der Leistungsbilanz bereits 1997 auf ein Rekordniveau gestiegen: Dort wurde ein Fehlbetrag von 7,7% des BIP verzeichnet (vgl. IMF 1998c, S. 182). Für 1998 und 1999 wird ein Defizit von 7,4% (1998) und 6,7% (1999) prognostiziert (vgl. IMF 1998c). Damit bewegen sich sowohl Australien als auch Neuseeland sehr deutlich in Bereichen, die auf Dauer nicht finanzierbar sind. Dies wird insbesondere dann deutlich, wenn man die heutige Außenverschuldung beider Länder betrachtet.

Tabelle 15: Die Außenverschuldung Australiens und Neuseelands 1997/98

	Australien	Neuseeland
Bruttoaußenverschuldung	A $ 325 Mrd.[1]	NZ $ 99 Mrd.[2]
Bruttoaußenverschuldung in US-$[3]	$ 211,2 Mrd.	$ 54,5 Mrd.
Bruttoaußenverschuldung in Relation zum BIP	69,4%[1]	100,4%[2]
Bruttoaußenverschuldung in Relation zu den Exporten	412%	471%

1) Am 30.6.1997 2) Am 31.3.1998 3) Kurse: 1 A$ = 0,65 US$; 1 NZ$ =0,55 US$.
Quellen: Australian Bureau of Statistics, Statsite (www.abs.gov.au); Statistics New Zealand (www.stats.govt.nz).

Die Außenverschuldung stellt allerdings schon seit einigen Jahren die Achillesferse sowohl der australischen als auch der neuseeländischen Ökonomie dar. Im Vergleich mit anderen verschuldeten Ökonomien stellt sich die Frage, warum die internationalen Finanzmärkte die beiden angelsächsisch geprägten Länder im Südpazifik weniger kritisch bewerten (vgl. dazu Abschnitt 3.2.1.). Es ist allerdings nicht ausgeschlossen, daß die Asienkrise hier einen Stimmungswandel herbeiführen wird. Ein erstes Anzeichen hierfür ist, daß die Rating-Agentur Fitch IBCA Australiens Kreditrisiko am 18. Juni 1998 auf „alert negative" herabstufte. Als Grund wurde, neben der hohen Schuldenlast, der hohe Anteil von kurzfristig fällig werdenden Verbindlichkeiten im Ausland, der sich auf mehr als 40 Prozent der Gesamtschulden beläuft, genannt (vgl. *Financial Times*, 19.6.1998).

8.4 Auswirkungen der Schuldenkrise auf den Welthandel: Werden die Märkte Europas und der USA mit Produkten aus den Krisenländern überschwemmt werden?

Wenngleich eine präzise Prognose der Konsequenzen der Asienkrise für den Welthandel schwierig ist, so gibt es doch erste Schätzungen zu den Folgen. Bergsten rechnet mit einem Anstieg des Fehlbetrages in der amerikanischen Handelsbilanz um US-$ 100 Mrd., einer Abnahme des EU-Handelsbilanzüberschusses von US-$ 50 Mrd., einem weiteren Anstieg des japanischen Überschusses um US-$ 50 Mrd. sowie einem sich ebenfalls um US-$ 50 Mrd. ändernden koreanischen Handelsbilanzsaldos, d.h. von einem erheblichen Defizit hin zu einem starken Überschuß (vgl. Bergsten 1998, S. 2).[68]

Die *Financial Times* meldete am 20.3.1998 den Anstieg des US-Handelsbilanzdefizits im Januar 1998 um US-$ 1,1 Mrd. auf einen Monatswert von US-$ 18,8 Mrd. und rechnet mit einem jährlichen Defizit von bis zu US-$ 250 Mrd. (*Financial Times*, 20.3.1998, S. 4). Neuere Handelsdaten bestätigen diesen Trend. Im ersten Quartal 1998 belief sich das Defizit in der Handelbilanz noch auf US-Dollar 55,7 Mrd. und stieg im zweiten Quartal bereits auf US-Dollar 64,8 Mrd. an (vgl. *Financial Times*, 11.9.1998, S.6). Bereits in den ersten sechs Monaten des Jahres 1998 hatten die Vereinigten Staaten also einen Fehlbetrag in der Handelsbilanz von US-Dollar 120 Mrd. zu verkraften.

Es zeichnet sich zugleich ab, daß Japans Außenwirtschaft immer größere Überschüsse produzieren und weiter zur Destabilisierung der Weltwirtschaft beitragen wird. Von Februar 1997 bis Februar 1998 stieg der japanische Handelsbilanzüberschuß um 88% an, vor allem deshalb, weil die Exporte aus den asiatischen Nachbarländern zurückgingen. Im Februar 1998 zogen die Exporte sowohl in die USA als auch in die EU zugleich deutlich an (vgl. *Financial Times*, 20.3.1998, S. 4). Der Leistungsbilanzüberschuß Japans betrug im Februar 1998 US-$ 12,7 Mrd. und war damit, ebenso wie die Handelsbilanz, fast doppelt so hoch wie zwölf Monate zuvor (*Financial Times*, 14.4.1998, S. 14).

Bei Versuchen einer Prognose in bezug auf das amerikanische Leistungsbilanzdefizit und die Reaktionen von amerikanischen Politikern

[68] Markus Noland, wie Bergsten Mitarbeiter des Washingtoner „*Institute for International Economics*“, schätzte den Anstieg des US-Handelsbilanzdefizits deutlich niedriger, auf US-$ 50 Mrd. (vgl. Noland 1998, S. 1).

erscheint, nach den Erfahrungen der letzten knapp 20 Jahre, eine gewisse Zurückhaltung angemessen. In der Vergangenheit, vor allem von Mitte der 80er bis Anfang der 90er Jahre, wurden die hohen Handels- und Leistungsbilanzdefizite der USA häufig von Warnungen vor politischen Reaktionen begleitet, die letztlich aber ohne Nachwirkungen blieben. Zwar wurde der US-Kongress in unregelmäßigen Abständen auf sogenannte unfaire Handelspraktiken aufmerksam, aber abgesehen von Einzelaktionen, erinnert sei hier an das „Super 301 Handelsgesetz", blieben die politischen Konsequenzen in überschaubarem Rahmen.

Es ist allerdings möglich, daß in den kommenden Jahren eine neue Lage entstehen wird, die heftigere politische Konsequenzen haben könnte. Dieses Szenario ist gekennzeichnet von drei Elementen: Ein möglicher konjunktureller Abschwung in den USA, eine weitere drastische Ausweitung des Handelsbilanzdefizits sowie die Neuwahl des amerikanischen Präsidenten sowie eines Teils des US-Kongresses im Jahr 2000. Es ist zumindest nicht unwahrscheinlich, daß die Vereinigten Staaten dann nicht länger bereit sein könnten, die Funktion eines ‚consumer of last resort' (Guttmann 1998, S. 5) zu übernehmen. Je nach Verlauf des amerikanischen Präsidentschaftswahlkampfes kann aus heutiger Sicht nicht ausgeschlossen werden, daß die bilateralen Handelsbilanzdefizite mit asiatischen Ländern in den Vordergrund der politischen Debatte treten.

Mitte 1998 versuchen immer mehr Länder, eine Strategie der Steigerung ihrer Exporte zu verfolgen. Neben den asiatischen Krisenländern und Japan ist nunmehr, nach der Abwertung des Rubel, Rußland ein weiteres Land, daß seine Importe reduzieren und die Exporte stabilisieren oder ausweiten wird. Die Gefahren für die Weltwirtschaft nehmen dadurch deutlich zu. Denn sowohl die konjunkturelle Entwicklung in den USA als auch in Europa sind nicht so robust, daß sie als Lokomotiven für den Rest der Welt fungieren können. Die BIZ hat darauf hingewiesen, daß der US-Dollar, wegen der noch immer steigenden Auslandsverschuldung der USA, ein weiterer möglicher Abwertungskandidat ist. Falls sich die Einschätzungen der Finanzmärkte in bezug auf den Dollar wandeln sollten, wäre die Federal Reserve Bank zur Zinserhöhung gezwungen und würde die ohnehin allmählich erlahmende US-Konjunktur weiter schwächen (vgl. BIS 1998a, S. 164). Europa, mit der Einführung des Euro ohnehin in einer schwierigen geldpolitischen Phase, wäre dann die letzte Stütze der Weltkonjunktur. Es erscheint nicht übertrieben pessimistisch, in einem solchen Szenario eine mittlere Weltwirtschaftskrise zu erwarten.

8.5 Zur Rolle Japans

Der wirtschaftliche Niedergang Japans in den letzten Jahren wird am besten durch einen Vergleich dokumentiert: Noch 1998 ist damit zu rechnen, daß die Arbeitslosenrate in Japan die der USA übersteigen wird, zum ersten Mal in der Geschichte. Japan steht Ende der 90er Jahre vor einem doppelten Dilemma: Die Ökonomie droht, in eine Depression zu stürzen, und zugleich wird Japans Führungsanspruch in Ostasien in Frage gestellt. Auf beiden Gebieten ist die japanische Politik unfähig, eine Antwort und eine überzeugende Strategie zu formulieren.

8.5.1 Ökonomische Krise und ihre Überwindung

Japan demonstriert in der Asienkrise seine Unfähigkeit, einen konstruktiven Beitrag zur Lösung zu leisten. Dies zeigt sich nicht nur an den wenigen positiven Impulsen, die von der japanischen Regierung in bezug auf die Asienkrise ausgingen, sondern auch an der Art und Weise, wie Japan seine eigene Krise nicht überwindet. Die Unfähigkeit, die wirtschaftliche Talfahrt aufzuhalten, ist ein wichtiger Faktor für die Vertiefung der Krise in der Region (vgl. Guttmann 1998, S. 4f).[69]

Dabei währt die japanische Wirtschaftskrise nun schon seit Beginn der 90er Jahre. Japan, lange als ökonomisches Musterland gepriesen, ist ein Sanierungsfall geworden. Inzwischen ist die Situation der japanischen Wirtschaftspolitik aber derart verfahren, daß konventionelle Maßnahmen kaum noch Besserung versprechen. Wie bereits erwähnt, ist die Geldpolitik nicht mehr in der Lage, die Konjunktur zu beleben.

[69] Der Economist hatte schon im November 1997 die Hilflosigkeit der japanischen Regierung kritisiert. Die eigene Finanzkrise sei, so der Economist, über Jahre verschleppt worden und die Regierung habe den wahren Zustand der japanischen Banken verschwiegen. Japans Finanzsektor sei ebenso sanierungsbedürftig wie die der asiatischen Krisenländer (vgl. The Economist, Internet-Ausgabe, November 1997).

Aber auch Maßnahmen zur Ankurbelung der Wirtschaft mittels staatlichen Programmen zur Steuersenkung und Ausgabensteigerung sind wirkungslos geblieben: Seit April 1993 hat die japanische Regierung sechs Konjunkturprogramme im Umfang von US-Dollar 650 Mrd. aufgelegt, ohne daß ein Prozeß der wirtschaftlichen Erholung eingetreten wäre. Japans Staatshaushalt hat sich von einem Überschuß von 1,5 Prozent des BIP im Jahr 1992 in ein Defizit von geschätzten 4,6 Prozent des BIP im Jahr 1998 verschlechtert (vgl. *Financial Times*, 21.8.1998, S. 16). Die öffentliche Gesamtverschuldung stieg von 1991 bis 1998 von 59 auf 98 Prozent des BIP. Anders gesagt: Während Japan 1991 das Verschuldungskriterium des Vertrages von Maastricht noch erreicht hätte, bewegt sich der Schuldenstand heute auf die Verhältnisse in Italien und Belgien zu.

Es zeigt sich deutlich, daß mit schlichten, konventionellen Programmen die Krise nicht überwunden werden kann, solange die Probleme des Finanzsektors nicht bereinigt sind. Schlimmer noch: Die japanische Regierung hat, anstatt die Probleme im Finanzsektor zu lösen, ihr Pulver verschossen und verfügt nunmehr über keine Instrumente mehr, um auf die Krise angemessen und entschlossen reagieren zu können.

Die Verdrängung des Problems zeigt sich bereits an der Datenlage. Obwohl wir seit einigen Jahren wissen, daß Japans Finanzsektor mit umfangreichen notleidenden Krediten belastet ist und restrukturiert werden muß, haben wir bis heute keine verläßlichen Zahlen. Allein schon dies ist bedenklich: Ohne den Umfang der Probleme genau zu kennen ist die Formulierung einer Lösungsstrategie sehr schwer. Schätzungen über den Umfang der notleidenden Kredite und der unterkapitalisierten Pensionsansprüche reichen von US-Dollar 630 Mrd., die vom japanischen Finanzministerium Ende 1997 genannte Summe, bis zu einem Betrag von US-Dollar 2000 Milliarden. Allein die vom Finanzministerium genannte Zahl entspricht 15 Prozent aller Ausleihungen japanischer Banken oder stattlichen 16 Prozent des BIP (vgl. Lincoln 1998, S. 60). Die Probleme könnten noch zunehmen, da japanische Banken stark in den asiatischen Krisenländern engagiert waren. Etwa ein Drittel der Kredite an Südkorea, Thailand und Indonesien oder rund US-Dollar 100 Mrd. werden von japanischen Banken gehalten (vgl. dazu auch Abschnitt 4.3.).

Dennoch wurden japanische Beobachter von der Ankündigung der Rating-Agentur Moody's im Juli 1998, Japans Kreditwürdigkeit eventuell herabstufen zu wollen, überrascht, weil die Position als weltgrößter Gläubiger erstklassige Bonität zu garantieren schien (vgl. *The Economist*, 25.7.1998, S. 27). Kurz darauf brachte auch eine weitere Rating-Agentur, Fitch IBCA, Bedenken gegenüber japanischen Krediten zum Ausdruck (vgl. *The Economist*, 1.8.1998, S. 67). Falls Moody's sowohl Japans Verbindlichkeiten gegenüber dem Ausland als auch die Inlandsschulden abwerten würde, wäre die Kreditwürdigkeit japanischer Inlandsschulden auf dem Niveau von Griechenland und Portugal angelangt, keine schmeichelhafte Einschätzung für die zweitgrößte Ökonomie der Welt. Dafür sind eine Reihe von negativen Entwicklungen verantwortlich. Neben der Misere im Finanzsektor ist die rasch steigende öffentliche Verschuldung zu nennen. Japan hätte heute keine Chance, die Kriterien von Maastricht zu erfüllen: Die öffentlichen Schulden liegen bei etwa 100 Prozent des BIP, die Neuverschuldung 1998 bei fast fünf Prozent. Die Maßnahmen der japanischen Regierung zur Ankurbelung der Wirtschaft werden weitere öffentliche Mittel binden. Die Steuereinnahmen bleiben schwach, weil zwei Drittel der japanischen Unternehmen gegenwärtig Verluste realisieren (vgl. *The Economist*, 1.8.1998, S. 67).

In Abschnitt 4.3. habe ich darauf hingewiesen, daß die japanische Regierung versuchte, mittels eines sehr niedrigen Zinssatzes die Krise im Finanzsektor zu überwinden. Nachdem dies zu keiner Lösung führte, hat das Finanzministerium 1997 erstmals den Konkurs zweier Institutionen, Yamaichi Securities und Hokkaido Takushoku Bank, zugelassen.[70] Zugleich wurden diese Konkurse aber abgefedert: Die Regierung sagte zu, Vorzugsaktien zu erwerben und notleidende Kredite zu übernehmen (vgl. Lincoln 1998, S. 62). Diese Form der Rettung notleidender Kredite ist inzwischen zur Norm geworden, weil die japanische Regierung über einen mit US-Dollar 100 Mrd. ausgestatteten Fonds verfügt, der in Schwierigkeiten geratene Banken durch den Kauf neuer Vorzugsaktien stärken soll. Lincoln kritisiert dieses Vorgehen

[70] Die Schließung der Hokkaido Takushoku Bank hat, wegen der dominanten Stellung dieser elfgrößten japanischen Bank auf der Insel Hokkaido, zu erheblichen Problemen in dieser Region geführt. Durch den Zusammenbruch der Bank wurden Unternehmen von neuen Krediten abgeschnitten und gingen selbst in den Konkurs (vgl. *Frankfurter Allgemeine Zeitung*, 3.7.1998, S. 15).

aus zwei Gründen: Erstens wird damit die unseriöse Geschäftspolitik einiger Finanzinstitute im nachhinein noch unterstützt. Zweitens wird mit einem solchen Verfahren die Bereitschaft der Regierung, nicht sanierbare Institute zu schließen, weiter sinken, weil dann sowohl Beteiligungen der Regierung verloren gingen als auch das Ansehen der Regierung weiter beschädigt würde (vgl. Lincoln 1998, S. 62).

Ein neuer Anlauf zur Sanierung der Banken wurde mit der Schaffung sogenannter Überbrückungsbanken genommen. Innerhalb von fünf Jahren soll die Sanierung des Finanzsektors erreicht sein. Die Überbrückungsbanken sollen sich um Umschuldungen bemühen und Fusionen zwischen Finanzinstituten forcieren. Banken, die nach Ablauf der Überbrückungsfrist noch nicht verkauft sind, sollen in den Besitz des Staates übergehen (vgl. *Frankfurter Allgemeine Zeitung*, 3.7.1998, S. 15). Auch mit diesem Ansatz wird versucht, die schmerzhafte Restrukturierung zu vermeiden und eine allmähliche Lösung zu erreichen, ein wenig überzeugendes Konzept. Abgeschlossen wäre die Sanierung im Jahre 2003, mehr als zwölf Jahre nach Beginn der Probleme im Finanzsektor. Lincoln betrachtet diesen Ansatz als wenig geeignet:

> „*These policies will prolong the debt problem, artificially support weak financial institutions that are a drag on the economy, and yield a financial sector partially owned by the government*“ (Lincoln 1998, S. 63).

Japan ist zugleich der Welt größter Gläubiger und größter Produzent von Handelsbilanzüberschüssen. Japan hat 1998 Forderungen ans Ausland in Höhe von US-Dollar 900 Mrd. (vgl. *The Economist*, 1.8.1998, S. 67). Beides zusammen führt zur Steigerung der Volatilität der Weltwirtschaft. Denn Japans Überschüsse entsprechen Defiziten anderer Länder. Zugleich wollen die Japaner aber, daß die Schuldner Zinsdienst leisten. Dies ist nur auf Kosten anderer Staaten, die bereit sind, Handelsbilanzdefizite zu realisieren, möglich.

In Abschnitt 4.3. habe ich auf die negativen Konsequenzen der japanischen Geldpolitik hingewiesen. Die japanische Geldpolitik müßte, wenn sie die Region Ostasien und die Weltwirtschaft nicht weiter destabilisieren will, auch den Einsatz des Zinsinstrumentes zur Stabilisierung des Wechselkurses und zur Reduzierung des Kapitalexports erwägen. Einen anderen Vorschlag machte Paul Krugman. Er regte die Ingangsetzung eines inflationären Prozesses in Japan an. Ursache für die deflationären Tendenzen in Japan sei, daß die inländische Ersparnis, trotz der sehr niedrigen Zinsen, regelmäßig die inländischen Investitionen überschritten habe. Die Geldpolitik sei, so Krugman, nicht in der Lage gewesen, für eine Stimulierung der Nachfrage zu sorgen. Zugleich können Zinssätze nicht weiter fallen, da ein negativer Nominalzinssatz nicht möglich ist: Negative Nominalzinssätze wären eine Steuer auf Geldvermögen. Zur Erzielung eines negativen Realzinses schlägt Krugman deshalb ein Inflationsprogramm vor: Über einen längeren Zeitraum, Krugman spricht von 15 Jahren, sollte eine Inflationsrate von etwa 4 Prozent p.a. erzielt werden. Bei Beibehaltung eines niedrigen Nominalzinses könnte damit ein negativer Realzins erzielt werden (vgl. *The Economist*, 25.7.1998, S. 80). Eine mögliche Folge einer solchen Politik wäre, daß die Tendenz zum Sparen abnehmen und die Neigung zu Konsum zunehmen würde, was wiederum positive Auswirkungen auf die reale Ökonomie hätte. Die Binnennachfrage würde steigen.

Krugmans Überlegungen mögen auf den ersten Blick eine gewisse Eleganz haben, überzeugen können sie nicht. Mindestens vier Punkte werden nicht berücksichtigt: Erstens resultiert die ausgeprägte Sparneigung in Japan auch aus einer demographischen Komponente: Japans rasch alternde Gesellschaft versucht für den Ruhestand vorzusorgen. Zinssätze spielen hier eine untergeordnete Rolle. Mit anderen Worten: Auch durch negative Realzinsen wird die japanische Gesellschaft nicht jünger und dementsprechend ändern Privathaushalte auch nicht ihre Anlagepräferenzen. Zweitens wird mit negativen Realzinsen die negative Stimmung von Investoren nicht verändert. Negative Realzinsen alleine sorgen nicht für Investitionen und Wirtschaftswachstum. Drittens, und das ist das möglicherweise wichtigste Argument, wird mit den Vorschlägen von Krugman nur erreicht werden können, daß japanische Investoren sich noch stärker als in der Vergangenheit für Anlagemöglichkeiten im Ausland interessieren werden. Die teilweise Liberalisierung des Kapitalverkehrs im April 1998 wird es künftig auch Kleinsparern ermöglichen, ihr Kapital im Ausland anzulegen. Eine weitere Zunahme der Instabilität des internationalen Finanzsystems wäre die Folge.[71] Viertens schließlich würde ein durch negative Realzinsen

[71] Der Economist verwies auf eine Umfrage bei japanischen institutionellen Investoren, die nach der Liberalisierung des Kapitalverkehrs im April 1998 planten,

induzierter Kapitalexport den Yen weiter schwächen und damit eine neue Runde in der asiatischen Abwertungsspirale einläuten.

Die von der japanischen Regierung zu ergreifenden Schritte müßten in eine andere Richtung gehen. Zwei Ziele wären dabei von prioritärer Bedeutung: Erstens müßte der Finanzsektor rasch saniert werden, was in erster Linie durch Abschreibung der notleidenden Kredite erfolgen müßte. Zweitens müßte die Geldpolitik versuchen, den Wechselkurs des Yen auf ein realistischeres Niveau zu bringen. Dies kann nach Lage der Dinge nur durch positive Realzinsen erfolgen. Selbst wenn das Zinsinstrument bei kleineren Ökonomien, wie die Erfahrungen der Asienkrise erneut bestätigten, in Krisensituationen keine Erfolge verspricht, gilt dies nicht für die zweitgrößte Ökonomie der Welt.[72]

Japans entscheidender Beitrag zur Überwindung der Asienkrise im besonderen und zur Stabilisierung der Weltwirtschaft im allgemeinen müßte also, neben der Sanierung des Bankensektors, eine deutliche Erhöhung des Zinsniveaus zur Steigerung der Attraktivität von Anlagen in Japan und zur Festigung des Wechselkurses des japanischen Yen sein. Nach den Erfahrungen der vergangenen Jahre ist aber zweifelhaft, daß die japanische Regierung, auch nach dem Rücktritt von Premierminister Ryutaro Hashimoto im Juli 1998, bereit sein wird, eine verantwortungsvollere Wirtschaftspolitik zu betreiben und das Instrument höherer Zinsen zur Erreichung der genannten Ziele einzusetzen. Der neue Premierminister Keizo Obuchi verkörpert kaum einen entschlossenen Neuanfang, sondern steht für die Fortsetzung der gescheiterten Politik der liberaldemokratischen Partei Japans.

Man könnte gegen den Vorschlag einer Zinserhöhung einwenden, daß ein solches Verfahren den Prozeß der wirtschaftlichen Erholung in Japan behindern würde. Grundsätzlich ist es sicher richtig, daß eine restriktive Geldpolitik Auswirkungen auf Investitions- und Konsumentscheidungen haben kann. In Japan hat aber die lockere Geldpolitik der vergangenen Jahre keinen erkennbaren Beitrag zu einer Belebung der Binnenkonjunktur geleistet. Die niedrigen Zinsen haben, anders als dies erwartet wurde, nicht zu einem wirtschaftlichen Auf-

ihre Bestände an ausländischen Wertpapieren 1998 um die Hälfte aufzustocken (*The Economist*, 13.6.1998, S. 88).

[72] Die BIZ hat in ihrem jüngsten Jahresbericht darauf verwiesen, daß der Erfolg von zinspolitischen Maßnahmen zur Währungsstabilisierung von verschiedenen Faktoren abhängt (vgl. BIS 1998a, S. 137).

schwung geführt. Es ist also zu fragen, warum etwas höhere Zinsen Konsequenzen für das Konsum- und Sparverhalten der japanischen Bevölkerung haben sollten.

Es ist aus heutiger Sicht nicht auszuschließen, daß es in Japan zu einem Zusammenbruch der Ökonomie kommt. Der *Economist* hat der wirtschaftlichen Entwicklung Japans im Juni 1998 einen Leitartikel gewidmet und auch auf die Gefahr einer Depression verwiesen. Ein zentrales Problem bleibt, daß die Optionen der Wirtschaftspolitik wegen der Fehler der Vergangenheit nur noch sehr begrenzt sind:

> „*... pessimists reply that neither a cheap yen nor anything else will spur the Japanese economy. Fiscal policy has stopped working; the sickness of Japan's banks makes any macroeconomic approach to the problem, fiscal or monetary, irrelevant; the country's productive potential, not merely its ability to mobilise demand, is collapsing*" (*The Economist*, 20.6.1998, S. 17).

Wenn diese pessimistische Sicht zutreffen sollte, dann stehen zur Verhinderung einer Depression, die auch für Europa und die USA erhebliche Konsequenzen hätte, keine konventionellen Option mehr zur Verfügung. Das Dilemma ist, daß der japanische Staat einerseits Hunderte von Millarden Dollar benötigt, um den Finanzsektor zu sanieren, andererseits aber entweder die Steuern radikal senken oder selbst umfassende Ausgaben tätigen müßte, um die Konjunktur zu beleben: Die Quadratur des Kreises.

Vor diesem Hintergrund wird inzwischen über radikale Maßnahmen zur Sanierung der japanischen Wirtschaft nachgedacht. Neben der von Paul Krugman ins Gespräch gebrachten Variante der Problemlösung über eine kontrollierte Inflation, die nicht plausibel erscheint, wäre eine einmalige Sonderabgabe auf Vermögen in Japan eine weitere Option. Eine solche Abgabe wäre durchaus möglich, da Japan trotz aller wirtschaftlichen Probleme nach wie vor eine sehr reiche Volkswirtschaft ist. Die Sanierung des maroden Finanzsektors könnte mit einer Sonderabgabe finanziert werden. Bereits der Verzicht auf einen relativ geringen Teil der inländischen Ersparnis würde ausreichend Mittel freisetzen, um den Finanzsektor zu entschulden und einen wirtschaftlichen Neubeginn zu ermöglichen. Funktional äquivalent, aber mit schwerer zu kalkulierenden Konsequenzen für die Finanzmärkte, wäre eine Währungsreform. Im Gegensatz zu einer steuerfinanzierten

Reform des Finanzsektors wären sowohl bei einer Währungsreform als auch bei einer einmaligen Abgabe auf Vermögen keine Belastungen der künftigen wirtschaftlichen Entwicklung zu erwarten. Innenpolitisch durchsetzbar dürften beide Vorgehen allerdings nicht sein. Das Ausland setzt der japanischen Politik allerdings auch keinen nachhaltigen Widerstand entgegen: Nach wie vor ist es für japanische Politiker relativ unproblematisch, die Kosten ihrer gescheiterten Politik dem Ausland aufzubürden.

Die Situation in Japan ist so problematisch und die der japanischen Regierung zur Verfügung stehenden Optionen sind so begrenzt, daß kein Weg an unkonventionellen Optionen vorbei geht. Offenbar wird auch in der US-Regierung über solche Ansätze nachgedacht. Per Leserbrief in der *Financial Times* schlug Richard McCormack, Staatssekretär im US-Außenministerium mit Zuständigkeit für wirtschaftliche Fragen, vor, in Japan eine Steuer auf Kapitalexporte zu erheben. Mit einer solchen Steuer soll verhindert werden, daß Kapital ins Ausland abfließt und deshalb nicht zur Ankurbelung der inländischen Wirtschaft zur Verfügung steht (vgl. *Financial Times*, 28.8.1998, S. 14). Mit einer solchen Maßnahme könnte, sofern sie administrativ zu handhaben wäre, der gleiche Effekt erzielt werden wie mit einer Zinserhöhung. Zugunsten einer Steuer auf Kapitalexporte spricht, daß sie keine Effekte für die Konjunktur hat. Dagegen wäre einzuwenden, daß eine solche Maßnahme zwar plausibel, jedoch nur bedingt im Interesse der japanischen Politik und Wirtschaft ist: Mittelfristig wäre, wenn Kapitalexporte erfolgreich erschwert worden wären, ein unerwünschter Aufwertungsdruck zu erwarten. Für japanische Exporteure hätte dies die Verschlechterung ihrer Wettbewerbsposition zur Folge.

8.5.2 Politische Führung: Ein zahnloser Tiger ohne die Fähigkeit, in der Krise 'leadership' zu beweisen?

In politischer Hinsicht sind die Verhältnisse für Japan ebenfalls alles andere als einfach. Japan hat, wie noch zu zeigen sein wird, im Herbst 1997 die möglicherweise einmalige Chance, sich als regionale Führungsmacht in Ostasien zu profilieren, nicht genutzt. Verantwortlich dafür ist u.a., daß Japans Gesellschaft sich weder als asiatisches noch als westliches Land versteht und seine Position in der Region nicht hinreichend überdacht hat, worauf auch Heberer hinweist:

> *„Zweifellos befindet sich Japan in einer ambivalenten Position hinsichtlich seiner Identität: Einerseits ist es geprägt durch „asiatische" (chinesische) Kultur, andererseits haben seine Bestrebungen einer Verwestlichung es von Asien entfernt. Der Widerstreit bewegt sich zwischen der kulturellen Herkunft und regionalen Zugehörigkeit (Asien) einerseits und den wirtschaftlichen, technologischen und politisch-zivilisatorischen Standards andererseits, die dazu führen, daß asiatische Länder in Japan einen Teil des Westens sehen. Unter dem Blickwinkel dieses Identitätsdilemmas zwischen Reasianisierung und dem Wunsch, dem ‚White Man's Club' anzugehören, sehen einige westliche Wissenschaftler daher in Japan die ‚einsamste Nation der Erde'* (Heberer 1997, S. 8).[73]

Heberer zog 1997 noch den Schluß, daß die Doppelidentität Japans dieses Land für eine Mittlerrolle zwischen Asien und dem Westen prädestiniere, da Hybridität Offenheit gegenüber beiden Seiten, gegenüber Asien wie dem Westen, impliziere (vgl. Heberer 1997, S. 9). Vor der Asienkrise mögen solche Einschätzungen noch eine gewisse Berechtigung gehabt haben, aber Mitte 1998 fällt es schwer, Japan als Mittler zu sehen: Heute sitzt Japan nicht in der Mitte, sondern zwischen allen Stühlen.

Die Krisenländer Asiens werden, um den Schuldendienst leisten zu können, ihre Exporte deutlich ausweiten müssen. Besser als direkte Finanzhilfen wäre es, wenn Japan den Nachbarländern die Erzielung von Überschüssen ermöglichen würde. Die USA und die EU können nicht allein diese zusätzlichen Importe aufnehmen. Japan, das die höchsten Handelsbilanzüberschüsse der Welt realisiert, müßte in dieser Situation seine Überschüsse erheblich reduzieren, also seine Märkte sehr rasch öffnen. Zieht man an dieser Stelle die Mexiko-Krise von 1994/95 zum Vergleich heran, wird deutlich, daß die USA dort auf zweifache Weise halfen: Die USA waren bei der unmittelbaren Krisenlösung konstruktiv engagiert, und sie nahmen die Exporte Mexikos in verstärktem Maße auf. Diese Rolle hätte Japan in Ostasien spielen können, hat diese Chance aber nicht genutzt.

[73] Alt-Bundeskanzler Helmut Schmidt äußerte sich Mitte der 80er Jahre in ähnlicher Weise: Er meinte, Japan habe zwar Verbündete, aber keine Freunde.

Die politische Schwäche Japans zeigte sich sehr deutlich im Herbst 1997, als ein asiatischer Währungsfonds ins Gespräch gebracht wurde. Die Idee zu einem asiatischen Fonds wurde auch deshalb aufgegriffen, weil die USA sich zunächst nicht an der Unterstützung Thailands beteiligten wollten. Dieser asiatische Währungsfonds wurde von Japan im August 1997 ins Spiel gebracht. Der „Asian Monetary Fund" (AMF) sollte mit einem Kapital von US-Dollar 100 Mrd. ausgestattet werden und mehrere Funktion ausüben: Die bereitgestellten Mittel sollten gegen Währungsspekulation eingesetzt werden, als Liquiditätshilfen bei akuten Zahlungsbilanzproblemen dienen und zugleich langfristig angelegte Restrukturierungsmaßnahmen finanzieren helfen. Der AMF sollte ein weniger einheitliches, weniger striktes Programm anbieten als der IWF (vgl. Bello 1998, S. 18). Der AMF beinhaltet, ähnlich wie der East Asian Economic Caucus (EAEC), ein Element des ‚Thinking East Asian', also der bewußten Abgrenzung vom Westen und dessen Werten (vgl. Higgott 1998b, S. 12).

Anders als bei den Vorschlägen zum EAEC hat die japanische Regierung anscheinend ernsthaft und nicht nur symbolisch versucht, den AMF zu installieren. In außenpolitisch interessierten Kreisen in Japan wurde die Einschätzung vertreten, die Unterstützung des AMF biete Japan die Chance, die ökonomische Dominanz der Region durch eine politische Initiative zu ergänzen (vgl. Higgott 1998b, S. 13). Das Scheitern Japans in dieser Frage heißt, daß Japan eine möglicherweise einmalige Chance nicht genutzt hat:

> „*While Washington has not hesitated to exploit the situation for its own ends, Japan has missed a golden opportunity to move decisively into the role of Asia's economic leader by withdrawing proposal for the establishment of the „Asian Monetary Fund" (AMF)*" (Bello 1998, S. 18).[74]

Der Vorschlag zur Schaffung eines AMF wurde im Rahmen der Jahrestagung von IWF und Weltbank im September 1997 in Hongkong auf Druck der USA und des IWF aufgegeben. Die USA fürchteten, auf einen AMF weniger Einfluß zu haben als auf den IWF, eine sehr plausible Einschätzung. Und auch der IWF selbst hatte allen Grund, sich

[74] Bello macht auch eine „*occupation psychology*" im Verhältnis Japans mit den USA für die Unfähigkeit, sich gegen Washingtons Vorbehalte durchzusetzen, verantwortlich (vgl. Bello 1998, S. 19).

gegen den ersten regionalen Fonds zur Wehr zu setzen, da dies mittelfristig die Regionalisierung des IWF nach sich gezogen hätte. Das Versagen Japans in bezug auf den AMF nahm den Eliten der Region die Chance, eine Alternative zur IWF-Politik zu entwickeln. Gerade zu einer Zeit, als Ostasien eine entschlossene politische Führung dringender benötigte denn je, versinkt Japan in Apathie.[75] Japans Schwäche ist indes zugleich Chinas Chance.

8.6 Löst China Japan als wichtigste Ökonomie und als führende Macht des asiatischen Raumes ab?

Bis Mitte 1998 hat China die Asienkrise vergleichsweise wenig getroffen. Anders als in fast allen anderen Staaten Südost- und Ostasiens ist es in China nicht zu einem dramatischen Rückgang des Wirtschaftswachstums gekommen. Die Bilanz für 1997 sieht sehr positiv aus: Die Wirtschaft wuchs real um 8,8 Prozent und die Inflationsrate ist, nach den hohen Werten von 1994 (21,7%) und 1995 (14,8%) auf sehr moderate 1,5 Prozent zurückgegangen (IMF World Economic Outlook, May 1998). 1997 nahmen die Exporte um mehr 20 Prozent zu und trugen zu einem Rekordüberschuß in der chinesischen Handelsbilanz von US-Dollar 40,3 Mrd. bei. Die ausländischen Direktinvestitionen stiegen abermals auf US-Dollar 45,3 Mrd. (vgl. Lardy 1998, S. 78). Zudem nahmen die Währungsreserven Chinas 1997 stark zu und sind nun, nach den japanischen Reserven, die zweitgrößten der Welt. Mitte 1998 sieht sich China allerdings mit einem Problem konfrontiert, das in dieser Form vor wenigen Jahren sehr unrealistisch war: China hat mit einem Rückgang des inländischen Preisniveaus, also mit Deflation, zu kämpfen. Die Index für Großhandelspreise fiel in den ersten sechs Monaten 1998 um 2,1 Prozent (vgl. *Financial Times*, 4.8.1998, S. 1).[76]

Der Beitrag Chinas in der Asienkrise wird bislang häufig unterschätzt. Zwar ist es ohnehin bemerkenswert, daß sich China mit Kre-

[75] Der *Economist* meint dazu: *„If Asia ever needed, or was entitled to expect, Japanese leadership, now is the time“* (20.6.1998, S. 17).

[76] Chinas Premierminister, Zhu Rongji, kündigte eine Ausweitung der staatlichen Infrastrukturinvestitionen zur Überwindung dieser Wachstumsschwäche an (vgl. *Financial Times*, 4.8.1998, S. 1)

dithilfen direkt an Stützungsmaßnahmen beteiligte.[77] Für die Unternehmen in der Region war es jedoch von sehr großer Bedeutung, daß China sich (bislang) nicht an der Abwertungsspirale beteiligte, sondern den Wechselkurs konstant hielt. Heute kann allein schon deshalb nicht gegen die chinesische Währung spekuliert werden, weil in China umfassende Kapitalverkehrskontrollen bestehen. Aber selbst ohne Kapitalverkehrskontrollen wäre angesichts der Währungsreserven Chinas, die sich Ende 1997 auf über US-$ 140 Mrd. beliefen und damit selbst einem massiv vorgetragenen Spekulationsprojekt energisch hätten begegnen können, eine Verteidigung des Wechselkurses, ähnlich wie in Hongkong, möglich gewesen. Die Währungsreserven konnten innerhalb des Jahres 1997 sogar um über US-$ 35 Mrd. gesteigert werden.

Auch die Gefahr, bei einer stärkeren Abwertung die gerade erst eingedämmte Inflation wieder zu entfachen, spricht für eine Beibehaltung des Wechselkurses. Zudem war die chinesische Währung 1994 bereits massiv abgewertet worden und hat damit zu den Turbulenzen des Jahres 1997 zumindest einen Beitrag geleistet (vgl. dazu Abschnitt 4.3.). Es ist aber andererseits offensichtlich, daß die Abwertungen in den asiatischen Nachbarstaaten zahlreiche chinesische Unternehmen mit erheblichen Problemen konfrontieren werden. Da die Konkurrenz chinesischer Unternehmen häufig in den benachbarten Staaten produziert, führen die dortigen Abwertungen zu einer Schwächung der Wettbewerbsposition dieser Firmen. Zugleich, und das wird Abwertungstendenzen ebenfalls mildern, importiert China einen großen Teil seiner Vorprodukte aus Japan: Die Reduzierung der Kosten für Vorprodukte erleichtert das Festhalten am gegenwärtigen Wechselkurs.

China ist aber nicht nur wegen des festen Wechselkurses bislang nicht in den Strudel der Asienkrise geraten, sondern auch, weil es bislang an mehreren Kapitalverkehrsbeschränkungen festgehalten hat. Die inländische Währung, der Renminbi, ist nicht frei konvertierbar. Chinesische Sparer, die an der Stabilität des inländischen Finanzsystems zweifeln und ihre Ersparnisse in einer anderen Währung anlegen möchten, können dies legal nicht tun. Die Kapitalverkehrskontrollen verhindern, daß Spekulanten versuchen die Währung unter

[77] China steuerte eine Millarde US-Dollar zur Rettungsaktion für Thailand bei. An den Hilfspaketen für Indonesien und Südkorea beteiligte sich China jedoch nicht.

Druck zu setzen. Der Erwerb von ausländischer Währung ist in China an den Nachweis gebunden, daß die Mittel für Warenhandel, Tourismus, Rückzahlung eines genehmigten, in Fremdwährung denominierten Darlehens oder die Repatriierung von Profiten aus einer ausländischen Direktinvestition verwendet werden. Der Zugang zum Handel mit Devisentermingeschäften ist ebenfalls an den Nachweis gebunden, daß damit die Sicherung eines Warengeschäftes verbunden ist (vgl. Lardy 1998, S. 84).[78] Selbst Firmen, die Fremdwährungskredite aufgenommen haben, dürfen vor der Fälligkeit des Kredits keine Devisen erwerben bzw. dürfen ihre Rückzahlungsverpflichtungen nicht durch Devisentermingeschäfte absichern (vgl. Lardy 1998, S. 84).[79]

Beschränkungen gelten aber nicht nur für den Umtausch von Renminbi in Fremdwährungen, sondern auch für den Erwerb von Aktien durch Ausländer. Ausländer besitzen nur geringe Mengen von in Renminbi denominierten Bankguthaben oder Firmenanteilen. Sogenannte A-Aktien dürfen von Ausländern ohnehin nicht gehalten werden. Für ausländische Investoren sind B-Aktien vorgesehen: Diese sind in Fremdwährungen denominiert. Ein Rückzug von ausländischen Investoren aus diesen Aktien hätte mithin keine Konsequenzen für die chinesische Währung. Die Verkäufer dieser Aktien sind gezwungen, einen anderen Investor zu finden, der bereit ist, diese B-Aktien gegen Hartwährung zu erwerben (vgl. Lardy 1998, S. 83).

Die Asienkrise dürfte Überlegungen der chinesischen Regierung, den inländischen Bankensektor durch die Liberalisierung des Kapitalverkehrs und die Zulassung ausländischer Banken einem stärkeren Wettbewerb auszusetzen, zunächst einmal zum Stillstand gebracht haben. Bislang hat die chinesische Regierung bei der Entscheidung zwischen Deregulierung oder intensiveren Kontrollen letztere bevorzugt. Auch 1998 wurde, als Antwort auf eine Zunahme der (illegalen) Kapi-

[78] Die restriktive Handhabung des Zugangs zu Devisen wird von ausländischen Unternehmern regelmäßig beklagt: Die Erzielung von Gewinnen aus ausländischen Direktinvestitionen sei letztlich unattraktiv, weil diese Gewinne nicht aus China abgezogen werden können (vgl. Breslin 1998).

[79] Die Aufnahme von Fremdwährungskrediten mußte durch die „State Administration for Foreign Exchange“ genehmigt werden. Da diese Genehmigungen nur sehr restriktiv erteilt wurden, machen Fremdwährungskredite privater Unternehmen mit US-Dollar 13 Mrd. nur etwa 10 Prozent der gesamten Außenverschuldung Chinas aus (vgl. *Financial Times*, 30.7.1998, S. 4).

talflucht, nicht der Wechselkurs freigegeben, sondern die Beaufsichtigung der Banken intensiviert. Finanzinstitute, bei denen im Devisengeschäft Unregelmäßigkeiten festgestellt wurden, können von der Zentralbank vom Devisenhandel ausgeschlossen werden (vgl. *Financial Times*, 30.7.1998, S. 4).[80]

Die Beschränkungen des Kapitalverkehrs haben für China im Ergebnis bislang mehr Vorteile als Nachteile gebracht. Verluste an Effizienz des Finanzsystems und höhere Kreditkosten für Unternehmen waren der Preis für die Abschottung des Finanzsektors. Angesichts der dramatischen Wirtschaftskrisen in den asiatischen Ländern, die Kapitalverkehrskontrollen abgeschafft und sich der Dynamik der internationalen Kapitalmärkte ausgesetzt haben, war die vorsichtige Strategie der chinesischen Regierung angemessen und erfolgreich.

Die Durchsetzung einer Strategie der Nicht-Abwertung in wirtschaftlich turbulenten Zeiten spricht für die Fähigkeit der chinesischen Regierung, Führungsverantwortung in der Region zu übernehmen. Selbst wenn im Laufe des Jahres 1998 letztlich doch noch abgewertet werden sollte, hat China gleichwohl in den kritischen Monaten Oktober 1997 bis März 1998 *„leadership“* bewiesen, sich als *„gütige Hegemonialmacht“* (*„benign hegemon“*) gezeigt. Dies wird sich positiv auf die Akzeptanz einer Führungsrolle Chinas in den kommenden Jahren auswirken.

Ein deutliches Zeichen für die wachsende Akzeptanz Chinas in der internationalen Politik und die sich allmählich herausbildende Rolle Chinas als regionale Führungsmacht war der China-Besuch Bill Clintons Ende Juni 1998. Dabei verblüfften nicht nur der überraschend gelassene Umgang der chinesischen Führung mit den Medien, sondern auch die deutlichen Lobesworte Clintons. Dieser stellte fest, China sei in der Asienkrise seiner Verantwortung gerecht geworden (vgl. *Frankfurter Allgemeine Zeitung*, 30.6.1998). Auch Bundeswirtschaftsminister Rexrodt lobte China als einen „Fels in der Brandung“ (vgl. *Frankfurter Rundschau* 3.7.98, S. 15). Es überrascht, daß China für ein Verhalten gelobt wird, daß bei den anderen asiatischen Ländern zum Teil als kri-

[80] Anlaß für diese Maßnahme war eine Zunahme der Kapitalflucht auf (geschätzte) US-Dollar 20 Mrd. innerhalb eines Jahres (vgl. *Financial Times*, 30.7.1998, S. 4)

senverursachend gewertet wird, nämlich das Festhalten an einem festen Wechselkurs.

Sollte es der chinesischen Regierung gelingen, sowohl den Prozeß der kontinuierlichen, allmählichen Wirtschaftsreform erfolgreich fortzuführen als auch sich zu einem wirtschaftlich stabilen Pol in der Region zu entwickeln, wären die Chancen für China gut, zumindest zu Japan aufzuschließen, möglicherweise gar Japan zu überholen. Auch Lardy sieht Chancen für die Verbesserung der Position Chinas:

> „*Finally, successful reform would strike a sharp contrast with Japan, which has not been able to contribute much to solving the Asian financial crisis. Thus China could become as central as Japan to the future of the Asian economy, assuring China's ascendancy not just in the region but in the world*" (Lardy 1998, S. 88).

8.7 Konsequenzen für regionale Integration: Zu den Perspektiven der APEC und des EAEC

Die Asienkrise hat erhebliche Konsequenzen für die beiden großen Integrationsprojekte in der Region. Die asiatisch-pazifische Wirtschaftsgemeinschaft APEC hat in der Krise keine Impulse zur Lösung der Probleme geliefert. Eine regionale Gemeinschaft, die in der Krise keine Lösungen anbietet und sich nicht aktiv an der Überwindung der Krise beteiligt, hat im Grunde ihre Existenzberechtigung selbst in Frage gestellt. Sogar der APEC-Gipfel im November 1997 im kanadischen Vancouver produzierte lediglich unverbindliche Erklärungen, jedoch keine entschlossenen Maßnahmen zur Überwindung der Krise. Das heutige Bild zeigt einen deutlichen Kontrast zu den Jahren 1993 bis 1996, als Befürworter des APEC-Prozesses schon den Königsweg der regionalen Integration gefunden zu haben glaubten und annahmen, in der APEC seien auch die Spannungen zwischen asiatischen Ländern, allen voran Japan, und dem Westen, d.h. den USA, leichter zu überbrücken. Higgott sieht im Rückblick die damalige Euphorie als „*wishful thinking of a high order*" (Higgott 1998b, S. 14).

Es zeigt sich heute, daß eine dezentrale Organisation, wie sie die APEC-Mitgliedsländer gewählt haben, gerade in Momenten der Krise erhebliche Schwächen aufweist. Ein sowohl von den materiellen Ressourcen als auch vom Humankapital her gut ausgestattetes Sekretariat hätte in der Krise eine wichtige Rolle spielen können. Die dezentralen APEC-Abteilungen der Außenministerien können eine solche Funktion natürlich nicht ausüben (vgl. Dieter 1998c).

Higgott weist darauf hin, daß die Asienkrise zu einer Diskreditierung des Konzeptes einer asiatisch-pazifischen Gemeinschaft geführt hat (vgl. Higgott 1998a, S. 4). Skeptiker in Asien, die dem asiatisch-pazifischen Dialogprojekt APEC schon in der Vergangenheit kritisch gegenüberstanden, können sich heute bestätigt sehen. Durch den Widerstand gegen dem AMF könnte die Saat für eine weitere Polarisierung zwischen den westlichen und den asiatischen APEC-Ländern gesät worden sein. Dieser Trend könnte sich in den kommenden Jahren noch verstärken, falls eine relativ rasche Bewältigung der Asienkrise nicht gelingen sollte.

Die Beiträge des Westens zur Überwindung der Krise sind bei genauer Betrachtung zwar sehr viel höher als es zunächst den Anschein hat. Neben den Krediten, die zusammen mit oder durch den IWF vergeben worden sind, ist es vor allem die Funktion der amerikanischen und europäischen Märkte für Exporte aus den asiatischen Krisenländern, die den angeschlagenen Unternehmen einen Wiederaufbau ermöglichen. Es ist aber keineswegs sicher, daß dies in den asiatischen Krisenländern ebenso gesehen wird. Die Märkte Amerikas und Europas standen schon in den vergangenen Jahrzehnten den asiatischen Exporteuren offen. Es besteht aus asiatischer Sicht kein Grund, dies als Maßnahme zur Überwindung der Asienkrise zu interpretieren. Auf der anderen Seite haben Europa und die USA es aber unterlassen, direkt zur Stützung der asiatischen Währungen zu intervenieren.

Es spricht einiges dafür, daß ein regionaler Wirtschaftszusammenschluß mittelfristig den Interessen der regionalen Eliten sehr viel nützlicher erscheinen wird als die APEC (vgl. Higgott 1998a, S. 6). In erster Linie ist dabei an den „*East Asian Economic Caucus*“ (EAEC) zu denken. Diese bislang nicht *de jure*, wohl aber *de facto*, existierende Organisation umfaßt die ASEAN-Staaten, Japan, China und Südkorea.[81] Anders als APEC ist der EAEC eindeutig regional und könnte

[81] Es gibt weder einen EAEC-Vertrag noch ein Sekretariat. Aber die Länder des EAEC stehen in einem Dialogprozeß mit den Ländern der EU im Rahmen der

sich deshalb für die Politiker Ostasiens als das geeignetere Vehikel für ein supranationales Projekt erweisen.

Ob sich der EAEC unter chinesischer oder unter japanischer Führung entwickeln wird, wird erst in einigen Jahren präzise beurteilt werden können. Aus heutiger Sicht ist China der aussichtsreichere Kandidat. Dies nicht nur wegen der Größe Chinas, sondern auch deshalb, weil Auslandschinesen einen wichtigen Beitrag zur ökonomischen Absicherung eines chinesischen Vormachtanspruches leisten können.

Selbstredend gibt es in Ostasien sowohl gegenüber einem japanischen als auch gegenüber einem chinesischen Führungsanspruch in der Region erhebliche Vorbehalte. Die japanische Regierung steht sich durch ihre hartnäckige Weigerung, ihre im Zweiten Weltkrieg aufgeladene Schuld auch gegenüber den asiatischen Nachbarn öffentlich einzugestehen, selbst im Wege. In Japan herrschte in bezug auf die Ereignisse zwischen 1932 und 1945 zu lange Zeit tiefes Schweigen. Eine ernstzunehmende Auseinandersetzung mit der eigenen Vergangenheit findet noch immer nicht statt. Die Nachbarn Japans erwarten nach wie vor eine offene Auseinandersetzung mit der Vergangenheit, während die Japaner selbst die Kritik an ihrem Verhalten häufig als Neid und als Ablenkung von eigenen Schwächen interpretieren (vgl. Dieter 1994a, S. 237; Segal 1990, S. 128).

Gegenüber China wiederum gibt es Vorbehalte, weil befürchtet wird, China strebe die Rückkehr zu einem imperialen Machtstatus an und beabsichtigte eine hierarchiegeprägte Ordnung in der Region. Auch dürfte China kaum einen Vormachtanspruch Japans in der Region akzeptieren (vgl. Heberer 1997, S. 12).

Die Asienkrise könnte aber dafür gesorgt haben, daß diese Bedenken und Vorbehalte anderen Überlegungen gewichen sind: Die Wirtschaftspolitik des Westens, insbesondere die damit verbundene Demütigung asiatischer Regierungen, hat mit hoher Wahrscheinlichkeit dazu geführt, daß ein von China geführter asiatischer Block als notwendige Antwort auf die Politik des Westens in der Region akzeptiert wird.

Für die kleineren Länder Südost- und Ostasiens gibt es, nach den bitteren Erfahrungen der Asienkrise, gegenwärtig nur die Möglichkeit,

ASEM. Die EAEC-Treffen zur Vorbereitung der ASEMs deuten darauf hin, daß die Gruppe *de facto* existiert.

sich stärker zu öffnen und damit Gefahr zu laufen, auch künftig den internationalen Märkten und deren nicht vorhersehbaren Bewegungen ausgeliefert zu sein. Eine Alternative dazu wäre, eine asiatische Wirtschaftsgemeinschaft zu entwickeln, die zwar nicht als Mechanismus zur Abkopplung vom Weltmarkt fungieren würde, wohl aber die Mitgliedsländer stärker als gegenwärtig vor den Instabilitäten der internationalen Finanzmärkte schützen könnte. Zieht man die Erfahrungen der Vergangenheit in Betracht, kann man zu dem Schluß kommen, die Asienkrise könnte den Beginn der Lösung Ostasiens vom Westen und den wahren Anfang des asiatischen 21. Jahrhunderts markiert haben.

9. Fazit und Ausblick: Folgt die verlorene Dekade Asiens?

Das Jahr 1998 wird zum Schlüsseljahr für die weitere Entwicklung der Krisenländer werden. Schon heute sind jedoch erhebliche Unterschiede zwischen den Ländern zu verzeichnen. Die Bewältigung der Krise scheint in Korea sehr viel besser zu gelingen als in Indonesien. Es wäre allerdings falsch, diese Anpassungsprozesse direkt miteinander zu vergleichen, da die Ausgangslage in Korea auch deutlich besser war.

Die Prognosen für die wirtschaftliche Entwicklung in der Krisenregion differieren deutlich. Während der IWF für Korea einen Rückgang der Wirtschaftsleistung um 1% prognostiziert, erwartet das Washingtoner „Institute of International Finance“ (IIF) einen Rückgang des BIP um 5%. Für Malaysia erwartet das IIF einen BIP-Rückgang um 2%. Thailand wird vom IIF ein Rückgang des BIP um 7%, für Indonesien sogar um 12,5% prognostiziert (vgl. *Financial Times*, 11.5.1998).

Ob es innerhalb kurzer Zeit gelingen wird, die Asienkrise zu überwinden und zur dynamischen Entwicklung der vergangenen Jahrzehnte zurückzukehren, ist noch nicht zu beantworten. Eine ganze Reihe von Faktoren sprechen jedoch dafür, daß dies möglich sein wird. Dazu gehören die hohe inländische Ersparnis und die hohen Investitionen, die flexiblen, gut ausgebildeten Arbeitskräfte und das hohe Maß an technologischer Kompetenz, über das die Ökonomien Südost- und Ostasiens heute verfügen.

Nicht ausgeschlossen werden kann aus heutiger Sicht ein regelrechter Zusammenbruch der ostasiatischen Volkswirtschaften. Das Forschungsinstitut von Standard & Poor's veröffentlichte Anfang August 1998 eine Studie, die ein *„worst case scenario“* untersuchte. Dabei wurde der Rückgang der Wirtschaftsleistung in Japan um 12 Prozent, Nullwachstum in China und ein indonesisches Schuldenmoratorium sowie eine Abwertung des Yen auf 200 pro Dollar erwartet. Als Konsequenz dieser Entwicklungen wurde ein Abwertungswettlauf in Ostasien erwartet. Diesem Szenario, das in den USA und Europa zu Stagnation, nicht aber zu Rezession führen würde, wurde eine Wahrscheinlichkeit von immerhin 25 Prozent zugeordnet. Auf Parallelen zur großen Depression der 30er Jahre wurde ebenfalls verwiesen (vgl. *Frankfurter Allgemeine Zeitung*, 3.8.1998, S. 15).

Für die Bewertung der IWF-Programme in der Region muß ein sehr kritisches Fazit gezogen werden. Der IWF hat die Krise nicht prognostiziert, die falschen Maßnahmen verordnet, und, nicht zuletzt, die Entstehung von großer wirtschaftlicher Not nicht verhindert, wahrscheinlich sogar gefördert. Der IWF hat in der Asienkrise versagt und sich zudem als wenig getarntes Vehikel zur Durchsetzung US-amerikanischer Interessen gezeigt. Damit hat der IWF aber sowohl den USA als auch der EU langfristig eher geschadet: Die betroffenen Länder wurden in einer Weise behandelt, die mit dem Ideal einer westlichen Demokratie und der damit untrennbar verbundenen partnerschaftlich geprägten internationalen Zusammenarbeit wenig zu tun hatten. Die Krisenländer hatten keinen Anteil an der Formulierung der Programme, sie wurden zur Akzeptierung der Programme gezwungen. Man kann dies als schlechten Stil bezeichnen. Es ist aber nicht völlig unverständlich, daß das Vorgehen des IWF in den Krisenländern als neo-kolonialistisch verstanden wird.

Sollten die negativen Auswirkungen der Asienkrise in wenigen Jahren überwunden sein, was trotz der Fehler des IWF und der Versäumnisse Japans durchaus möglich erscheint, sei an dieser Stelle an die nächsten beiden großen Probleme der Region erinnert. In allen Ländern Südost- und Ostasiens muß die Ökologie einen viel größeren Stellenwert bekommen als sie es heute hat. Nicht zuletzt die anhaltenden Waldbrände des Jahres 1997 haben deutlich gemacht, daß eine weitere wirtschaftliche Entwicklung auf Kosten der natürlichen Umwelt in Asien an Grenzen gestoßen ist. Die Asienkrise hat die Beschäftigung mit dieser Problematik überdeckt, gelöst ist sie noch lange nicht.

Ein zweiter Engpaß der Entwicklung ist die nach wie vor überlastete Infrastruktur fast aller Länder der Region, insbesondere natürlich der Großstädte. Bangkok leidet vorübergehend unter einer geringeren Belastung durch Autolärm und -abgase. Doch mit der Überwindung der Krise werden diese Probleme wieder an Bedeutung gewinnen. Auch deshalb machen die vom IWF verordneten Kürzungen bei den staatlichen Infrastrukturinvestitionen überhaupt keinen Sinn. Gerade jetzt wäre eine gute Gelegenheit, die Infrastruktur zu modernisieren und für die nächste Wachstumsphase günstige Voraussetzungen zu schaffen.

Wenn keine Maßnahmen zur Verbesserung der Stabilität des internationalen Finanzsystems ergriffen werden, werden wir schon bald die nächste Krise des entfesselten globalen Kapitalismus erleben. Die Asienkrise hat gezeigt, daß kleinere Volkswirtschaften sich ohne Kapitalverkehrskontrollen nicht mehr gegen die Spekulationsmacht und die Volatilität internationaler Finanzmärkte sichern können. Brasilien, Südafrika und die Russische Föderation waren 1997 und 1998 bereits Angriffen auf ihre Währung ausgesetzt und mußten auch eine Abnahme des Interesses von ausländischen Investoren verkraften.[82] Gleichwohl war die Spekulation gegen asiatische Länder sehr viel lukrativer als die Spekulation gegen ökonomisch relativ unbedeutende Länder wie Südafrika.

Ohne eine entschiedene Revision der Struktur des internationalen Finanzsystems sind die nächsten Krisen nur eine Frage der Zeit. Beispielsweise könnte Brasilien schon bald einer neuen spekulativen Attacke ausgesetzt sein, obwohl die Inflation niedrig, das inländische Finanzsystem stabil und die Währungsreserven mit US-Dollar 52 Mrd. recht hoch sind (vgl. Nunnenkamp 1998, S. 70).

Wenn die Regierungen der großen Industrieländer, d.h. ist erster Linie die EU und die USA, es versäumen sollten, in den nächsten Jahren geeignete Maßnahmen zu ergreifen, die zwar Märkte nicht allzu sehr beschränken, zugleich aber einen Schutz vor Volatilität und Spekulation bieten, werden möglicherweise bald auch die USA und die Europäische Union mehr als nur am Rande betroffen sein. Die Entwicklung eines neuen, stabilen Weltfinanzsystems mit festen Wechselkursen und weniger instabilen Finanzmärkten ist die wichtigste außenwirtschaftliche Aufgabe für das 21. Jahrhundert. Die Chancen für die Realisierung eines solchen Projektes mögen derzeit noch eher schlecht sein. Es bleibt gleichwohl zu hoffen, daß es zur Umsetzung keiner Weltwirtschaftskrise bedarf und daß die Lernfähigkeit der Politik größer ist als die Lernfähigkeit der Märkte.

[82] Die Rating-Agentur Moody's wertete Südafrikas öffentliche Schulden im Juli 1998 ab und empfahl, keine neuen Investitionen vorzunehmen (vgl. *The Economist*, 25. 7.1998, S. 43). Bei solchen Abstufungen scheint es auch keine wesentliche Rolle zu spielen, für welche Art von Investition Moody's, hier waren es Staatsanleihen, eine Abstufung vornimmt: In volatilen Märkten führen negative Nachrichten stets zu Fluchtbewegungen des Kapitals.

10. Chronologie der Asienkrise

Januar 1997	*Hanbo Steel*, ein großer koreanischer Chaebol, geht wegen US-$ 6 Mrd. Schulden in Konkurs. Erster Zusammenbruch einer großen koreanischen Firmengruppe seit einer Dekade.
5. Februar 1997	Die thailändische Firma *Somprasong* gerät mit der Leistung des Schuldendienstes bei ausländischen Gläubigern in Verzug. Erstmals werden private Außenschulden eines thailändischen Schuldners nicht fristgerecht bedient.
10. März 1997	Die thailändische Regierung erklärt, notleidende Immobilienkredite in Höhe von US-$ 3,9 Mrd. von privaten Finanzinstituten erwerben zu wollen, hält diese Zusage aber nicht ein. Michel Camdessus erklärt: „*I don't see any reason for this crisis to develop further.*“
28. März 1997	Die Zentralbank Malaysias verfügt Beschränkungen für Immobilienkredite und Kredite, die mit Aktien abgesichert sind.
März 1997	Der Zusammenbruch von *Sammi Steel* führt zu der Befürchtung, in Korea könnte eine Kreditkrise des privaten Sektors drohen.
Anfang Mai 1997	Japanische Ministerialbeamte deuten die Möglichkeit einer Zinserhöhung in Korea zur Stützung des Yen-Kurses an. Die Ankündigung wurde zwar nie realisiert, führte aber zur einem Wandel der Einschätzungen internationaler Investoren in bezug auf Ostasien. Der Verkauf von südost- und ostasiatischen Währungen und Aktien beginnt.
14./15. Mai 1997	Der thailändische Baht ist einer massiven Spekulation ausgesetzt. Die Zentralbanken Thailands und Singapurs verteidigen den Wechselkurs des Baht.
23. Mai 1997	Die Versuche, *Finance One*, Thailands größte Nicht-Bank-Finanzgruppe, zu retten, scheitern.

19. Juni 1997	Amnuay Viravan, ein entschiedener Gegner einer Abwertung des Baht, tritt als thailändischer Finanzminister zurück. Premierminister Chavalit Yongchaiyudh erklärt. „*We will never devalue the baht*".
27. Juni 1997	Die thailändische Zentralbank verfügt die Einstellung des Betriebs von 16 Finanzinstituten und verlangt die Vorlage von Vorschlägen zu Fusions- und Konsolidierungsplänen.
30. Juni 1997	Thailands Premierminister erklärt in einer Fernsehansprache, daß der Baht nicht abgewertet werden wird.
2. Juli 1997	Die thailändische Zentralbank erklärt, daß der Wechselkurs des Baht künftig flexibel sein wird. Der IWF wird um technische Unterstützung gebeten. Der Baht verliert umgehend knapp 20 Prozent und schließt auf dem Niedrigstand von 28,8 pro US-$. Die philippinische Zentralbank versucht mit massiven Interventionen, den Peso zu verteidigen.
3. Juli 1997	Die philippinische Zentralbank erhöht die kurzfristigen Zinsen von 15 auf 24 Prozent.
8. Juli 1997	Die Zentralbank Malaysias verteidigt den Wechselkurs des Ringit mit Erfolg.
11. Juli 1997	Die Zentralbank der Philippinen erklärt, der Peso könne in einem erweiterten Bandbreite gegenüber dem US-$ schwanken. Der IWF unterstützt diese Maßnahme. Die indonesische Zentralbank erweitert die Schwankungsbandbreite der Rupiah gegenüber dem US-$ von acht auf zwölf Prozent.
14. Juli 1997	Der IWF stellt den Philippinen US-$ 1,1 Mrd. als Soforthilfe zur Verfügung. Die Zentralbank Malaysias stellt die Verteidigung des Ringit-Wechselkurses ein.
17. Juli 1997	Die Behörden Singapurs versuchen nicht, dem Druck auf den singapurianischen Dollar entgegenzutreten.

24. Juli 1997	Der Ringit fällt auf ein 38-Monatstief. Premierminister Mahathir Mohamad kritisiert Spekulanten als Gauner („*rogue speculators*“). Der Hongkong-Dollar ist einer massiven Spekulation ausgesetzt, die unter Einsatz einer Milliarde US-$ abgewiesen werden kann.
28. Juli 1997	Thailand bittet den IWF um Hilfe.
5. August 1997	Thailand verkündet ein Maßnahmenpaket als Teil eines vom IWF vorgeschlagenen Rettungspakets. Die thailändische Zentralbank schließt 48 Firmen im Finanzsektor.
11. August 1997	Der IWF stellt ein US-$ 16 Mrd. umfassendes Rettungspaket für Thailand vor.
13. August 1997	Die indonesische Rupie gerät unter Druck. Die indonesische Zentralbank versucht, den Kurs zu stützen. Die Rupie fällt auf den historischen Tiefststand von R 2.682 pro US-$.
14. August 1997	Die indonesische Zentralbank gibt den Wechselkurs frei. Die Rupie fällt auf R 2.755.
16. August 1997	Gerüchte werden laut, die Führung in Peking sei bereit, den Kurs des Hongkong-Dollar mit bis zu US-$ 50 Mrd. zu verteidigen.
23. August 1997	Malaysias Premierminister Mahathir erneuert seine Attacke auf den US-Fondsverwalter George Soros. Die Menschen in Südostasien hätten 40 Jahre lang für den wirtschaftlichen Erfolg ihrer Länder gearbeitet, der nun durch Spekulanten gefährdet werde.
16. September 1997	Die indonesische Regierung beschließt die Aussetzung zahlreicher Infrastrukturmaßnahmen zur Entlastung des Haushalts.
20. September 1997	Mahathir erneuert seine Kritik an Währungshändlern im Rahmen der Jahrestagung von IWF und Weltbank in Hongkong.
6. Oktober 1997	Die indonesische Rupie fällt auf R 3.845 pro US-$.
8. Oktober 1997	Die indonesische Regierung bittet den IWF um Unterstützung.
14. Oktober 1997	Abwertung des taiwanesischen Dollars.

17. Oktober 1997	Malaysias Regierung stellt einen Sparhaushalt vor.
20.-23. Oktober 1997	Die Börse Hongkongs fällt innerhalb von vier Tagen um ein Viertel ihres Wertes.
27. Oktober 1997	Wall Street fällt um mehr als sieben Prozent, Dow Jones sinkt auf 7.161 Punkte.
31. Oktober 1997	Der IWF stellt ein US-$ 23 Mrd. umfassendes Hilfspaket für Indonesien vor. Die Weltbank und die Asiatische Entwicklungsbank sind an der Maßnahme beteiligt. Die USA stellen US-$ 3 Mrd. für Indonesien zur Verfügung.
6. November 1997	Die koreanische Zentralbank versucht, den Wechselkurs des Won zu stützen. Der Kurs liegt bei 973 Won pro US-$. Michel Camdessus erklärt, das IWF-Paket für Indonesien sollte die Destabilisierungsspirale in Asien unterbrechen. Obwohl Südkorea von der Krise in Thailand und Indonesien betroffen sei, würden die von der koreanischen Regierung getroffenen Maßnahmen ausreichen, so Camdessus: „*I don't believe the situation in South Korea is as alarming as the one in Indonesia a couple of weeks ago*".
11. November 1997	Der Won fällt leicht auf 999 pro US-$. Die Zentralbank versucht, den Won zu stützen. Seit März 1990 schwankt der Won in einem schmalen Band von 2,25% gegenüber einem Basiskurs, der täglich von der koreanischen Zentralbank festgelegt wird.
14. November 1997	Die Regierungspartei in Korea kündigt umfassende Reformen des Finanzsektors an. Die drei Aufsichtsbehörden für Banken, Börsenmakler und Versicherungen sollen in einer Organisation zusammengefaßt werden.
17. November 1997	Der Won fällt unter die Marke von 1.000 pro US-$.
18. November 1997	Es verstärken sich Hinweise auf eine bevorstehende Intervention des IWF in Korea. Sämtliche Währungen in Südost- und Ostasien geraten unter Druck.

19. November 1997 — Zwölf stellvertretende Finanzminister aus asiatischen Ländern sowie deren Kollegen aus den USA und Kanada treffen in Manila zusammen. Die Delegierten fordern vom IWF die Bereitstellung einer kurzfristigen Fazilität. Lawrence Summers, stellvertretender Finanzminister der USA, erläutert diese Forderung mit der Erklärung, die Krise in Asien sei keine klassische Zahlungsbilanzkrise, sondern eine Vertrauenskrise, die nicht mit den üblichen IWF-Instrumenten beseitigt werden könnte. Zugleich wird die Forderung nach einem asiatischen Fonds, der über ein eigenes Sekretariat und Mittel in Höhe von US-$ 100 Mrd. verfügen sollte, laut. Der IWF sowie die westlichen Mitglieder der G-7 widersetzen sich dieser Forderung.
An der koreanischen Devisenbörse wird am dritten aufeinanderfolgenden Tag der Handel eingestellt, weil der Won die zugelassene Bandbreite erreicht hat. Die Bandbreite wird von 2,25% auf 10% erweitert.

20. November 1997 — Am ersten Tag der erweiterten Bandbreite fällt der Won um die erlaubten 10% auf Won 1.139 pro US-$. Alle Währungen der Region geraten daraufhin ebenfalls unter Druck. Der malaysische Ringit sinkt auf ein Allzeittief von 3,51 pro US-$.

21. November 1997 — Die koreanische Regierung kündigt nach Börsenschluß an, daß sie den IWF um Unterstützung bitten wird. Der neue Finanzminister Koreas, Lim Chang Yuel, kündigte den Wunsch nach einem US-$ 20 Mrd. umfassenden Kreditpaket sowie einer offenen Kreditlinie an.

24. November 1997 — Am ersten Börsentag nach der Ankündigung der IWF-Intervention fällt die Börse in Seoul um 7,2%.

25. November 1997	*Standard & Poor's* wertet Koreas Kreditwürdigkeit für langfristigen Fremdwährungskredite von AA+ auf A– ab. Zugleich wurde eine Warnung vor weiteren Risiken ausgesprochen. Der APEC-Gipfel in Vancouver endet mit einem Appell zur Beendigung der Finanzkrise, ohne jedoch konkrete Maßnahmen zu beschließen.
26. November 1997	Die Währungen der Region sind relativ stabil. Die Relationen zum US-$: 1.110 Won, 3,50 Ringit, 40,2 Baht und 3.650 Rupiah. Japans Regierung versucht, durch eine gemeinsame Erklärung von Finanzminister Hiroshi Mitsuzuka und Zentralbankpräsident Yasuo Matsushita die Finanzmärkte zu beruhigen. Beide erklären, es werde in absehbarer Zeit keine Bankpleiten in Japan geben.
27. November 1997	Der koreanische Finanzminister erklärt, die IWF-Delegation werde rascher als zunächst erwartet die Evaluierung der Krise abschließen.
1. Dezember 1997	In Seoul gehen die Verhandlungen zwischen der koreanischen Regierung und dem IWF weiter. Der IWF besteht auf der Schließung von 12 Banken und einer deutlich niedrigeren Wachstumsrate des BIP für 1998. Die Weltbank und die Asiatische Entwicklungsbank sagen ihre Teilnahme an einem Hilfspaket für Korea zu. Michel Camdessus erklärt, er rechne für ein bis eineinhalb Jahre mit einem niedrigeren Wachstum in Korea.
2. Dezember 1997	Alan Greenspan erklärt, er rechne mit einer Stärkung der asiatischen Länder als Ergebnis der Krise. Sowohl die Börse als auch der Won fallen weiter. Der koreanische Aktienindex fällt auf 376,9, das niedrigste Niveau seit Mai 1987. Der Won fällt auf 1.290.
3. Dezember 1997	IWF und Korea unterzeichnen eine Absichtserklärung („Letter of Intent") über eine Zusammenarbeit. Sowohl der Won als auch der Ringit, die Rupiah und der Baht fallen auf neue Allzeittiefs.

4. Dezember 1997 Das vom IWF geschnürte Reformpaket für Korea mit einem Gesamtvolumen von US-$ 57 Mrd. wird bekanntgegeben. Zum Gesamtvolumen steuern IWF, Weltbank und Asiatische Entwicklungsbank US-$ 35 Mrd. bei. Spekulationen über den Inhalt des Pakets werden laut. Der IWF soll die Reduzierung des Wachstums, die Schließung oder Umstrukturierung überschuldeter Banken, die Öffnung des koreanischen Finanzsektors und die Öffnung des koreanischen Gütermarktes durchgesetzt haben. Daneben soll mehr Transparenz sowohl bei von der Regierung bereitgestellten Wirtschaftsdaten als auch bei den Buchhaltungspraktiken koreanischer Unternehmen vereinbart worden sein. Die koreanische Regierung erklärte sich bereit, die Beschränkung für die Beteiligung von Ausländern an koreanischen Firmen von 7% (Individuen) bzw. 26% (gesamter Anteil von Ausländern) auf 50% zu erhöhen.

Koreas gesamte Außenschulden werden auf US-$120 Mrd. beziffert, davon sind US-$ 66 Mrd. Kredite mit kurzer Laufzeit (weniger als 12 Monate).

Die Finanzmärkte begrüßen den Abschluß zunächst.

5. Dezember 1997 Die Instabilität auf den Finanzmärkten wächst wieder. Insbesondere die Rupiah und der Ringit, aber auch der Won geraten erneut unter Druck.

8. Dezember 1997 Nachdem Investoren kurzfristig den koreanischen Aktienindex in die Höhe getrieben hatten, fallen die Aktien erneut. Im Verlauf des Wochenendes hatte die *Halla*-Gruppe, Koreas zwölftgrößter Chaebol, Konkurs angemeldet. Acht der 30 größten Firmengruppen haben bis Jahresende Schutz vor Gläubigerforderungen beantragt.

Malaysia führt ein eigenes Stabilitätsprogramm durch und kürzt die Staatsausgaben um 18%, reduziert Importe und beschränkt die Kreditaufnahme durch Banken. Eine IWF-Intervention soll vermieden werden. Michel Camdessus betrachtet das malaysische Zinsniveau als zu niedrig.

9. Dezember 1997	Rupiah und Won geraten unter starken Druck. Gerüchte, Präsident Suharto sei schwer erkrankt, führen zu einem Fall der Währung um 10% auf 4.625 pro US-$. Der Won fällt auf 1.465 pro US-$, bislang eine Abwertung von 32% innerhalb eines Monats.
10. Dezember 1997	Leichte Erholung der Rupie auf 4.395 pro US-$.
11. Dezember 1997	Koreas Bemühungen zur Stabilisierung des Vertrauens der Finanzmärkte sind nicht erfolgreich. Die Börse sinkt um 6% auf 377, der Won fällt auf 1.720 pro US-$. Ausländische Anleger ziehen Kapital aus Korea ab. Koreas Präsident, Kim Young-Sam, entschuldigt sich bei der koreanischen Bevölkerung für die Wirtschaftskrise
12. Dezember 1997	Der Won fällt kurzzeitig auf 1891 pro US-$. Die Furcht vor einer Ausweitung der Krise nimmt zu. US-Finanzminister Robert Rubin besteht auf der Implementierung des IWF-Reformprogramms durch die koreanische Regierung. Die Rating-Agenturen *Moody's* und *Standard & Poor's* werten Korea weiter ab. *Standard & Poor's* wertet langfristige Fremdwährungskredite von A– auf BBB– ab, nur noch eine Stufe vor „*Junk Bond*"-Status. *Moody's* nimmt die Bewertung des Landes um zwei Stufen von A3 auf Baa2 zurück. Vor dem Hintergrund des Zusammenbruchs der WonWechselkurses muß der IWF entscheiden, ob Korea mehr Geld zur Verfügung gestellt werden soll oder ob ein großflächiger Zusammenbruch des koreanischen Bankensystems mit weitreichenden Verlusten für die Gläubiger Koreas in Kauf genommen werden soll. Die koreanische Regierung nimmt eine massive Kürzung der Ausgaben für Infrastrukturprojekte vor. Dies hat zur Folge, daß koreanische Chaebols und deren im Baugeschäft tätige Tochtergesellschaften mit einem doppelten Nachfrageeinbruch konfrontiert werden: Rückgang der Binnennachfrage, verbunden mit einem Verlust von Aufträgen aus Südostasien, wo 70% der ausländischen Aufträge koreanischer Baufirmen abgewickelt werden.

	Die indonesische Rupie fällt um 11% auf R 5.150 pro US-$. Seit Beginn der Abwertungsspirale ist die Rupie gegenüber dem US-$ um 54% gefallen.
15. Dezember 1997	Der Won steigt vor dem Hintergrund von Gerüchten, daß der IWF eine beschleunigte Auszahlung der vereinbarten Kredite erwägt. Die Rupie fällt um weitere 12% und sämtliche Währungen in Südostasien fallen auf historische Tiefststände.
16. Dezember 1997	Die koreanische Börse steigt um 16%, der Won steigt auf einen Kurs von 1.425 pro US-$.
17. Dezember 1997	Vorabend der Wahl in Korea. Von den drei Kandidaten ist Kim Dae-Jung den Programmen des IWF gegenüber am kritischsten eingestellt. Kim kündigt eine Neuverhandlung des Maßnahmenpakets mit dem IWF an.
18. Dezember 1997	Kim Dae-Jung wird zum neuen Präsidenten Koreas gewählt.
19. Dezember 1997	Kim Dae-Jung erklärt, die mit dem IWF vereinbarten Maßnahmen vereinbarungsgemäß umsetzen zu wollen, fordert aber Maßnahmen zur Minimierung der Arbeitslosigkeit. Der IWF stellt Korea neue Tranchen des Kreditpakets zur Verfügung.
22. Dezember 1997	*Moody's* stuft Indonesien, Malaysia, Thailand und Korea weiter ab. Die staatlichen Außenschulden Koreas, Indonesiens und Malaysias werden auf „*Junk Bond*"-Status abgestuft. Im Falle Indonesiens wird der Fall der Währung und die daraus resultierenden Probleme bei der Bedienung von Außenschulden als Grund genannt. Der Won fällt erneut auf ein Niveau von 1.715 gegenüber 1.550 am Freitag zuvor. Die Rupie ist stabil bei R 5.050, der Baht sinkt auf 47,0 zum US-$. Auch der Ringit fällt auf 3,86 pro US-$. Der IWF veröffentlicht den *World Economic Outlook*. Es wird mit einer leichten Abschwächung des globalen Wachstums, aber einem starken Rückgang in Asien gerechnet.

23. Dezember 1997	Kim Dae-Jung verstärkt die Instabilität an den Finanzmärkten: „*We don't know whether we could go bankrupt tomorrow or the day after tomorrow.*“ *Standard & Poor's* wertet Koreas kurz- und langfristige Verbindlichkeiten auf „*Junk Bond*“-Status ab.
24. Dezember 1997	Der koreanische Aktienindex fällt auf ein neues Rekordtief von 343 Punkten. Der IWF kündigt die vorzeitige Auszahlung einer weiteren Kredittranche an. US-Finanzminister Rubin verteidigt vor der Presse das Engagement der USA mit der Begründung, Südkorea sei von großer Bedeutung für die Wirtschaft der USA. Umschuldungsverhandlungen der privaten Banken mit koreanischen Schuldnern unter Beteiligung des koreanischen Finanzministeriums beginnen. Die Rupie fällt kurzzeitig auf R 6.300 zum US-$. Indonesische Unternehmen kaufen, trotz des hohen Kurses, US-$, da nach der Abwertung durch *Moody's* und *Standard & Poor's* erwartet wird, daß ausländische Banken nicht bereit sein werden, kurzfristig fällig werdende Kredite umzuschulden.
25. Dezember 1997	Japanische Bankiers warnen, daß Korea vor einer umfassenden Konkurswelle steht, wenn die harten Bedingungen des IWF umgesetzt werden sollten. Die vom IWF durchgesetzte Politik knappen Geldes führt zu akuten Liquiditätsengpässen in der koreanischen Wirtschaft.
26. Dezember 1997	Der Won steigt von 1.836 auf 1.498 nach der Bekanntgabe der beschleunigten Auszahlung von Mitteln durch den IWF. Nach Interventionen durch die indonesische Zentralbank stabilisiert sich der Kurs der Rupie bei 5.000.
27. Dezember 1997	Die Verhandlungen über die Umschuldung der privaten koreanischen Außenschulden gehen weiter. Die ausländischen privaten Banken fordern im Gegenzug für die Bereitschaft zur Umschuldung eine Garantie der Schuldenzahlung durch den koreanischen Staat.

29. Dezember 1997	Eine Gruppe von US-Banken akzeptiert die zeitliche Streckung von Kreditrückzahlungen.
30. Dezember 1997	Amerikanische und deutsche Großbanken versuchen eine Lösung für die kurzfristigen Schulden Koreas zu finden. Am 31.12. werden US-$ 15 Mrd. an Krediten fällig, bis Ende Januar müssen weitere US-$ 15 Mrd. zurückgezahlt werden. Der IWF versucht, mittels freiwilliger Umstrukturierungen den koreanischen Schuldnern eine Atempause zu verschaffen.
2. Januar 1998	Mehrere kleine Banken sind nicht bereit, sich an den Umschuldungen für koreanische Schuldner zu beteiligen. J.P. Morgan schlägt die Umwandlung von privaten Außenschulden in koreanische Staatsanleihen unterschiedlicher Laufzeit vor. Für Gläubiger wäre dies von besonderem Interesse, da damit aus einer ungesicherten privaten Schuld eine staatliche gemacht worden wäre. J.P. Morgan hätte die Möglichkeit, an der Ausgabe der Anleihen Provisionen zu verdienen.
5. Januar 1998	Am ersten regulären Handelstag des Jahres, der 2. Januar war ein Freitag, fallen die Währungen der asiatischen Krisenländer ebenso wie der Yen. Die Rupie fällt auf R 6.750, der Ringit auf 4,05, der Peso auf 42,6 und der Won auf 1.780.
6. Januar 1998	Die asiatischen Währungen bleiben aus zwei Gründen weiter unter Druck. Amerikanische Fonds versuchen, ihr Engagement in Asien zu reduzieren. Zudem versuchen asiatische Firmen nach Auskunft von Devisenhändlern, ihre fällig werdenden Verpflichtungen durch den Erwerb von US-$ abzusichern. Die Rupie fällt um 14% auf R 7.700 pro US-$. Seit Beginn der Krise hat die Rupie 69% an Wert verloren. Devisenhändler erklären den fortgesetzten Verfall damit, daß der vom IWF geforderte Haushaltsüberschuß in Höhe von einem Prozent des BIP nur schwer zu erreichen sei. Indonesische Unternehmen sind, infolge der explodierenden Kreditkosten für Fremdwährungskredite, mit einem drastischen

	Rückgang der Gewinne konfrontiert. Dies belastet, infolge schrumpfender Steuereinnahmen, zusätzlich den Staatshaushalt. Thailands Premierminister Chuan Leekpai fordert vom IWF eine Erleichterung der Auflagen. Insbesondere solle die Verpflichtung, einen Haushaltsüberschuß erwirtschaften zu müssen, überprüft werden. Der Baht fällt auf 51,05, eine Halbierung im Vergleich zum Wert bei Aufgabe des Festkurssystems.
7. Januar 1998	Die Schwäche der Währungen hält an. Die Rupie verliert weitere 12% und wird mit einem Kurs von R 8.400 zum US-$ gehandelt. Der Baht fällt auf 54,75, der Peso auf 46,5.
8. Januar 1998	Die Märkte der Region fallen ungebremst. Die Rupie fällt auf R 10.500, die Börse in Jakarta büßt kurzfristig 18,5% ein, um mit einem Tagesminus von 12% zu schließen. US-Finanzstaatssekretär Lawrence Summers fordert Indonesien auf, die mit dem IWF getroffenen Vereinbarungen umzusetzen. Die Märkte leben in einer von Hektik geprägten Atmosphäre von Gerüchten. Am 8. Januar bringt das Gerücht, Suharto werde nicht zur Wiederwahl antreten, den Markt nach unten in Bewegung. Anderen Gerüchten zufolge hat der IWF Indonesien nachdrücklich vor einer zu wenig restriktiven Fiskalpolitik gewarnt. Die koreanische Regierung verhandelt in New York mit privaten Banken über eine Umschuldung.
9. Januar 1999	Am Ende der ersten Handelswoche des neuen Jahres bleiben die Märkte in Bewegung. Die Rupie gewinnt nahezu 30% gegenüber dem US-$. Präsident Suharto verspricht eine zügige Umsetzung der vom IWF geforderten Reformen. In Jakarta wird eine IWF-Delegation erwartet, die über eine Beschleunigung des Hilfsprogramms beraten soll.

	Die Verhandlungen in New York haben das Zwischenergebnis, daß die Gläubigerbanken die fällig werdenden Kredite bis zum 31. März umschulden. Zwischen der alten und der neuen Regierung in Seoul bestehen Differenzen über die Frage, inwieweit der koreanische Staat an der Lösung des Schuldenproblems beteiligt werden soll. Eine Umwandlung der privaten in staatliche Schulden hätte zur Folge, daß der dafür zu zahlende Zinssatz erheblich unter dem Marktzins liegen könnte.
12. Januar 1998	Präsident Suharto kündigt den Aufschub von 15 kostspieligen Infrastrukturprojekten an.
13. Januar 1998	Nach Gerüchten über einen positiven Abschluß der Gespräche zwischen IWF und der indonesischen Regierung steigt der Börsenindex in Jakarta um 9,1%, die Rupie steigt auf R 8.125. In Paris wird bekannt, daß die Fluggesellschaft Garuda bei ihrer Gläubigerbank *Credit Lyonais* im Dezember zwei Zahlungstermine nicht eingehalten hat. In Jakarta wird über die Einführung eines „Currency Board" spekuliert. Dabei würde die indonesische Zentralbank die Rupie mit einer bestimmten Menge von Währungsreserven, die der inländischen Geldmenge entspricht, stützen. Im Ergebnis würde dies die Aufgabe geldpolitischer Souveränität bedeuten, da die Zentralbank keine Möglichkeit zur Geldschöpfung mehr haben würde.
14. Januar 1998	Michel Camdessus trifft in Jakarta ein und gibt eine Erklärung zur Krise ab: „*The immediate priority is to arrest and turn around the tremendous loss of confidence, and stabilize the market through monetary discipline and a dramatic acceleration of long overdue structural reform*". In New York werden IWF-Dokumente bekannt, aus denen eine Kritik an der IWF-Politik für Indonesien hervorgeht. Die vom IWF durchgesetzte Schließung von 16 Banken habe sich als Fehlschlag erwiesen und nicht zur Stabilisierung, sondern im Gegenteil zu einer Panik geführt.

15. Januar 1998	Präsident Suharto unterzeichnet in Gegenwart von Michel Camdessus ein sehr detailliertes Dokument zu Strukturreformen in der indonesischen Wirtschaft. Es ist das zweite Abkommen der indonesischen Regierung mit dem IWF innerhalb von vier Monaten. Das Reformpaket beinhaltet eine weitgehende Liberalisierung der Wirtschaft, vor allem aber eine deutliche Reduzierung des Einflusses des Präsidenten auf die Wirtschaft. Im „Letter of Intent" sichert Suharto ein langsameres Wachstum und ein Aufbrechen der existierenden Monopole zu. Weiterhin stimmt er der Forderung des IWF, überschuldete Banken nicht zu stützen, zu. Die Märkte reagieren auf diese Maßnahmen mit einem Fall der Rupie um 14% und einem Rückgang des Börsenindex um 4%.
16. Januar 1998	Die Verhandlungen der koreanischen Banken über eine Umschuldung bis zum 31. März werden erfolgreich abgeschlossen.
18. Januar 1998	Kim Dae-Jung, der am 25. Februar die Amtsgeschäfte übernehmen wird, warnt die Koreaner in einer Fernsehansprache vor einer weiteren Verschlechterung der Situation: „*The real ordeal will begin from now on. Frankly speaking, we are just entering a dark IMF tunnel*". Kim kündigt Massenarbeitslosigkeit an.
19. Januar 1998	Die Börsen der Region ziehen kräftig an, ohne daß dafür Gründe auszumachen wären.
20. Januar 1998	Die Rupie gerät, nach freundlichem Wochenbeginn, wieder unter Druck.
21. Januar 1998	Die Rupie fällt kurzzeitig auf unter 12.000 pro US-$. Präsident Suharto kündigt seine Kandidatur für eine siebte Amtszeit an und bringt Jusuf Habibie als Vize-Präsidenten ins Gespräch.

22. Januar 1998	Eine Woche nach der Unterzeichnung des zweiten Abkommens mit dem IWF bricht die Rupie auf über 17.000 pro US-$ ein. Eine Intervention der Zentralbank führt zu einer Stabilisierung auf Werte zwischen 13.500 und 14.000. Spekulationen über den letzten festen Wechselkurs in der Krisenregion, der Kurs des Hongkong-Dollar zum US-$, nehmen zu.
23. Januar 1998	Die heftigen Kursschwanken der Rupie gehen weiter. Außerhalb Jakartas wird die Rupie um 12.800 gehandelt.
27. Januar 1998	Indonesien kündigt an, daß einige Unternehmen befristet den Schuldendienst einstellen werden. Dies sei aber kein Moratorium. Die Rupie steht bei 11.200 pro US-$. Daten zu den ausländischen Krediten an indonesische Unternehmen werden bekannt. Insgesamt soll es sich um ein Volumen von US-$ 58,7 Mrd. handeln. Der Löwenanteil wird von japanischen Banken gehalten (US-$ 23,2 Mrd.), gefolgt von deutschen (US-$ 5,6 Mrd.), französischen (US-$ 4,8 Mrd.), amerikanischen (US-$ 4,6 Mrd.) und britischen Banken (US-$ 4,3 Mrd.).
28-29. Januar 1998	Die Feiern zum chinesischen Neujahrsfest sorgen für relative Ruhe an den Märkten der Region. Südkorea teilt den Abschluß einer Vereinbarung mit den Gläubigerbanken mit. Es ist vorgesehen, daß koreanische Banken ihre kurzfristigen Verbindlichkeiten in Kredite mit Laufzeiten von einem, zwei oder drei Jahren umschulden können. Die vereinbarten Zinssätze sind variabel und liegen um 2,25, 2,5 und 2,75 Prozent über dem jeweiligen 6-Monats LIBOR. Die koreanische Regierung garantiert die Kredite. Die Vereinbarung bezieht sich auf Kredite im Wert von etwa US-$ 24 Mrd., die im Laufe des Jahres 1998 fällig werden.
30. Januar 1998	Die koreanische Regierung kündigt die Schließung von 10 der 30 Handelsbanken („*merchant banks*") wegen mangelnder Eigenkapitalbasis an.

2. Februar 1998	Das Jahr des Tigers wird an asiatischen Finanzplätzen fast stürmisch begonnen. Hongkongs Börse steigt um 14,3%.
3. Februar 1998	Die Börse in Kuala Lumpur steigt um über 20%.
6. Februar 1998	Die japanische Regierung erklärt, die Wirtschaft des Landes stagniere. In Korea wird eine Entscheidung, die es Unternehmen künftig erleichtern wird, bei Umstrukturierungen Entlassungen vorzunehmen, sowohl vom künftigen Präsidenten Kim Dae-Jung als auch von den Finanzmärkten begrüßt.
10. Februar 1998	Die Wechselkurse asiatischer Währungen gegenüber dem US-$ steigen explosionsartig an. Der Wechselkurs der Rupie verbessert sich um 28% auf R 7.450 pro US-$ nachdem Gerüchte, die indonesische Regierung wolle die Rupie über ein „Currency Board" fest mit dem US-$ verbinden, erneut aufgeflammt waren. Es setzen sich Erwartungen, die Rupie würde im Verhältnis von R 5.500 zum US-$ fest an diesen gebunden, am Markt durch. Zudem kursiert ein Gerücht, die G-7 seien bereit, einen Fonds im Volumen von US-$ 16 Mrd. zur Stabilisierung südostasiatischer Währungen aufzustellen.
12. Februar 1998	US-Zentralbankpräsident Alan Greenspan erneuert seine Einschätzung, daß die Krise in Asien möglicherweise zu einem weltweiten Finanzkrach hätte führen können. Die IWF schwächt einige Auflagen für Thailand ab. Bislang war mit Thailand vereinbart gewesen, daß der Haushaltsüberschuß ein Prozent des BIP betragen müsse.

13. Februar 1998

Erneuter Druck auf die Währungen der Region, nachdem der IWF und die US-Regierung die indonesischen Pläne zur Installierung eines „Currency Boards" mit Skepsis aufgenommen haben. Am Nachmittag des gleichen Tages erholen sich die Währungen, nachdem der amerikanische Ökonom Steven Hanke das Festhalten Suhartos an der Option des „Currency Board" mitteilt.

Der IWF und Politiker der großen Industrieländer warnen Indonesien vor der Einführung eines rigiden Währungsregimes. Michel Camdessus warnt vor einer überhasteten Einführung eines Fixkursregimes: „*The failure of a currency board would completely undermine credibility and policy making, and seriuosly damage the country's growth prospects*". Camdessus Meinung wird vom gesamten Exekutivrat des IWF geteilt. Finanzstaatssekretär Jürgen Stark schließt sich der Kritik an.

Befürworter eines „Currency Board" vertreten die These, daß ein solches Regime die einzige Chance für Indonesien darstelle, das verloren gegangene Vertrauen in die Währung wiederherzustellen und damit den privaten Firmen die Leistung des Schuldendienstes zu ermöglichen.

In West-Java beginnen Unruhen. Die Läden von Geschäftsleuten chinesischer Abstammung werden in kleineren Küstenstädten Javas in Brand gesetzt.

16. Februar 1998

Nach dem Wochenende setzen sich die Turbulenzen der Vorwoche fort. Michel Camdessus hat einem Bericht der Washington Post zufolge Präsident Suharto einen Brief geschrieben und angedroht, die Kreditzusagen des IWF zurückzuziehen, falls die indonesische Regierung ein Fixkurssystem installiert. Indonesiens Außenminister Ali Alatas kritisiert heftig das Bekanntwerden des Schreibens.

	Die indonesische Regierung scheint zur Durchsetzung des „Currency Board“ entschlossen. Der IWF wird von der indonesischen Regierung aufgefordert, ein alternatives Konzept zur Stabilisierung der Währung vorzulegen, falls das „Currency Board“ nicht akzeptabel erscheinen sollte. Der Minister für nationale Entwicklungsplanung, Ginandjar Kartasasmita, erklärt die Stabilisierung des Wechselkurses auf einem *„vernünftigen Niveau“* zur Priorität der Regierung. Die Rupie fällt auf R 10.500 pro US-$.
17. Februar 1998	Präsident Suharto entläßt den Gouverneur der Zentralbank wegen unterschiedlicher Einschätzungen bezüglich der Chancen zur Einsetzung eines „Currency Board“. Der IWF, die USA, Australien und Deutschland sprechen sich gegen ein Fixkurssystem aus.
18. Februar 1998	Finanzminister Waigel erklärt in Jakarta nach einem Treffen mit Präsident Suharto, dieser habe zugesagt, die Idee eines „Currency Board“ zu überdenken. Technologieminister Habibie erklärt, die Idee eines Fixkurssystems sei in die Diskussion gelangt, nachdem die Implementierung der IWF-Maßnahmen nicht zu einer Stabilisierung des Wechselkurses geführt habe. In Südkorea zieht die Börse deutlich an, nachdem *„Standard & Poor's“* die Verbesserung der Kreditrisiken des Landes mitgeteilt hat.
20. Februar 1998	Präsident Suharto versucht, das Vertrauen in die Regierung durch eine überraschende Maßnahme wiederherzustellen. Anleger, die von der vom IWF verfügten Schließung von 16 Banken im November 1997 betroffen sind, sollen nun eine Entschädigung erhalten. Finanzminister Mar'ie Muhammad erklärt, die Regierung sei zu dieser Maßnahme zwar nicht gesetzlich verpflichtet, aber Suharto habe persönlich die Entscheidung getroffen.

21.-22. Februar 1998 — Nach sehr starkem internationalem Druck gibt die indonesische Regierung die Pläne zur Installierung eines „Currency Board" auf.

23. Februar 1998 — Überraschend erklärt der indonesische Finanzminister, die Pläne zur Etablierung eines Fixkurssystems würden eventuell doch weiter verfolgt.

In Jakarta werden drei Frauen verhaftet, die gegen die Erhöhung des Milchpreises protestieren. Im ganzen Land werden militante Proteste gegen die Krise gemeldet.

25. Februar 1998 — Kim Dae-Jung wird feierlich ins Amt eingeführt.

26. Februar 1998 — Erste Verhandlungen zwischen Vertretern ausländischer Banken und indonesischen Schuldnern. Verhandelt werden soll über die Umschuldung von US-$ 73 Mrd. privater indonesischer Außenschulden. Vereinbart wird die Erstellung einer Liste mit sämtlichen Außenschulden.

2. März 1998 — Der Währungsverfall zeigt Auswirkungen auf die Preisentwicklung in Indonesien. Für Februar wird von Reuters eine jährliche Inflationsrate von 32% gemeldet. Nahrungsmittelpreise steigen deutlich stärker: Auf Monatsbasis steigen die Preise für Speiseöl um 130%, Reis um 34%, Mehl um 33% und Eier um 88%.

Suharto kritisiert den IWF-Plan und fordert zusätzliche Maßnahmen, die er als IWF-Plus bezeichnet. Es wird vermutet, daß Suharto an der Idee eines „Currency Board" festhält.

4. März 1998 — Eine der zehn größten Banken Malaysias, *Sime Darby Banking*, gerät in Schwierigkeiten und benötigt neues Kapital. Eine Fusion mit *Rashid Hussain Bhd* wird von der malaysischen Zentralbank genehmigt.

US-Sonderbotschafter Walter Mondale trifft in Jakarta mit Präsident Suharto zusammen. Mondale warnt erneut vor einem „Currency Board". Präsident Clinton steht mit Präsident Suharto in telefonischem Kontakt.

Suharto-Berater Steve Hanke erklärt, Indonesien arbeite an der Umsetzung eines über die IWF-Maßnahmen hinausgehenden Plans (IWF-Plus). Es handele sich um ein „Currency Board", Reformen des Banksektors, Umschuldungen der privaten Kredite sowie ein Privatisierungsprogramm.

5. März 1998

Präsident Suharto trifft mit dem Staatssekretär im britischen Außenministerium, Derek Fatchett, zusammen. Fatchett fungiert auch als Emissionär der Europäischen Union. Fatchett überbringt einen Brief des britischen Premierministers Blair, in welchem Suharto zur Fortsetzung des Reformkurses aufgefordert wird.

Die indonesische Regierung untersagt für die Dauer des Zusammentreffens der *„People's Consultative Assembly"* politische Demonstrationen.

6. März 1998

Die indonesische Regierung kündigt die Subventionierung importierter Grundnahrungsmittel an, um dadurch den Preisauftrieb zu stabilisieren. Zugleich warnt Finanzminister Mar'ie Muhammad vor einer Verzögerung der Kreditauszahlungen durch den IWF. Die geplante Subventionierung stellt einen Verstoß gegen die Vereinbarung mit dem IWF dar.

Die Rupie fällt kurzzeitig auf R 12.300 pro US-$.

9. März 1998

Der IWF erklärt, die Auszahlungen neuer Kredite an Indonesien würde verzögert, da die Bereitschaft der indonesischen Regierung zur Durchführung der vereinbarten Reformen in Frage gestellt sei.

Michel Camdessus erklärt, ein „Currency Board" sei surrealistisch.

10. März 1998 Präsident Suharto wird erneut zum Präsident gewählt.
IWF-Vize Stanley Fischer erklärt, der Fonds sei bereit, die Subventionierung von Nahrungsmittelimporten zu gestatten. Die Wechselkursentwicklung habe den Fonds überrascht („*the exchange rate is way off from where we expected*"). Fischer erklärt, ein „Currency Board" könne in Indonesien funktionieren, falls im Bankensektor und in bezug auf die private Außenverschuldung die richtigen Voraussetzungen vorliegen würden.
In Australien mehren sich Stimmen, die den IWF für die Unruhen in Indonesien verantwortlich machen.

16. März 1998 Präsident Suharto nominiert seine älteste Tochter und andere Günstlinge für das neue Kabinett.
Japans Premierminister Hashimoto trifft zu Gesprächen in Jakarta ein.
Südkoreas Währung stabilisiert sich deutlich. Ausländische Banken waren bereit, von US-$ 22 Mrd., die von der Regierung Seoul zur Umschuldung vorgesehen waren, 95% auch tatsächlich umzuschulden. 80% davon wurden mit Laufzeiten von zwei oder drei Jahren versehen. Koreas Unternehmen haben damit erheblichen Spielraum gewonnen. Marktteilnehmer differenzieren in zunehmendem Maß zwischen den Krisenländern.

19. März 1998 Die US-Handelsbilanz des Monats Januar wird veröffentlicht. Das Defizit steigt auf US-$ 18,8 Mrd. Im Handel mit den vier asiatischen Schwellenländern Hongkong, Südkorea, Singapur und Taiwan steigt das Defizit von US-$ 800 Mio. im Dezember auf US-$ 2,2 Mrd.

20. März 1998	Hubert Neiss, im IWF verantwortlich für die Region Asien-Pazifik, beurteilt den Fortgang der Zusammenarbeit mit der indonesischen Regierung positiv: „*We have made considerable progress in the last few days*". Australiens Außenminister Alexander Downer erklärt in Washington, die Weltbank würde eine internationale Nahrungsmittelhilfe für Indonesien koordinieren.
23. März 1998	Republikanische Senatoren haben einen Kompromiß für eine Reform des IWF gefunden. Der IWF soll durch das im Kongress zu verabschiedende Gesetz transparenter und rechenschaftspflichtiger gemacht werden.
26. März 1998	Die Weltbank kündigt ein internationales Hilfsprogramm im Volumen von US-$ 1,5 Mrd. für die Zeit von April 1998 bis März 1999 an. Indonesiens Regierung versucht, die Umschuldungsverhandlungen zwischen indonesischen Unternehmen und ausländischen Banken in einem Volumen von US-$ 74 Mrd. zu koordinieren. Eine Regierungsgarantie oder eine Übernahme von Kreditrisiken durch die Regierung werde es nicht geben. Die Regierung verpflichtet die Unternehmen, ihre Außenschulden zu melden.
31. März 1998	In Korea werden erste Zahlen zum Anstieg der Arbeitslosigkeit und der Inflation veröffentlicht. Mehr als 10.000 Unternehmen sind in Südkorea seit Dezember 1997 in den Konkurs gegangen.
3. April 1998	Moody's sieht Japans sehr gute Bewertung für souveräne Kreditrisiken (AAA) gefährdet. Im amerikanischen Kongress hält der Widerstand gegen eine Aufstockung der IWF-Mittel an.
8. April 1998	Die indonesische Regierung kündigt die Überarbeitung des mit dem IWF vereinbarten Programms an. Zugleich wird die Schaffung eines Mechanismus zur Abwicklung der privaten Außenverschuldung in Aussicht gestellt.

9. April 1998	Die koreanische Regierung plaziert erfolgreich fünf- und zehnjährige Anleihen im Volumen von US-Dollar 4 Mrd. auf dem amerikanischen Markt.
16. April 1998	Ein Treffen der G-7 bringt nicht die erhoffte Unterstützung des japanischen Yen. Die G-7 Finanzminister erneuern ihre Aufforderung an Japan, die Binnennachfrage anzukurbeln.
8. Mai 1998	In Indonesien nehmen die Proteste gegen das Regime von Präsident Suharto zu.
13. Mai 1998	In Jakarta werden sechs Studenten bei Unruhen getötet. Die Rupie fällt, nachdem der Kurs zwei Monate lang gestiegen war, auf mehr als R 10.000 pro Dollar.
14. Mai 1998	Erneut gerät die Rupie unter starken Druck und fällt auf R 11.000 pro Dollar. Die Unruhen in Jakarta weiten sich aus.
15. Mai 1998	Präsident Suharto kehrt von einer Ägyptenreise vorzeitig nach Jakarta zurück.
19. Mai 1998	Präsident Suharto kündigt Neuwahlen an, nennt aber noch keinen konkreten Termin. In Rußland, Brasilien und Mexiko kommt es, wegen der politischen Krise in Jakarta, zu Turbulenzen. Zur Verhinderung von Kapitalflucht erhöht die russischen Zentralbank den Leitzins von 30 auf 50 Prozent.
20. Mai 1998	Der indonesische Oppositionsführer Amien Rais sagt eine geplante Großdemonstration aus Furcht vor einer Intervention des Militär ab. Insgesamt sind seit Beginn der Unruhen mehr als 500 Menschen in Indonesien ums Leben gekommen.
21. Mai 1998	Präsident Suharto erklärt nach 32 Jahren seinen sofortigen Rücktritt. Nachfolger wird Vizepräsident Bacharuddin Jusuf Habibie.

25. Mai 1998	Präsident Habibie betont die Bedeutung von neuen Krediten für den wirtschaftlichen Erholungsprozeß in Indonesien. Er kündigt einen strikten Reformkurs an und sagt die Einhaltung der mit dem IWF getroffenen Vereinbarungen zu. Nach Bemerkungen von US-Finanzminister Rubin, die USA würden auch einen weiter fallenden Yenkurs akzeptieren, sinkt die japanische Währung auf 137 Yen pro Dollar, das niedrigste Niveau seit August 1991.
27. Mai 1998	Die russische Zentralbank verdreifacht den Zinssatz auf 150 Prozent.
29. Mai 1998	Ginandjar Kartasmita, Mitglied des indonesischen Kabinetts, kündigt Erleichterungen für ausländische Direktinvestitionen an. Präsident Habibie schlägt die Einberufung der Konsultativen Volksversammlung (MPR) vor. Ende 1998 oder Anfang 1999 soll dort eine Wahlrechtsreform beschlossen werden.
8. Juni 1998	Nachdem sowohl der australische als auch der neuseeländische Dollar unter Druck geraten sind, fällt auch der Yen auf über 140 pro Dollar.
9. Juni 1998	Japans stellvertretender Finanzminister Eisuke Sakakibara und US-Finanzstaatssekretär Larry Summers treffen in Tokio zusammen. Spekulationen über eine Intervention zugunsten des Yen tauchen auf.
10. Juni 1998	Der Gouverneur der chinesischen Zentralbank, Dai Xianglong, äußert sich besorgt über den Verfall des Yen.
11. Juni 1998	US-Finanzminister Robert Rubin erklärt, der Schlüssel zur Stärkung des Yen liege in Japan.
18. Juni 1998	Überraschend intervenieren die amerikanische und die japanische Zentralbank zur Stützung des Yen. Der Wechselkurs steigt von 142 auf 137 Yen pro Dollar. Präsident Clinton erklärt, die US-Regierung wollte mit der Intervention die Unterstützung des Reformprozesses in Japan zum Ausdruck bringen.

22. Juni 1998	In Japan kündigen einflußreiche Mitglieder der liberaldemokratischen Partei LDP die Schaffung einer „*bridge bank*“ zur Überwindung der Krise im Finanzsektor an.
23. Juni 1998	Nachdem der Kurs der „*Long-Term Credit Bank of Japan*“ um 45 Prozent eingebrochen ist, kündigt Premierminister Hashimoto Unterstützung an.
29. Juni 1998	Der Yen fällt auf unter 141 pro Dollar zurück.
30. Juni 1998	Premierminister Hashimoto erneuert die Ankündigung der Schaffung einer „*bridge bank*“ nach amerikanischem Muster.

11. Literatur

Aglevi, Bijan; Boughton, James (1990): National Saving and the World Economy. Finance and Development, Vol. 27, No. 2 (June 1990), S. 2-5.

Akyüz, Yilmaz (1998): The East Asian Financial Crisis: Back to the Future? Paper presented at a seminar on „Impacts of the Asian Currency Crisis on Europe's Growth Prospects", Brüssel, Februar 1998. Mimeo [veröffentlicht im Internet www.unicc.org].

Altvater, Elmar; Mahnkopf, Birgit (1996): Grenzen der Globalisierung. Ökonomie, Ökologie und Politik in der Weltgesellschaft. Münster: Westfälisches Dampfboot.

Bank for International Settlements (BIS) (1998a): 68th Annual Report (1st April 1997-31st March 1998). Basle, June 1998.

Bank for International Settlements (BIS) (1998b): International Banking and Financial Market Developments. Basle, May 1998.

Bank for International Settlements (BIS) (1998c): Framework for the Evaluation of Internal Control Systems. Basle, January 1998.

Bello, Walden (1998): The Asian Financial Crisis: Causes, Dynamics and Prospects. Paper presented at the conference on „Assessing the Asian Crisis: Economics, Politics and Society", University of Manchester, 7.4.1998.

Bergsten, C. Fred (1998): The Trade Implications of the Asian Financial Crisis. Statement before the Committee on Finance, United States Senate, 4.2.1998. Mimeo [veröffentlicht im Internet www.iie.com].

Bhagwati, Jagdish (1998): The Capital Myth. The Difference between Trade in Widgets and Trade in Dollars. Foreign Affairs, Vol. 77, No. 3 (May/June 1998), S. 7-12.

Breslin, Shaun (1998): Financial Crises in East Asia. Mimeo.

Camdessus, Michel (1998a): The IMF and its Programmes in Asia. Remarks at the Council on Foreign Relations. New York, 6.2.1998.

Camdessus, Michel (1998b): The Role of the IMF: Past, present and Future. Remarks at the Annual Meeting of the Bretton Woods Committee [Im Internet: imf.org]. 13.2.1998.

Capling, Ann; Considine, Mark; Crozier, Michael (1998): Australian Politics in the Global Era. Melbourne: Longman Australia.

Cooper, Richard N.; Sachs, Jeffrey D. (1986): Borrowing Abroad: The Debtor's Perspective. In: Cooper, Richard N. (Hrsg.): Economic Policy in an Interdependet World. Cambridge (Mass.) und London: The MIT Press, S. 229-288.

Deutsches Institut für Wirtschaftsforschung (DIW) (1998): Finanzkrise in Asien: Realistische Währungspolitik erforderlich. Wochenbericht 26/98, 65. Jg. (25.6.1998), S. 453-462.

Deutsches Institut für Wirtschaftsforschung (DIW) (1990): Überschuldung der Entwicklungsländer. Wochenbericht 48/90, 57. Jg. (29.11.1990), S. 669-673.

Diehl, Markus; Schweickert, Rainer (1998): Currency Crisis: Is Asia Different? Kieler Diskussionsbeiträge, Nr. 309 (Januar 1998).

Dieter, Heribert (1998a): Im Tandem zu mehr Stabilität? Der Euro und die Chancen für eine transatlantische Währungskooperation. FREITAG, Nr. 19, 1.5.1998, S. 7.

Dieter, Heribert (1998b): Die Asienkrise und der Internationale Währungsfonds. INEF-Report Nr. 29/1998.

Dieter, Heribert (1998c): APEC's slide to peripheral Pacific status. The Canberra Times, 22.3.1998, S. 9.

Dieter, Heribert (1994a): Australien und die APEC. Die Integration des fünften Kontinents in den asiatisch-pazifischen Wirtschaftsraum. Hamburg: Institut für Asienkunde. (= Band 240 der Mitteilungen des Instituts für Asienkunde).

Dieter, Heribert (1994b): Neuseeland: Angelsächsischer Tiger im Südpazifik? Konzeption und Resultate der neoliberalen Wirtschaftspolitik. ASIEN, Nr. 53 (Oktober 1994), S. 36-57.

Dieter, Heribert (1991): Aspects of Australia's foreign liabilities: a mortgage for future generations? The Australian Quarterly (Sydney), Volume 63, No. 2 (Winter 1991). S. 108-126.

Faust, Jörg (1995): Die mexikanische Krise und ihre regionalen Auswirkungen. Aussenpolitik, 46. Jg., No. 4, S. 394-404.

Feldstein, Martin (1998): Refocusing the IMF. Foreign Affairs, March/April 1998. [Veröffentlicht im Internet www.foreignaffairs.org].

Filc, Wolfgang (1998): Mehr Wirtschaftswachstum durch gestaltete Finanzmärkte. Nationaler Verhaltenskodex und internationale Kooperation. Internationale Politik und Gesellschaft, 1/1998, S. 22-38.

Fischer, Stanley (1998a): The Asian Crisis. A View from the IMF. Address at the Midwinter Conference of the Bankers Association for Foreign Trade. Washington, D.C., 22.1.1998.

Fischer, Stanley (1998b): In Defense of the IMF. Foreign Affairs, Vol. 77, No. 4 (July/August 1998), S. 107-111.

Fischer, Stanley (1989): Resolving the International Debt Crisis. In: Sachs, Jeffrey D. (Hrsg.): Developing Country Debt and Economic Performance. Volume 1: The International Financial System. Chicago und London: The University of Chicago Press, S. 359-385.

Goldstein, Morris (1998): The Asian Financial Crisis. Institute for International Economics, Policy Briefs, 1-98 [Im Internet: www.iie.com/news98-1].

Greenspan, Allan (1998): Testimony before the Committee on Banking and Financial Services, United States House of Representatives, 30.1.1998 [veröffentlicht im Internet www.bog.frb.fed.us].

Gruen, Fred (1991): The Growth of Australia's Foreign Debt. Mimeo.

Guttmann, Robert (1998): Asia in Crisis: An Interview. Capitalism, Nature, Socialism; Vol. 9, No. 2 (June 1998). S. 1-16.

Hanke, Steve H. (1997): The IMF: Immune from (Frequent) Failure. The Wall Street Journal, 25.8.1997.

Heberer, Thomas (1997): Ostasien und der Westen: Globalisierung oder Regionalisierung. ASIEN, Nr. 63 (April 1997). S. 5-35.

Hemmer, Hans-Rimbert (1989): Fundamental Issues in the Search for Solutions to the International Debt Problem. Economics, Vol. 40, S. 42-61.

Hesse, Helmut (1990): Außenwirtschaftliches Gleichgewicht: Ursachen und Bewertung von Leistungsbilanzsalden. Aus Politik und Zeitgeschichte, Beilage zur Wochenzeitung 'Das Parlament', B 18 (18. Woche 1990). S. 39-46.

Higgott, Richard (1998a): Shared Response to the Market Shocks? The World Today, January 1998, S. 4-6.

Higgott, Richard (1998b): The Asian Economic Crisis: A Study in the Politics of Resentment. Mimeo.

Huffschmid, Jörg (1998): Die Spielregeln der Finanzmärkte. Hintergründe der Asienkrise und Wege zu ihrer Überwindung. Blätter für deutsche und internationale Politik, 8/98, S. 962-973.

International Monetary Fund (IMF 1998a): The IMF's Response to the Asian Crisis, April 1998. Washington. Veröffentlicht im Internet [www.imf.org].

International Monetary Fund (IMF 1998b): Directions of Trade Statitistics. March 1998. Washington, D.C.

International Monetary Fund (IMF 1998c): World Economic Outlook. May 1998. Washington, D.C.

International Monetary Fund (IMF 1997a): World Economic Outlook, October 1997. Washington. Veröffentlicht im Internet [www.imf.org].

International Monetary Fund (IMF 1997b): World Economic Outlook, Interim Assessment. Washington: December 1997. 64 Seiten.

Internationaler Währungsfonds (IWF 1997): Jahresbericht 1997. Washington, D.C.

Kahn, Jeremy (1998): Saving Asia: A Desperate Remedy. Fortune Investor, 7.9.1998 [Im Internet: www.pathfinder.com/fortune/investor].

Köhler, Claus (1998): Spekulation contra Entwicklungspolitik: Eine Analyse der ostasiatischen Währungskrise. Internationale Politik und Gesellschaft, Nr. 2/98, S. 191-204.

Krayenbuehl, Thomas E. (1988): Country Risk: Assessment and Monitoring. 2. Auflage. Cambridge: Woodhead Faulkner.

Krugman, Paul (1998a): Currency Crisis. Mimeo [Im Internet: web.mit.edu]. Februar 1998.

Krugman, Paul (1998b): Will Asia bounce back? Speech for Credit Suisse First Boston, Hong Kong [Im Internet: web.mit.edu], März 1998.

Krugman, Paul (1998c): Saving Asia: It's Time to Get Radical. Fortune Investor, 7.9.1998 [Im Internet: www.pathfinder.com/fortune/investor].

Lafontaine, Oskar; Müller, Christa (1998): Keine Angst vor der Globalisierung. Wohlstand und Arbeit für alle. Bonn: Dietz Verlag.

Lardy, Nicholas R. (1998): China and the Asian Contagion. Foreign Affairs, Vol. 77, No. 4 (July/August 1998), S. 78-88.

Lincoln, Edward (1998): Japan's Financial Mess. Foreign Affairs, Vol. 77, No. 3 (May/June 1998), S. 57-66).

Litan, Robert E. (1998): A Three-Step Remedy for Asia's Financial Flu. Brookings Policy Brief Series, No. 30 [February 1998, veröffentlicht im Internet].

Mahathir, Mohamad (1998): Future of Asia in a Globalised and Deregulated World. Speech at the Conference „The Future of Asia", Tokyo, 4.6.1998 [veröffentlicht im Internet].

Makin, Toni (1990): Response to Wolfgang Kasper's letter 'Does Foreign Debt Matter?' Policy, Autumn 1990, S. 62-63.

McDermott, Darren; Wessel, David (1997): Financial Sector Weaknesses are Roiling Asian Currencies. Wall Street Journal, 6.10.1997.

Noland, Markus (1998): The Financial Crisis in Asia. Statement before the International Relations Committee, United States House of Representatives, 4.2.1998 [veröfffentlicht im Internet www.iie.com].

Nunnenkamp, Peter (1998): Dealing with the Asian Crisis. IMF Conditionality and Implications in Asia and Beyond. Intereconomics, March/ April 1998, S. 64-72.

Pitchford, John David (1990): Australia's foreign debt: myths and realities. Sydney, Wellington, London; Boston: Allen & Unwin.

Prinz, Aloys (1996): Currency Board. In: Plümper, Thomas: Lexikon der Internationalen Wirtschaftsbeziehungen. München. S. 44-48.

Radelet, Steven; Sachs, Jeffrey (1997): Asia's Reemergence. Foreign Affairs, November/December 1997, S. 44-59.

Reichwein, Franz (1991): Neuseeland am Jahreswechsel 1991/1992. Manuskript.

Sachs, Jeffrey D. (1997a): The Wrong Medicine for Asia. The New York Times, 3.11.1997.

Sachs, Jeffrey D. (1997b): The IMF is a power unto itself. Financial Times, 11.12.1997.

Sanger, David E. (1998): IMF Reports Plan Backfired, Worsening Indonesia's Woes. New York Times, 14.1.1998.

Schmidt, Helmut (1998): Der globale Irrsinn. Nicht Rußland, aber das heiße Geld der Spekulanten kann eine weltweite Wirtschaftskrise auslösen. Die Zeit, 3.9.1998, S. 1.

Schmidt-Häuer, Christian (1998): Der Rat der falschen Freunde. Der Internationale Währungsfonds ist mit schuld an Rußlands Niedergang. Die Zeit, 27.8.1998, S. 17.

Schnabl, Gunther; Starbatty, Joachim (1998): Im Strudel der japanischen Krise. Frankfurter Allegemeine Zeitung, 22.8.1998, S. 13.

Schulze, Günther G. (1996): Kapitalverkehrskontrollen. In: Plümper, Thomas: Lexikon der Internationalen Wirtschaftsbeziehungen. München. S. 185-189.

Schwartz, Herman (1991): Can orthodox stabilization and ajustment work? Lessons from New Zealand, 1984-1990. International Organization, No. 45 (Spring 1991). S. 221-256.

Shultz, George; Simon, William E.; Wriston, Walter B. (1998): Who needs the IMF? The Wall Street Journal, 3.2.1998.

Stiglitz, Joseph (1998a): Sound Finance and Sustainable Development in Asia. Address to the Asia Development Forum. Manila, 12.3.1998 [veröffentlicht im Internet www.worldbank.org].

Stiglitz, Joseph (1998b): Bas Private-Sector Decisions. The Wall Street Journal, 4.2.1998.

Teltschik, Horst (1998): Die Krise in Asien bietet Lehren. Frankfurter Allgemeine Zeitung, 24.3.1998.

Wolf, Martin (1997): The Real Lesson from Asia. Financial Times, 2.9.1997.

Wood, Christopher (1988): Boom and Bust. London: Sidgewick & Jackson.